Della stessa autrice in edizione Garzanti:
La tua seconda vita comincia quando capisci di averne una sola
La felicità arriva quando scegli di cambiare vita

RAPHAËLLE GIORDANO

OGGI È IL GIORNO GIUSTO PER DARE UNA SVOLTA ALLA TUA VITA

Traduzione di
SARA ARENA

Garzanti

Prima edizione: febbraio 2019
Prima edizione in questa collana: giugno 2020

Per essere informato sulle novità del Gruppo editoriale Mauri Spagnol visita:
www.illibraio.it

Traduzione dal francese di
Sara Arena

Titolo originale dell'opera:
Cupidon a des ailes en carton

ISBN 978-88-11-68941-6

Printed in Italy

www.garzanti.it

OGGI È IL GIORNO GIUSTO
PER DARE UNA SVOLTA ALLA TUA VITA

E se il segreto del grande amore
fosse saper tendere all'altro uno specchio
che gli mostri ciò che ha di più bello dentro di sé?

Le lacrime versate sono amare, ma quelle non versate lo sono di più.

Proverbio

Il verbo amare è difficile da coniugare:
il passato non è semplice,
il presente è solo indicativo
e il futuro sempre condizionale.

JEAN COCTEAU

Non c'è parola troppo grande troppo folle se è per lei.
Le sogno un abito di nuvole filate
e renderò gelosi gli angeli delle sue ali,
dei suoi gioielli le rondini,
sulla terra i fiori si crederanno in esilio.

LOUIS ARAGON, *Les yeux d'Elsa*

PARIGI

SCENA 1

Meredith

Grafica sofisticata, carta satinata color perla, caratteri eleganti: un invito di prestigio, si vede. Il nome di Antoine è scritto a lettere dorate in un bel corsivo. Il mio non appare nemmeno. Gli accompagnatori non sono dotati di esistenza propria. Antoine si gira verso di me sorridente, inconsapevole dei pensieri che mi frullano per la testa. Da quando siamo saliti su questa berlina nera dai vetri fumé non ci siamo scambiati una sola parola, ma la sua mano non ha mai lasciato la mia, e solo questa dolce stretta mi dà la carica sufficiente per affrontare la serata.

L'autista apre la portiera, e Antoine, galante, mi tende un braccio. È un'arte mettere piede fuori dall'auto quando si indossano l'abito lungo, una stola che scivola di continuo giù dalle spalle e tacchi a spillo pericolosamente instabili. Gli invitati affluiscono numerosi, e ognuno si annuncia alle hostess che mettono un segno di spunta accanto al nome di chi è autorizzato a penetrare nel prestigioso antro.

Una di loro sorride ad Antoine mostrando i denti bianchissimi – ma è possibile averne tanti? –, poi si gira verso di me con uno sguardo interrogativo che rinfocola all'istante la mia sindrome dell'imboscata.

«E lei è la signora...?»

Antoine liquida la domanda con un rapido cenno. «La signora è con me.»

«Perfetto.» La donna ci lascia passare e mi augura buona

serata con quella cortesia un po' forzata che riesce sempre a esasperarmi.

È l'ennesima iniziativa di beneficenza per la salvaguardia del patrimonio artistico e culturale. La crème della crème è tutta qui, invitati eterogenei di universi incredibilmente disparati: personaggi televisivi famosi, politici, gente del jet set, ereditieri, pezzi grossi della finanza, intellettuali, artisti. E io, e io, e io... che sono solo una minuscola me.

Da più di mezz'ora degustiamo il cocktail di benvenuto, in piedi in mezzo alla folla di VIP, una coppa di champagne in mano e sguardi di circostanza per salutare, ma soprattutto per individuare e riconoscere eventuali facce note. Antoine è perfettamente a suo agio. Questione di abitudine: visto il suo incarico di responsabilità in una delle emittenti radiofoniche più importanti della Francia, ha agganci in ogni ambiente.

«Tutto a posto, amore?» mi chiede in un sussurro.

Come potrei dirgli di no? Ci teneva talmente tanto che lo accompagnassi e adesso sembra così fiero di presentarmi! Una coppia viene verso di noi. Riconosco la conduttrice di una celebre trasmissione televisiva a braccetto con un famoso sportivo.

«Antoine!»

Dopo mille effusioni – che faticano a sembrare sincere – per fingere un grado di intimità di fatto inesistente, i due alla fine si accorgono della mia presenza e mi rivolgono un'occhiata interrogativa, come a dire: "Ma questa chi è?".

«Lei è la mia compagna, Meredith», annuncia orgoglioso Antoine.

La conduttrice mi scruta da capo a piedi. Fa una ricerca nel disco rigido della sua memoria per capire se può associarmi a qualcuno di conosciuto. Nessun risultato.

«Piacere, Meredith. Cosa fa nella vita?»

«Sono un'attrice...»

Fingo di ignorare il sarcasmo dei vari «ah, davvero» che seguono la mia risposta.

Gli occhi della donna si stringono, infidi, mentre si appresta a piantare la sua banderilla. «E in cosa ha recitato?»

Colpita e affondata.

Gli ultimi cinque anni di tribolazioni mi fanno affluire il sangue alle guance, che s'imporporano. La donna rigira ancora per qualche istante il coltello nella piaga dei miei complessi con l'aria di provare un piacere malsano. In fondo perché non approfittare di un'insperata distrazione per scacciare la noia sempre in agguato in queste occasioni mondane? Svuoto in un sorso la coppa di champagne.

Finalmente la cena è annunciata. E io naturalmente non sono seduta accanto ad Antoine. Lui mi rivolge uno sguardo dispiaciuto attraverso il centrotavola vegetale che traccia una frontiera tra le file di invitati, privandoli della possibilità di fare conversazione. La mia unica speranza di socializzare è riposta nel vicino di destra e di sinistra: da una parte una nobildonna determinata a girarmi le spalle a priori, non lasciandomi altra scelta che quella di chiacchierare con il suo chignon alto; dall'altra parte, un signore dai capelli grigi di una certa età, ma non per questo meno sicuro di essere in diritto di concedersi qualche libertà. Sopporto per qualche istante i suoi assalti libidinosi, poi non ce la faccio più. Mi alzo e vado a rifugiarmi nel bagno deserto, chiudendomi a doppia mandata in una cabina. Vorrei restare qui, non uscire mai più. Entrano due donne che parlano fitto mentre si rifanno il trucco. Riconosco la voce della conduttrice. A quanto pare, questa breve pausa le offre l'opportunità di passare in rassegna tutti gli invitati, riservando a ciascuno un'osservazione pungente: sembra la scena di un film. Io e Antoine non veniamo risparmiati. Soprattutto io. E non ci sono sconti: una ragazza carina, ma niente di che, un'attricetta di basso rango che è riuscita ad accalappiare un buon partito...

Ho la nausea. Dopo un momento che sembra durare un'eternità se ne vanno. Hanno torto sul mio conto: quando raggiungo Antoine, con il sorriso sulle labbra, recito la mia parte alla perfezione. Lui non si è accorto di nulla.

SCENA 2

Meredith

Spingo le porte dell'edificio annidato in una stradina del mio quartiere, nel XIX arrondissement, a Parigi. Da giorni passandoci davanti penso che ho bisogno di un massaggio. Dopo la serata di gala ho iniziato a sentire una certa tensione alla schiena e, come è noto, il corpo non mente. La serata ha riportato a galla alcune cose che avrei preferito restassero sepolte. E adesso che sono risalite in superficie, più nulla va per il verso giusto.

L'istituto è minuscolo, un piccolo scrigno dedicato al benessere, arredato con gusto e raffinatezza. Una certa Lamaï si occuperà di me. La ragazza mi conduce verso la cabina: statuetta di Buddha, candele e musica d'atmosfera, luce smorzata. La mia mente approfitta dell'invito al viaggio per concedersi una tregua. Mi spoglio velocemente, e Lamaï bussa alla porta. La dolcezza della sua voce e dei suoi occhi, il suo atteggiamento calmo mi rilassano all'istante. Con un sorriso mi invita a stendermi. Mentre mi lascio trasportare dal profumo degli oli essenziali, le sue mani si mettono all'opera.

Via via che lei scioglie abilmente i miei muscoli contratti, anche la lingua sembra liberarsi. «Sono molto confusa», mi sento dire. «Sto attraversando un periodo difficile...»

All'inizio le parole escono a fatica. Poi, ebbra di benessere, vuoto il sacco.

«Sono innamorata di un uomo. Ma... è strano. Non riesco a sentirmi bene con me stessa, nonostante anche lui mi ami. E un amore corrisposto è così raro, non crede?»

Lamaï annuisce in silenzio, attenta a non interrompere con commenti superflui la mia confessione. Dev'essere abituata a sentire perfette sconosciute che raccontano i loro stati d'animo. Mi abbandono al suo ascolto benevolo.

«Sa, il problema è che non ho ragioni per essere orgogliosa di me stessa. Ho l'impressione di non essere nessuno.»

«In che senso, *nessuno*?» chiede Lamaï.

«Be', lui è un uomo di successo, si è fatto una posizione. Io invece sono agli inizi della mia carriera. E chissà se uscirò mai dall'ombra...»

«Se permette, io penso che lei sia già *qualcuno*.»

Sospiro, tormentata. «Sì, ma non chi sogno di essere. È come se fossi solo una brutta copia, un abbozzo della vera me.» Nella penombra mi pare di veder sorridere la mia massaggiatrice trasformata in psicologa.

«In Asia siamo sensibili al fascino dell'incompiuto.»

Se solo fosse così facile! Io non voglio esistere unicamente attraverso lo sguardo di Antoine, dipendere da lui per sentirmi viva!

«Ma è vero che finché non si trova sé stessi è difficile riuscire ad amare gli altri.»

Le parole di Lamaï restano un momento sospese nell'aria e risuonano dentro di me in un modo tutto particolare. La seduta volge al termine, lei si eclissa e mi lascia sola nell'alcova ovattata. Mi prendo un po' di tempo per riflettere. Ripenso agli uomini che ho avuto prima di Antoine, a quelle storie d'amore abortite, che ho più o meno inconsciamente sabotato per colpa dei dubbi e dei complessi nascosti nel profondo di me, i quali alla fine, grazie a un lavorio sotterraneo, sono riusciti a scoraggiarli. Posso permettere che la storia con Antoine vada incontro alla stessa sorte?

Sondo per un istante la mia anima. No. Lo amo troppo. Devo trovare il modo di esistere per conto mio. Ma come?

Mentre mi rivesto, un'idea folle, audace, rischiosa si fa lentamente strada in me.

SCENA 3

Antoine

Mi ha detto: «Ti devo parlare». In genere non è un buon segno quando la tua fidanzata pronuncia una frase del genere. Lì per lì però non ci ho prestato troppa attenzione. Anch'io, in effetti, dovevo parlarle. Completamente assorbito dalla sorpresa che pensavo di farle, non mi sono accorto delle nubi che si addensavano all'orizzonte. Questo è accaduto sei ore fa. Già un'altra vita. Quella prima dell'*annuncio.*

Adesso io e Meredith siamo seduti a questa tavola imbandita a festa, che all'improvviso ha perso ogni splendore. Le coppe di champagne, il salmone, le candele... La bella scenografia preparata nella mia casa, che a breve sarebbe dovuta diventare la nostra, d'un tratto non ha più senso. Ero a un passo dal consegnarle una copia delle chiavi perché venisse a stare qui: un gesto forte per me, che dimostra quanto io mi voglia impegnare in questa relazione. Forse è proprio l'impegno il punto dolente.

Meredith non è pronta, come sta cercando di spiegarmi scegliendo con cura le parole ma senza indorare troppo la pillola.

Vuole prendersi un po' di tempo, una pausa, per ritrovarsi, raggiungere i suoi obiettivi e poi tornare da me migliore. La sua idea consiste nell'approfittare della prossima tournée per fare una sorta di Love Tour, un Tour del Noi, dell'Amore. Come se si potesse davvero esaurire la questione...

Per quanto mi riguarda, in questo momento recepisco

soprattutto che Meredith si allontanerà da me. E su due piedi non riesco a capire. Incredulo, la guardo muovere le labbra mentre mi spiega i sentimenti che prova per me e che non vuole assolutamente rovinare. Le sue parole sembrano un grido accorato. Anche per lei dev'essere difficile. Ma allora perché imporsi tutto questo?

Come ipnotizzata dal suo stesso discorso, prosegue. Dice che desidera essere all'altezza della nostra storia. Che per lei l'Amore con la A maiuscola bisogna guadagnarselo, costruirlo... Che accanto a me si sente solo una brutta copia, un abbozzo di quello che potrebbe essere, e che l'idea le risulta insopportabile. Vorrei urlare che si sbaglia, ma come si fa a confutare impressioni così forti e radicate? È convinta che questa mancanza di orgoglio inevitabilmente inquinerà i suoi sentimenti e che la carenza di autostima finirà per influenzare la nostra relazione e distruggerla. Mi dice: «Tu hai già tutto». Parla di onori, di riconoscimento: un produttore di trasmissioni radiofoniche circondato dalla sua piccola corte, con una posizione consolidata. Cita la stupida serata di gala dell'altro giorno, mi descrive di nuovo il suo malessere, la sgradevole sensazione che prova quando io la presento alla gente; le dà fastidio che le chiedano in quale spettacolo ha recitato, non ne può più dei sorrisi imbarazzati o beffardi che è convinta di veder comparire sul volto dei suoi interlocutori. Quel maledetto complesso di inferiorità che si trascina dietro da anni come una zavorra, da quando la sua famiglia borghese di provincia le tiene il muso perché non riesce ad accettare che lei sia diventata un'artista, la perseguita. Per quanto io possa dirle che credo in lei, anche se per il momento non ha ancora sfondato, è tutto inutile. Vuole diventare *qualcuno* prima di lanciarsi nell'avventura della vita con un'altra persona, l'uomo che sarà davvero, finalmente, *the One*. E quell'uomo sarei io. E al fatto che uno più uno faccia uno, lei non ci crede ancora. Mi piacerebbe dirle che me ne infischio della sua piccola carenza affettiva: posso tranquillamente conviverci. È vero che non dimostra i suoi trentadue anni, con quelle bizze infantili che tenta di nascondere sotto una maschera da adulta, quasi fossero lentiggini ostinate, i nervi a fior di pelle, le pretese da principessa sul pisello, le crisi di follia che mi piace scatenare pavoneggiandomi davanti a lei per farla ridere, e la sua risata, appunto, che dà colore e luce ai miei giorni, e ancor di più alle mie notti, e la pelle vellutata che non mi stanco mai di accarezzare...

Pazzo. Sono pazzo di lei.

La vena della tempia batte al tempo della mia disperazione.

La guardo, questa idiota, questa matta da legare, questo saltimbanco, questo amore. Quant'è bella quando è fuori di testa!

Mi ci sono voluti trentasette anni per trovarla. Ogni storia che ho avuto prima è impallidita nella mia memoria nel momento in cui lei ha eclissato tutto con uno sguardo, con un sorriso. E adesso che finalmente ho trovato la mia perla, vuole prendere il largo e abbandonarmi così? La vita non ha senso.

Meredith prosegue nel suo ragionamento, tenuto insieme da fili incomprensibili.

«È perché ti amo che ho bisogno di farlo!» conclude gridando. «Devo correre il rischio di perderti per trovarmi e poi ritrovare te, come una persona migliore, capisci?»

Non ho mai sentito un discorso tanto assurdo. Devo dire che per essere un'attrice in erba ha già un notevole senso della drammaturgia.

«Comunque potremo tenerci in contatto», cerca di rassicurarmi.

«Ah, fantastico! Avrò perfino diritto a qualche messaggino sul cellulare...»

«Antoine! Sarà più di questo, te lo prometto. La nostra corrispondenza, che sia per telefono, via mail o SMS, sarà come un filo di Arianna, vedrai! Non frequentarsi per un periodo non significa affatto smorzare il desiderio, anzi. Potremmo addirittura apprezzare questa separazione.»

Con un ultimo soprassalto di speranza tento di riportarla alla ragione, scuotendola dolcemente per le spalle. «E dai,

Meredith, non siamo mica in uno spettacolo teatrale! Tu sei fuori di testa! Mi annunci su due piedi che hai deciso di piantarmi in asso per risolvere non so quali questioni esistenziali su di te, su di me, sulla vita, sull'amore... E che altro ancora?»

«Non capisci.»

«In effetti, no. Devi scusarmi, ma non capisco!»

«Non ti sto piantando in asso, Antoine. Se faccio tutto questo, è proprio perché sei al centro di ogni mio progetto futuro, perché tengo *disperatamente* a te e voglio dare alla nostra storia d'amore la possibilità di funzionare per davvero.»

«E io? Non pensi che anch'io possa tenere *disperatamente* a te? Hai idea di quanto tu stia ferendo i miei sentimenti in questo momento? Guardami!»

Le prendo il mento con fermezza per costringerla a incrociare i miei occhi. Tenta di sfuggire alla presa. Una lacrima le riga la guancia. Qualcosa mi si scioglie nel petto. Allora non mi sono immaginato quello che prova per me.

Di colpo smetto di opporre resistenza, la riluttanza svanisce. La mia voce diventa una carezza, come una farfalla sulle labbra. Le poso la bocca sul collo, mormorandole «ti amo» mille volte, fino a farla rabbrividire. È così sensibile la mia Meredith. Uno stradivario di sensibilità.

Meredith

Un altro «ti amo» e perdo completamente la dignità. Stringo i denti per ricacciare giù i singhiozzi. Deve smetterla con queste parole lacrimogene.

«Stai zitto.»

«Mai.»

Antoine: se anche lo mettessi al tappeto dieci volte, si rialzerebbe sempre. Mi piace questa sua tenacia. Mi perdo nei suoi occhi castano chiaro striati di riflessi color ambra e involontariamente faccio scorrere la mano fra i suoi setosi capelli scuri che hanno il potere di emozionarmi.

Le nostre labbra si incontrano. Il mio corpo aderisce al suo, quasi fosse una barca che riconosce il porto. Come andarsene?

Ma nella mia mente obnubilata si fa strada il peggiore degli incubi. Improvvisamente mi vedo, tra cinque anni, impantanata in una routine borghese, diventata «la moglie di...», quella di cui la gente sorride quando parla della sua carriera, che incarna alla perfezione la parola «intermittenza»: non è nemmeno precaria, è più un boccone di groviera con il quale nemmeno un topino riuscirebbe a sfamarsi. Non c'è di che stupirsi. La dolce mogliettina ha fatto due figli con l'uomo che ama. Certo, lui lavora molto, ed è necessario che uno dei due si impegni per mandare avanti la famigliola. Sul suo bel vestito niente strass o paillette, solo aloni di omogeneizzato e qualche traccia di rigurgito. Con le unghie corte non ha senso mettersi lo smalto. La parola d'ordine è «praticità». E il suo amato, giorno dopo giorno, la guarda con occhi sempre più spenti... Impossibile! L'amore non può finire così! Non il loro!

Per questo devo cercare una soluzione. Ovvio, lui per ora non capisce. Ma devo essere forte per tutti e due.

Respingo gli ormeggi delle sue braccia.

«Devo andare, Antoine», dico più fermamente che posso. «Vado, ma ti prometto che tornerò.»

«Quando?»

«Non so, io...»

«È troppo vago, Meredith, non ce la faccio. Quello che mi stai imponendo già sfida la mia capacità di sopportazione. Io ti amo, ma non potrò aspettarti all'infinito. Fa troppo male...» Con la mascella serrata si versa un'altra coppa di champagne, la svuota in un sorso e si mette a camminare in tondo per la stanza come se cercasse di sfuggire alla sua angoscia.

Lo guardo ansiosa, in cerca di un'idea. «...Un anno e un giorno!» esclamo di colpo. «Come per gli oggetti smarriti! Un anno e un giorno, e sarò tua per sempre!»

«Insomma, è un conto alla rovescia quello che mi proponi, Meredith? Sei così teatrale...» Nonostante la contrarietà,

Antoine sembra riflettere sulla proposta. Mi volta le spalle, appoggiato alla finestra, poi si gira bruscamente. «Sii realista. È *davvero* troppo. Non resisterò così a lungo.»

In fondo in fondo, non posso dargli torto.

Lui rilancia. «Perché non ottanta giorni, come Phileas Fogg nel romanzo di Jules Verne?»

Nei suoi occhi intravedo un barlume di speranza. Calcolo rapidamente che sono meno di tre mesi. Gli rivolgo un'occhiata dispiaciuta. «Mi sembra un po' poco, tesoro.»

Antoine è deluso. «Insomma, quanto tempo ti serve?» sbotta.

Nel vederlo in questo stato mi si stringe il cuore. Con un filo di voce propongo sei mesi. Lui china la testa per soppesare le implicazioni, ma anche per impedirmi di scorgere la sua espressione quando cede alla mia richiesta. Si prende qualche secondo prima di rispondere e fa un profondo respiro.

«Okay, Meredith. Ti lascio questo tempo per cercare te stessa e tornare da me. Ma ti avviso: non resisterò *un* giorno di più.»

Mi piace da matti quando fa il duro. Mi avvicino e lo stringo, incurante della sua aria accigliata.

«Ancora una cosa», aggiunge.

«Dimmi...»

«Voglio poterti vedere almeno una volta durante questi sei mesi.»

«Promesso.»

Esala un sospiro da spezzare il cuore. «Sei davvero sicura di volere tutto questo, Meredith?»

Sento il calore del suo corpo diffondersi pericolosamente sulla mia pelle e temo che la determinazione venga meno. Lo respingo con dolcezza. «Sì, lo sono.» Fingo di non vedere la tristezza che gli vela gli occhi. «Hai capito almeno in parte perché lo faccio?»

Mi guarda con infinita tenerezza. «Sì.»

So quanto gli costi darmi questa specie di beneplacito. Me lo accorda come se fosse un regalo, affinché io possa andarmene con il cuore in pace. Lo amo ancora di più in questo istante.

Devo uscire subito da qui, prima di cambiare idea.

Antoine mi stringe tra le braccia ancora una volta e, mentre mi volto per allontanarmi, le nostre mani restano agganciate. Ritraggo bruscamente la mia.

Vacillante, afferro il cappotto e attraverso la stanza in tre passi. Sulla porta mi giro per rivolgergli un ultimo sguardo. Pessima idea. Fuggo.

Per strada il rumore cadenzato dei miei tacchi sui ciottoli segna il tempo dei pensieri assassini che mi martellano in testa. "Sei pazza. Sei completamente pazza."

Alzo lo sguardo verso il secondo piano. Lui è lì, un po' nascosto dalla tenda. Giurerei che una lacrima gli brilli nell'angolo di un occhio. Ho lo stomaco sottosopra. Sgattaiolo via come una ladra, portando con me uno strano bottino: una storia d'amore incompiuta che tra sei mesi avrà maggior valore... o non varrà più nulla!

Piove. No, sono io. Sono io che pioviggino.

Sento il telefono vibrare in tasca. È un messaggio di Antoine. Respiro a fondo per la prima volta da quindici minuti a questa parte. Sette parole si stagliano sotto i miei occhi:

Vai e vivrai. Poi torna da me.

Antoine sa come costruire una frase a effetto, non c'è che dire. E non è la sua unica qualità, purtroppo! Adesso, come in quel bel film di Radu Mihăileanu, *Vai e vivrai*, eccomi in esilio.

Solo che nel mio caso è stata una scelta.

È amaro il pane dell'esilio... Grazie, Shakespeare! Ho un sapore acre in bocca, come di metallo arrugginito, che non mi aspettavo. Questa tempesta me la sono cercata, ma per il momento non sono pronta ad affrontarla. Sulla zattera, in balia delle onde, mi viene in mente un solo nome: Rose.

Prendo il telefono e la chiamo.

Non appena sente la mia voce rotta, non si dilunga. «Corri subito qui!» mi ordina.

Non mi faccio pregare. Prendo un taxi per raggiungere al volo la mia riparatrice di cuori spezzati.

Rose

Quando la vedo arrivare, Meredith ha l'aria veramente sconvolta. Spalanco le braccia e la stringo forte contro il petto. Due airbag di tenerezza.

«Tesoro, sei messa male! Entra o finirai per congelarti.»

«Grazie, Rose, sei così premurosa.»

«Ssh! Parla piano! Di là, Késia sta dormendo.»

Non vorrà mica svegliare la mia principessina: per farla addormentare ci sono volute tre storie e due filastrocche.

Meredith entra, si toglie silenziosamente le scarpe e va ad accoccolarsi sul divano. Qui è come se fosse a casa.

«Perrrché piangi?»

«Ssh, Romeo! Zitto!»

Romeo è il mio pappagallo, uno splendido cacatua rosa che ho ricevuto in dono il giorno del mio quindicesimo compleanno: vent'anni di amore complice. Per me Romeo è come un figlio. Lo adoro, tanto più che non è certo un pappagallo come gli altri. Pare che le sue abilità cognitive siano molto al di sopra della media, motivo per cui è seguito con regolarità da un'équipe di scienziati che lo sottopongono a ogni genere di test. Io li lascio fare, perché lui sembra divertirsi. Particolarmente sensibile all'umore delle persone, capisce subito che la mia amica ha qualcosa che non va e con tre colpi d'ala la raggiunge.

«Tutto bene, bambina?» schiamazza.

Meredith rivolge un sorriso pietoso all'uccello rosa dalle ali grigie, che tenta di sedurla dispiegando la sua cresta color caramella, come dice mia figlia. Lei gli accarezza piano le piume con una mano mentre con l'altra cerca di cancellare i rivoli di mascara che le scendono dagli occhi.

Sospiro, in parte partecipe, in parte infastidita perché, nonostante tutto l'affetto che provo per Meredith, davvero non la capisco: è stata lei ad avere l'idea assurda di lasciare Antoine per concedersi questa strana parentesi. Non le ho detto nulla per non ferirla, ma al riguardo sono molto scettica. Se tutti quanti aspettassero di essere pronti per il grande amore prima di entrare in partita, ci sarebbero ben poche coppie sulla terra! Secondo me, il fatto è che le è venuta una gran fifa. Si capiva che la faccenda era diventata seria. Mi chiedo se lui non fosse a un passo dal farle una proposta di matrimonio. E per il grande salto nella vita coniugale Meredith non è pronta, questo è certo.

Ne abbiamo parlato a lungo, fino a rincretinirci! Il mio pragmatismo mi impedisce di capire perché lei non possa semplicemente godersi questo amore, senza farsi troppi problemi. Un uomo come Antoine non capita tutti i giorni. Quando penso che sono stata io a presentarli!

Ho provato a farla ragionare, ad avvertirla dei rischi. Ma niente. Meredith sembra convinta che il suo piano strampalato abbia un senso. Che, anzi, solo questo Love Tour, questa esplorazione profonda possano permetterle di capire i segreti di un rapporto capace di durare nel tempo, come nelle fiabe o nei film a lieto fine di Hollywood. Per quanto mi riguarda, niente mi toglie dalla testa che si tratti soprattutto di una fuga.

A ogni modo adesso, nel vederla raggomitolata sul divano, chiusa in un mutismo pieno di sconforto, mi dispiaccio per lei. Preferisco aspettare a chiederle com'è andata.

«Che cosa ti posso offrire, mia cara? Un caffè? Una tisana? Un triplo rum?»

Un po' di umorismo è sempre un toccasana: mio nonno Victorin, della Martinica, non faceva che ripeterlo.

Meredith abbozza un sorriso. «Una tisana al rum, va'!»

Bene, non ha perso completamente il controllo. C'è speranza.

Vado in cucina a preparare la confortante e trasgressiva infusione.

Sono cinque anni che conosco Meredith e, più che un'amica, la considero una sorella. Oggi è anche la mia compagna di scena. In sostanza, siamo sempre assieme. All'epoca, quando si era presentata al corso di teatro in rue Frochot, aveva l'aria di una un po' fuori dal mondo, ma emanava un non so che di irresistibile che seduceva chiunque, in particolare gli uomini. Credo che quelli del corso fossero tutti affascinati da lei. E anch'io la trovavo adorabile. Possedeva la bellezza commovente di chi non sa di essere bello. Con quei capelli castani dai riflessi dorati come il grano che le ricadevano sulle spalle, scalati in un taglio spettinato, quella bocca che sembrava scolpita da Rodin, quel naso sbarazzino picchiettato di piccole lentiggini e quegli occhi verde chiaro... Per fortuna, il seno piccolo e le unghie rosicchiate mitigavano un fascino altrimenti troppo sfacciato. Avevo due possibilità: odiarla o diventare la sua migliore amica. Ho scelto la seconda.

Il bollitore si mette a fischiare e l'acqua borbotta rumorosamente. La verso nelle tazze, aggiungendo la bustina di tisana e una generosa dose di rum, che basterebbe a resuscitare un morto!

Meredith è in piedi nel vano della porta. «Posso aiutarti?»

«No, torna al caldo sotto il plaid, arrivo.»

Sorridendo la guardo allontanarsi. Chi meglio di me conosce le strane contraddizioni di questo gioiellino di donna? Gatta e pantera, tenera e feroce, timida ed estroversa: è tutto e l'opposto di tutto. Si tratta di un mix che non lascia indifferenti. La cosa più bizzarra in lei sono gli evidenti rimasugli di educazione borghese che tentano di coabitare con un carattere ribelle e impulsivo, sia pur mitigato da un certo numero di complessi.

Mi ricordo le prime volte che è salita sul palco. Prima di ogni esibizione, in preda all'angoscia, mentre passava davanti al gruppo mi affondava le unghie finte nella carne dell'avambraccio. Per Meredith esibirsi in pubblico è una tortura, ma anche se la paura le torce le budella ha scelto di fare del palcoscenico la sua zattera di salvataggio. Ho saputo più tardi che, in un momento di ribellione, aveva lasciato la sua cittadina di provincia e i genitori, ostili a quei progetti artistici che mal si sposavano con la loro idea di una vita «come si deve»: studi, carriera, matrimonio, bambini... Insomma, la normalità. Che brutta parola! Eppure lei ci aveva anche provato, per farli contenti, a frequentare la facoltà di scienze economiche e sociali all'università di Lille. Con addosso quel vestito troppo stretto che aveva tentato di infilarsi a tutti i costi vi aveva trascorso tre anni, prima di cadere in depressione. La sua era una forma grave, di quelle che ti fanno passare la voglia di alzarti dal letto; anche solo fare il giro dell'isolato diventa uno sforzo olimpico. E tutto per colpa di quel desiderio di compiacere a tutti i costi. Dopo aver trascorso diversi mesi a trascinarsi come un'ombra tra la riprovazione familiare e l'autocommiserazione, la morte dell'adorata nonna aveva innescato una salutare ribellione. La donna, sua unica alleata, era stata la sola a intuire il talento per la recitazione della nipote e non aveva mai smesso di incoraggiarla a cogliere quell'opportunità. Purtroppo se n'era andata. Ma sono sicura che è stato questo lutto a dare a Meredith il coraggio di affrancarsi dal giudizio dei suoi per costruirsi l'esistenza che aveva sempre sognato: una vita da saltimbanco.

Torno in salotto con le due tazze bollenti e le poso sul tavolino. Poi guardo Meredith dritto negli occhi. «Su, racconta.»

Meredith

La mia Rose. Quando è venuta ad aprirmi la porta, poco fa, mi sono sentita sommergere dalla gratitudine. In qualche anno per me è diventata una madre, una sorella, un'amica: un'intera famiglia in una persona sola, formato coltellino svizzero. Non so perché, ma è una delle rare persone che ti strappano un sorriso non appena le vedi. Lei è così. Un raggio di sole di un metro e ottanta illumina una discreta superficie!

Con aria gentile e paziente mi ascolta raccontare la mia serata, e io guardo la sua affascinante chioma vaporosa che le disegna una spessa aureola intorno alla testa.

Quanto è bella! Rose, il nome che sua madre le ha dato in onore della cantante Calypso Rose che ascoltava di continuo: le piaceva da matti farsi trascinare dall'allegria di quella Cesária Évora dei Caraibi e dal *groove* irresistibile delle sue canzoni festose.

Mentre le riferisco il mio dialogo con Antoine, sento le lacrime salirmi agli occhi e vedo due piccole rughe disegnarsi tra gli occhi della mia amica, le iridi color nocciola chiaro dai riflessi verde acqua che luccicano di contrarietà.

«Ma lo vedi come stai ora? Questa faccenda mi rattrista un sacco. Sembra che tu ci goda a rovinarti la vita...»

Gli orecchini a cerchio si agitano al ritmo della sua indignazione. Mi commuove che si preoccupi tanto.

«Non è così, Rose. Ti assicuro che ho analizzato ogni aspetto della questione e, anche se è durissima, questa parentesi mi sembra l'unico modo per fermarmi un momento, capire cosa mi prende e vedere se la nostra storia d'amore abbia qualche possibilità di sopravvivere nel tempo.»

Lei borbotta, per niente convinta. Mando giù un sorso di tisana bollente.

«Fai attenzione!» La mia fata madrina sorride. «Se ti sei bruciata le ali in amore, cerca almeno di non bruciarti tutto il resto!»

Si sente il rumore di una porta che si apre, e una vocina mormora: «Mamma, cosa succede?».

Rose sussurra qualche imprecazione in creolo. Késia si è svegliata. Devo aver fatto troppo rumore. È così carina questa bimba nella sua camicia da notte con i liocorni, aggrappata a un coniglietto di pezza dall'aria vissuta, tutto spelacchiato e con un occhio solo. In cinque anni, ne ha passate tante fra le braccia della piccola.

«Che ci fai in piedi? Ci mancava solo questo! Domani a scuola sarai stanca. Su, forza, subito a letto.» Lesta, Rose acchiappa la pecorella smarrita e se la carica sulle spalle. A vederle così vicine, il contrasto tra le due è impressionante. Con la pelle eburnea, i lunghi capelli castano chiaro lisci come l'erba della savana e i grandi occhi azzurri, Késia in braccio a lei sembra un gamberetto. Nessuno immaginerebbe mai che sia sua figlia. Del resto, quante volte la mia amica si è offesa venendo scambiata per la baby-sitter? Le leggi della genetica sono imperscrutabili... La ragazzina sembra aver preso tutto dal padre, un prestante steward svedese sedotto a Parigi tra uno scalo e l'altro, che si è eclissato non appena saputo della gravidanza. La bimba intreccia le gambette magre attorno ai fianchi larghi di sua madre, abbarbicandosi come un koala alla sua solida cavalcatura.

«Mi fai il cavallo?» supplica.

«Non a quest'ora, ranocchietta.»

«Dai! Per favore.»

Rose trotta allegramente verso la stanza.

«Oh, oh!» la incita la bimba come un fantino, deliziata. «È più bello tornare a letto così!»

La mia amica scoppia in una delle sue risate tonitruanti che tanto mi piacciono, mettendo in mostra senza complessi la finestrella tra gli incisivi. Si presta volentieri al gioco della figlia. Io so che non riesce a rifiutarle granché. Poi ci si mette pure Romeo, che comincia a nitrire: il suo talento da imitatore ogni volta mi lascia a bocca aperta. Svolazza fino alla spalla libera della sua padrona e, tra un'onomatopea e l'altra, le becchetta il collo. Che circo ambulante!

Per riportare la calma, Rose finge di arrabbiarsi e lo scaccia con una mano. «Adesso basta, ragazzi! È mezzanotte e mezzo! Qui c'è troppa confusione!»

«Uhm, come posso aiutarti?» le chiedo.

«No, tu non muoverti. Tu invece torna nella tua gabbia. E tu, a letto! Avanti, marsc'! Obbedire!»

Quando assume quel tono da generale, rigano tutti dritto. Tirando su sua figlia da sola, Rose ha dovuto imparare a ricoprire tutti i ruoli, dalla mamma soldato alla mamma che vizia... Multitasking.

Mentre Rose rimette a letto Késia nella sua stanzetta, resto sola con Romeo. Il pappagallo è un po' offeso per essere stato strapazzato un momento prima, fa il muso e mi lancia uno sguardo torvo. Lo capisco.

«Eh già, amico. La vita non è sempre facile.»

«Faaacile!» ripete lui con voce stridula.

Quando Rose torna in salotto, mi trova sul minuscolo balconcino a fumare e sgrida anche me. «Su, torna dentro, che ti viene un malanno. Quand'è che conti di smettere?»

Mi trattengo dal rispondere: "Quando sarò davvero felice".

Lei apre senza esitazione il divano letto: a casa sua c'è una sola stanza, quella della figlia. «Ci stringeremo!» mi dice, per nulla in imbarazzo a quell'idea.

Al posto della camicia da notte mi presta una delle sue magliette dieci volte troppo grande per me, che mi arriva fino al ginocchio. Mi lavo i denti per far andare via il gusto del tabacco e mi infilo sotto le coperte. Tengo i collant. Tremo, di freddo ma non solo.

Scambiamo ancora qualche parola.

«Dai, su, coraggio. Domani è un altro giorno.»

Già...

Rose spegne la luce e mi dà la buonanotte. Per me, lo so, sarà una notte molto lunga.

SCENA 5

Meredith

Conto alla rovescia: –182 giorni

La sveglia suona alle sette e mezzo. Késia deve essere a scuola tra un'ora, e Rose cerca di non fare troppo rumore per lasciarmi dormire. La sento sussurrare mentre si rivolge alla figlia che, dal canto suo, come ogni bambina di cinque anni che si rispetti, parla a voce alta e non riesce a nascondere la sorpresa di fronte alla mia presenza nel suo salotto.

«Perchééé Merediiith ha dormito quiii?»

Sono sempre affascinata da quanto possano essere striduli i suoni emessi dai piccoli e dalla loro capacità di usare le parole come martelli, tempestando la testa dei poveri insonni.

«Ssh! Non gridare, ranocchietta! Meredith è triste in questi giorni, allora si consola un po' qui da noi.»

«Quando torna a casa sua?»

«Késia!» la riprende sua madre, un po' imbarazzata.

La porta in cucina per prepararle una cioccolata calda e l'abituale fetta di pane con il miele.

C'è un buon profumo. Malgrado abbia l'acquolina in bocca, non ho proprio le forze di alzarmi. In stato comatoso mi rigiro nel letto con un grugnito, poi caccio la testa sotto il cuscino.

Non muovermi. Non uscire mai più da questa bolla di calore protettivo. Dimenticare la mia stupida decisione di allontanarmi da Antoine... Ma cosa mi è preso?

Rose e Késia sono quasi pronte per uscire.

«Metti la giacca, Késia! Sbrigati, se no arriviamo in ritardo.»

La bimba obbedisce svogliatamente. Rose, impaziente, la aiuta a chiudere la cerniera del giubbino e le cade lo sguardo sulle sneaker con le lucette dai lacci penzolanti.

«Eh no, Késia, adesso esageri! Lo sai che le scarpe che si illuminano non vanno bene per andare a scuola. Perché non hai preso quelle rosa con il velcro?»

Sorrido tra me e me. Mica scema la ragazzina: vuoi mettere l'effetto che fanno quelle con le suole a led?

Rose guarda l'orologio sbuffando.

«Va be', adesso non abbiamo tempo di cambiarle. Pazienza. Ti prenderai una sgridata dalla maestra.»

Késia finge un'aria contrita, ma vedo benissimo dal brillio dei suoi occhi che è tutta felice di averla avuta vinta e si gode il momento. I bambini sono fantastici.

«Io esco!» mi urla Rose. «Resta pure quanto vuoi, okay? Stamattina ho un impegno. Rientrerò verso mezzogiorno.»

«Grazie, sei un tesoro, ma penso che tornerò a casa.»

«Come vuoi! Ci sentiamo.»

«Rose?»

«Sì?»

«Grazie di tutto.»

Dopo un po' che se ne sono andate mi decido a uscire dal letargo e ad alzarmi. I miei piedi si dirigono verso la cucina, dove spero di trovare l'occorrente per farmi una tazza di caffè di cui ho assolutamente bisogno. Un po' intimidito, Romeo mi segue di soppiatto. Quando mi giro, si immobilizza, come se niente fosse. Gioco con lui per qualche istante a questa specie di Un, due, tre, stella! Sorrido, impressionata, poi mi chino a grattargli il collo e ad accarezzare la sua bella testolina. Mi gratifica con deliziosi versetti e vedo le sue pupille dilatarsi per il piacere. Penso di aver guadagnato qualche punto.

Apro tutti gli scaffali in cerca del barattolo con la preziosa polvere marrone. Mentre fisso le gocce di nettare rigenerante che scendono dalla macchina, sento uno strano rumore accanto a me. E chi vedo piombare in cucina? Romeo che viene a tutta birra verso di me sui suoi pattini a rotelle.

«Ehi pagliaccio, sei sicuro che la tua padrona ti abbia dato il permesso di farlo?»

Il pappagallo si mette a girare intorno al tavolo cantando a squarciagola una canzone di Rihanna! Quest'uccello è completamente pazzo...

Per calmarlo raccolgo una pigna caduta per terra e gliela tendo. Non si fa pregare e molla i pattini per venire a mangiucchiare il suo gioco vegetale.

I nostri *crunch crunch* si uniscono in concerto.

È l'inizio di una complicità.

Mi lascio avvolgere dall'aroma del caffè bollente, poi da una doccia calda. Una tregua.

Guardo le nuvolette di vapore uscire dalla mia bocca. Questo gennaio non scherza. Dovrei tornare a casa, ma non ne ho il coraggio. Se quello che mi aspetta è girare in tondo fra quattro mura tutto il giorno pensando a lui, anche no, grazie! La camminata veloce mi ha sempre fatto bene: scaccia la fatica e cancella i pensieri ossessivi dalla mia mente. Dato che abito in avenue de Laumière, nel XIX arrondissement, decido di attraversare Parc des Buttes-Chaumont. Quante ore ho trascorso a passeggiare in questo parco meraviglioso da quando sono arrivata a Parigi, cinque anni fa? È stato testimone di tutti i miei stati d'animo, e io ne conosco ogni angolo: le collinette, gli scorci, i punti panoramici, le grotte, le cascate, il laghetto artificiale...

Quasi quotidianamente faccio un salto qui per salutare gli alberi. Abbiamo fatto amicizia. Il loro equilibrio, la loro forza tranquilla mi danno energia, mi aiutano a ritrovare la concentrazione. Con il tempo fra noi si è instaurata una muta complicità.

Qui, tra le varietà vegetali esotiche e i numerosi volatili – gabbiani, gallinelle d'acqua, germani reali – è difficile credere di essere a Parigi.

Stamattina una fitta nebbia avvolge il parco deserto, dove c'è solo qualche matto che fa jogging.

Quando il cielo basso e greve pesa come un coperchio
sullo spirito che geme in preda a lunghi affanni,
e versa, abbracciando l'intero giro dell'orizzonte,
una luce diurna più triste della notte...

La conosco a memoria, questa poesia di Baudelaire, *Spleen*. Quando c'è un tempo così, non posso fare a meno di recitarla. È perfetta per come mi sento oggi. Perfino i miei amici alberi hanno capitolato e tengono la testa bassa, rassegnati e impotenti di fronte al mio sconforto.

Mi avvicino alla Passerella, uno dei luoghi strategici del parco. È un ponte di pietra composto da un solo arco a strapiombo sul lago, sospeso a ventidue metri di altezza. Da paura. Del resto, non lo chiamano anche il ponte dei Suicidi?

Rabbrividisco. Qui, con il ponte, la collinetta scoscesa sormontata da un tempietto e i grandi alberi scuri mossi dal vento, sembra di essere in un quadro di Delacroix, in pieno preromanticismo.

Inizio a percorrere il ponte a passi pesanti e l'angoscia mi invade a poco a poco. Mi fermo a metà strada e mi appoggio alla balaustra. È bello. È triste. Frugo in borsa in cerca del pacchetto di sigarette e apro una falda del cappotto per tentare di accenderne una al riparo dal vento gelato. Sei mesi senza vederlo. O peggio. Di colpo mi appare evidente il rischio che sto correndo: perderlo per sempre. Nella mia impulsività, in preda a un delirio romantico, ho soppesato a sufficienza quel pericolo?

Sopraffatta dalle emozioni, dal freddo e dalla carenza di sonno, scoppio a piangere a calde lacrime continuando a tirare dalla sigaretta spenta. Persa nei miei pensieri, estraggo l'accendino dalla sua bella custodia argentata, un regalo di Antoine per l'appunto, e con un gesto goffo me lo lascio sfuggire di mano. Emetto un grido stridulo mentre cade verso il lago. D'impulso faccio per chinarmi e tendo le braccia verso l'acqua scura.

Sento qualcuno afferrarmi da dietro e stringermi la vita. Stavolta l'urlo che mi esce dalla gola è di sorpresa e spavento.

Vengo scagliata bruscamente di lato e cado per terra. Vedo un'ombra scura chinarsi su di me: un uomo massiccio. Faccio per indietreggiare. Oh Dio, ma che cosa vuole questo tizio? Eccomi qui, lunga distesa in un parco deserto, in balia di un pervertito! Il peggiore dei miei incubi che si materializza...

L'uomo mi sovrasta in tutta la sua altezza e muove un braccio verso di me.

Istintivamente mi proteggo il viso e mi preparo a sferrargli un calcio nelle parti basse quando, in extremis, mi accorgo che mi sta tendendo la mano per aiutarmi a rialzarmi.

A questo punto inizio a notare alcuni indizi rassicuranti: il cappellino, il distintivo... È un guardiano del parco.

Mi tira su per rimettermi in piedi. "Sono salva", mi dico. E invece no. Lui mi abbraccia fin quasi a soffocarmi. Accidenti. Forse le cose non stanno come pensavo.

«Non si fa, eh no, non si fa», mi mormora all'orecchio.

"Non si fa *cosa*?" mi chiedo, preoccupata e infastidita al contempo. Cerco di liberarmi da quella sgradevole morsa. «Ehi, la smetta, mi sta stringendo troppo forte!»

Allora lui si stacca e con aria seria e commossa esamina i miei occhi arrossati dal pianto e dalla notte in bianco. Poi mi afferra per le braccia e mi trascina via. «Su, venga, mi segua.»

«Ma cosa...»

«No, no, no, senza protestare! Non può mica restare qui così. Adesso viene da me a bere qualcosa di caldo e mi racconta cosa le succede. Bisogna parlare con qualcuno in momenti del genere.»

«È molto gentile da parte sua, ma le assicuro che non è...»

Lui si gira e mi rivolge uno sguardo scettico. «Non c'è motivo di vergognarsi se si ha bisogno di aiuto qualche volta, sa?»

«Ma a me non serve nessun aiuto!»

L'uomo sorride sornione, con un'espressione compassionevole. «Sono sempre quelli che ne hanno più bisogno a dire così. Ci sono abituato...»

Inizio a capire quale sia l'equivoco. Io, da sola sul ponte dei Suicidi, in lacrime, un'ombra persa nella nebbia, e il mio movimento ridicolo per cercare di afferrare al volo l'accendino. «Penso che lei abbia frainteso», provo a spiegare. «Non ho mai pensato di...»

«Non parliamone, okay?» taglia corto lui.

È una battaglia persa: mi lascio condurre verso il suo capanno da guardiano. Percorriamo un sentiero sinuoso e oltre una curva appare una graziosa villetta di mattoni decorata con inserti di maiolica.

Una volta entrati, lui mi indica una sedia e mi dice di accomodarmi mentre, quasi felice per quello che ritiene essere stato un salvataggio, inizia a prepararmi un caffè.

Mi guardo attorno, e scopro, appuntate sulle pareti, una gran quantità di lettere e cartoline. Mi alzo per osservarle da vicino.

Sono tutte parole di ringraziamento. Leggo qualche passaggio: «Lei mi ha salvato la vita!»; «Non la dimenticherò mai»; «Lei per me è stata la luce nella notte».

Comincio a capire: il custode del parco è una sorta di sanbernardo delle anime perse! L'assurdità della situazione mi strappa un sorriso.

Lui mi tende una tazza di caffè bollente che accetto senza farmi pregare.

Accarezzo con lo sguardo questo eroe ordinario che restando nell'ombra veglia su tante vite alla deriva. Lui, il funzionario comunale, il guastafeste che rovina gli allegri picnic nel parco, in realtà ha un cuore da benefattore dell'umanità.

Decido di stare al gioco e condivido con lui le mie pene. Mi ascolta, annuendo alla fine di ogni frase per incoraggiarmi a proseguire. Raramente ho incontrato qualcuno che manifesti così tanta empatia. Mezz'ora dopo sono costretta ad ammettere con una certa sorpresa quanto bene mi abbia fatto essere ascoltata.

Di lui ho saputo chi si chiama Jean-Claude e che lavora nel parco da quindici anni. Eppure non lo avevo mai notato.

Mi preparo a salutarlo.

«Basta sciocchezze, eh?» mi raccomanda con affetto.

Sorrido. «Promesso.»

«Mi dia sue notizie, se vuole, okay? Mi farebbe piacere sapere che va tutto bene.» Mi tende il suo numero di telefono. Sono già sulla porta quando mi sento chiamare. «Aspetti.» Trattenendomi per la manica, mi prende la mano per farci scivolare dentro qualcosa. «Lo guarderà più tardi», aggiunge con una strizzata d'occhio.

Infilo il pacchetto in borsa ed esco da quel rifugio rassicurante.

Mentre mi allontano, le parole del custode mi risuonano nelle mie orecchie: «Stia bene!».

Saluto con un cenno della mano quello che ormai per me è il Guardiano delle Speranze.

Rose

Ho appena lasciato Késia a scuola. Ogni mattina è la stessa disperata corsa contro il tempo. Noi con i figli di questa età abbiamo ancora il permesso di accompagnarli fino all'aula, perciò i corridoi sono pieni di genitori che si agitano come formiche in un formicaio, spintonandosi per depositare in fretta i loro pargoli. Maestre, maestri e bidelli tentano di riportare la calma. Fatica sprecata. Da ogni parte si sente urlare o piangere. Ci sono scene di addii strazianti: mamme che non riescono ad andarsene e con lo stomaco annodato tentano di lasciare il figlio, coprendolo di mille baci colpevoli, che si angustiano per un naso che cola, un ciuffo spettinato, una copertina di traverso, una stringa slacciata, e nascondono le lacrime dietro sorrisi di facciata finché non hanno varcato la porta della classe. Poi c'è il piccolo dramma quotidiano: la povera mamma di turno che, completamente sopraffatta dal doppio lavoro di genitore e quadro in azienda, nella sua angosciosa corsa contro il tempo delle mattine che iniziano male, preoccupata per una riunione importante, ha commesso l'errore fatale di scordarsi l'orsacchiotto del figlio. Passandole accanto, gli altri genitori le rivolgono uno sguardo afflitto e pieno di comprensione. Ma ormai il danno è fatto: non le resta che tornare a casa, flagellandosi con un immaginario frustino lungo tutto il tragitto per la sua stupidità. Lo conosciamo bene, noi madri, il senso di colpa. Per quanto mi riguarda, mi sono sciroppata il rimprovero della maestra per le scarpe sbrilluccicanti, naturalmente vietate. Per qualche minuto mi è sembrato di avere di nuovo cinque anni e mi sono fatta tirare le orecchie.

Quando esco, ho i nervi a fior di pelle. Decido di andare a bermi un caffè: dopo la lunga nottata e i racconti di Meredith, che mi hanno tenuta sveglia per la preoccupazione, credo di meritarmelo.

Ripenso alla storia di Meredith e Antoine. Quando li ho presentati, otto mesi fa, non avrei mai pensato a un colpo di fulmine. A prima vista sembravano incompatibili: lei così eccentrica e suscettibile, lui così posato e sicuro di sé. Cupido è davvero un mattacchione. L'idea strampalata di Meredith di imporre ad Antoine una parentesi forzata mi lascia perplessa. Adoro la mia amica, ma voglio molto bene anche a lui e per nessuna ragione al mondo vorrei vederlo soffrire. È un uomo eccezionale. E soprattutto ho un grande debito di riconoscenza nei suoi confronti: è stato grazie ad Antoine che, quattro anni fa, sono riuscita a trovare l'appartamento in cui sto adesso con mia figlia, che all'epoca era ancora una neonata. Durante la visita si è finto il mio compagno e mi ha fatto da garante. Non lo dimenticherò mai. Cercare una casa in affitto se sei una persona di colore e in più una ragazza madre e una lavoratrice precaria nel settore dello spettacolo è una specie di triplo salto mortale, in poche parole una missione impossibile. Mi sono scontrata con una serie infinita di rifiuti prima di trovare il coraggio di parlargli del mio problema. All'inizio non volevo scocciarlo né approfittare della sua ottima posizione in una delle più grandi emittenti radiofoniche francesi. Anche se un sacco di gente non si fa certo scrupolo di sfruttarlo, in una maniera o nell'altra. Ma non io.

Il modo in cui ci siamo conosciuti è a dir poco originale. Un giorno io gli ho molto semplicemente... salvato la vita! Per puro caso entrambi ci aggiravamo fra i tavoli dello stesso cocktail party in occasione dell'inaugurazione di una mostra d'arte, e Antoine, un po' troppo infervorato nel racconto di un aneddoto davanti a una piccola corte di persone che pendevano dalle sue labbra – la maggior parte delle quali erano aspiranti candidati per un posto nella sua radio –, ha avuto la cattiva idea di farsi andare di traverso un'oliva. L'incidente avrebbe potuto essergli fatale se io non avessi seguito un corso alla Croce Rossa e non fossi stata addestrata nelle tecniche di primo soccorso, tra cui la manovra di Heimlich. È stato un miracolo che fossi lì. Antoine, generoso per natura, avrebbe potuto accontentarsi di ringraziarmi calorosamente, invece ha insistito per rivedermi e trovare un modo più consono per esprimermi la sua riconoscenza. Quando ha saputo che ero un'attrice, mi ha presentata ad alcuni responsabili di casting per la voce e produttori di testi teatrali per la radio. Una vera e propria manna per un'attrice agli esordi, sempre in affanno per riuscire ad arrivare alla fine del mese. Tra noi non c'è mai stata attrazione fisica: lui non è il mio tipo, e viceversa. Dopo quell'episodio abbiamo continuato a sentirci di quando in quando.

E poi c'è stata la famosa cena di compleanno a cui ho invitato amici e conoscenti e dove ho presentato Antoine a Meredith. Ebbene, si sono divorati con gli occhi per tutta la sera. A dire il vero io non avevo mai creduto molto al colpo di fulmine, ma nel loro caso è successo tutto con una tale rapidità! È stato inconfutabile. L'amore corrisposto è uno strano fenomeno, così raro: un'alchimia perfetta, una congiunzione astrale, una sincronia sfacciata... Ho visto i loro sentimenti sbocciare veloci come belle di notte, con invidia ma senza alcuna gelosia. Ero sinceramente felice per loro. Non erano forse la prova vivente che in fondo l'amore è possibile?

E io? A che punto sono con l'amore? Bella domanda. A volte dispero che il cielo esaudisca il mio desiderio di trovare l'anima gemella. Il mio percorso sentimentale è stato così caotico finora! Potrò mai riprendermi dall'abbandono da parte del padre di mia figlia, ancora prima che lei venisse al mondo? È il genere di ferita che non si rimargina con facilità e, malgrado le mie arie da donna forte e con le spalle larghe, la fiducia in me stessa e nell'altro sesso ne è uscita profondamente intaccata.

Per un certo periodo ho addirittura pensato di rinunciare per sempre all'amore, di farla finita con questa fonte di sofferenza e di frustrazione. Come dev'essere riposante... Correre il rischio di amare significa accettare quello di soffrire, è innegabile, ma anche darsi la possibilità di essere felici. Dopo avere soppesato i pro e i contro, ho deciso di mettermi di nuovo in pista. La posta in palio è difficile, incerta: l'anima gemella. A volte la solitudine mi toglie il fiato e vengo assalita dai dubbi. E se finissi per morire sola come un cane? E se non riuscissi mai a trovare la mia metà? E se non interessassi a nessun uomo? L'amore corrisposto potrebbe essere solo un mito inventato di sana pianta, una chimera, una bella fiaba? Cosa dicono le statistiche sulle probabilità di vivere un amore autentico e reciproco? Sono basse come quelle di vincere alla lotteria?

Scaccio questo sgradevole pensiero e scelgo un angolino tranquillo del locale, accanto alla vetrina. Mi piace guardare i passanti e, a volte, quando ho tempo, provare a immaginare la loro vita. Il cameriere mi porta un caffè doppio e un croissant. Mi risuona nella mente la voce di mia madre: "Cinque minuti in bocca, due ore nella pancia e sul sedere per l'eternità, figlia mia!".

Va detto che, già di suo, il mio sedere non è proprio piccolo, e la cosa non mi fa particolarmente piacere. Ma che importa? Ho l'acquolina in bocca. Affondo i denti nel dolce proibito e mi godo fino all'ultimo morso il delizioso gusto del burro.

Ma non dimentichiamo le cose importanti. Tiro fuori il cellulare e consulto la mia applicazione per *desperate women* in cerca d'amore. Com'è la situazione stamattina?

Numero di ragazzi nel carrello: 12. Lo so, l'ingordigia è uno dei miei più grandi difetti: ho sempre avuto gli occhi più grandi dello stomaco. E non cambierò certo adesso.

Numero di sospetti profili *fake* sul totale: 6. Troppo belli per essere veri. Sono sicura che nessuno di loro mi risponderà. *Like* ricevuti: 2.

Vediamo un po' a chi sono piaciuta: un uomo serissimo, vestito con un abito grigio scuro e una cravatta a righe viola, di cinquantacinque anni (più sui sessantasette, direi), originario di un paesino così sperduto che Trifouillis-les-Oies al confronto potrebbe passare per un crocevia internazionale; e poi un altro, una vera faccia da galera, con un bagliore inquietante negli occhi.

La giornata comincia bene.

Numero di messaggi ricevuti: 3.

Clicco sull'icona della posta in arrivo e leggo:

Belmaschiolatino: Ciao, come ti va?

Be', decisamente un approccio sconvolgente. E che proprietà di linguaggio! Aspetta un attimo... mi sento a un passo dal colpo di fulmine! Quattro parole ed è già depennato.

Gentleman75: Sei carina in foto. Ti andrebbe di vederci?

Sono perplessa. Ha la classe di un gentlemen, non c'è che dire. Eliminato.

Ontheroadagain: Hello! My name is Franck. Il tuo profilo mi piace. Come vedi, sono un ragazzo semplice e dotato di senso dell'umorismo. ;-) Ho visto che sei un'artista. Anchio lo sono. Insomma, nel tempo libero. Suono la chitarra e Jim Morrison mi viene da dio. ;-) Magrai un giorno posso fartelo sentire? Lol. Allora, if you want, possiamo iniziare a conoscerci un po'?

Rapida valutazione. Resoconto lampo. Soggetto quasi poliglotta. Perché no? Due errori d'ortografia in cinque righe. È più che accettabile, con i tempi che corrono. Abita a meno di venti stazioni di metropolitana da me. Suona la chitarra. Be', ha parecchie frecce al suo arco questo tipo! Rispondo con un *like* e gli butto lì qualche parola esca. Staremo a vedere se il pesce abbocca.

SCENA 7

Meredith

La gentilezza di Jean-Claude, il mio Guardiano delle Speranze, mi ha rimessa in sesto. Lascio Parc des Buttes-Chaumont riprometendomi di smettere di autocommiserarmi e soprattutto di tornare a concentrarmi sul nocciolo della mia missione, che ormai per me è diventata la «missione Cupido». L'obiettivo è rispondere a una domanda fondamentale: è possibile prepararsi per riuscire a vivere appieno il grande amore? Come garantirgli tutte le condizioni necessarie per sopravvivere nel tempo? Di primo acchito può sembrare una strana missione, ma sono sicura che è potenzialmente in grado di cambiare la mia vita. Soprattutto quella che progetto con Antoine. Sarò capace di impedire che la nostra bella storia vada incontro al triste finale cui sono destinate quelle di tante coppie dei giorni nostri, quasi rassegnate in partenza a ingrossare prima o poi le statistiche? Circa il quarantacinque per cento dei matrimoni si conclude con un divorzio; per non parlare di tutte le altre piccole forme di morte coniugale, come le famiglie che resistono ma in cui, nella realtà quotidiana, le cose non vanno affatto bene... No! Non volevo niente di tutto questo per Antoine e per me. Non noi!

Le parole della mia adorata nonna mi tornano alla memoria: "Siamo felici nella misura in cui lo vogliamo". La mia Natina. Le avevo dato questo soprannome quando ero ancora un soldo di cacio, un giorno in cui mi aveva servito un cocktail alla granatina facendomi sentire davvero importante.

Ma oggi ho l'impressione che anche questo insegnamento, per quanto prezioso, non basti. Si può agire ad altri livelli. E se con un po' di lavoro e di sforzo fosse possibile migliorare davvero la propria *amorability*?

La parola mi è balenata alla mente come qualcosa di scontato. Mentre risalgo a grandi passi rue de Crimée in direzione del mio bar ristorante preferito – Le Pavillon des Canaux – mi sento galvanizzata dal concetto che ho appena enunciato: l'*amorability*, la capacità di amare.

I passanti devono prendermi per matta: ho un sorriso da ebete, e a Parigi è una cosa molto sospetta sorridere senza un motivo mentre si cammina per strada. Non mi importa. Continuo a pensare alla capacità di essere felici che tutti possediamo ma che a volte facciamo fatica a sfruttare. In termini matematici, potrebbe essere formulata così:

$$\begin{array}{c}\text{Capacità di approfittare}\\ \text{delle cose belle}\\ \text{dell'esistenza}\end{array} \div \begin{array}{c}\text{Capacità di sopportare}\\ \text{i rischi e le frustrazioni}\\ \text{della stessa esistenza}\end{array}$$

È ridicolo che questa trovata venga da me, che sono sempre stata negata per la matematica! Perché dovremmo prendercela con noi stessi se a volte ci sentiamo disarmati, goffi, di fronte alla nostra deficitaria capacità di amare? In fondo chi ci ha insegnato a farlo? Immagino l'*amorability* come un pezzo di plastilina che si può modellare, scolpire. Nulla è definitivo. La pasta è malleabile, basta procurarsi gli utensili indispensabili. Bisogna che io rifletta bene su tutto questo...

Ed eccomi in quai de la Loire, davanti alla vetrata del Pavillon des Canaux. Questa villa trasformata in un locale alternativo, di fronte al canal dell'Ourcq, ha il potere di riconfortarmi non appena ne varco la soglia. È l'effetto di sentirsi a casa che mi piace tanto.

La facciata mi aveva colpita quando, durante le mie prime settimane solitarie a Parigi, esploravo il quartiere alla ricerca di luoghi di ritrovo. Ho saputo più tardi che era stata decorata da due grandi nomi della street art francese, Alëxone et SupaKitch. La Sinny & Ooko, un'agenzia creativa specializzata nel settore della ristorazione, ha deciso di ristrutturare l'interno dell'edificio conservando le stanze originali. Geniale!

Passo attraverso il *coffice* del pianoterra, una via di mezzo tra un caffè e un ufficio in cui regna un'atmosfera laboriosa, dove studenti e professionisti se ne stanno chini sui loro portatili, e salgo di sopra. Passo attraverso un salottino accogliente, do un'occhiata di sfuggita alla camera da letto dove qualcuno sta facendo un riposino e sgattaiolo verso il mio luogo preferito: la stanza con la vasca da bagno.

Esalo un sospiro di soddisfazione mentre appoggio la testa sul morbido cuscino a motivi floreali. Mi piace tutto in questa stanza: la vasca turchese e lo sgabello abbinato, le piastrelle bianche con un motivo a piccoli rombi grigio scuro alle pareti, la tavoletta di legno chiaro appoggiata sopra la vasca a mo' di tavolino...

Sento avvicinarsi la cameriera. La conosco da tempo, si chiama Silvia.

«Ciao, come stai? Cosa ti porto?»

«Un macchiato lungo, grazie.»

Prima, entrando, con la coda dell'occhio ho intravisto un'esposizione di golosità inenarrabili sul bancone della pasticceria: torte, muffin, frittelle e bignè.

«E un muffin, per piacere!»

«Al cioccolato?» mi chiede Silvia con un sorriso complice.

Conosce i miei gusti.

La richiamo quando è già sulla porta. «Scusa, riusciresti per caso a recuperare qualche foglio bianco? Sono uscita senza quaderno.»

«Dei fogli A4 per la stampante possono andare?»

«Perfetto, grazie mille!»

Nell'attesa mi allungo nella vasca lasciando penzolare fuori un braccio. Visualizzo nitidamente la scena della *Mor-*

te di Marat, il celebre quadro di Jacques-Louis David che ritrae il rivoluzionario francese assassinato nel suo bagno da Charlotte Corday il 13 luglio del 1793.

Per un istante mi chiedo se anch'io, come una pietosa rivoluzionaria dell'amore, non stia assassinando la mia storia con Antoine. Scaccio quel pensiero sgradevole e cerco di ritrovare il mio atteggiamento propositivo.

La vita è fatta di rischi. Sono consapevole che ne sto correndo uno tentando questo esperimento, ma non provarci significherebbe rinnegare una parte di quello che sono. E allora...

Qualche momento dopo Silvia porta la mia ordinazione. Con la schiuma di latte ha disegnato un cuore. È una delle attenzioni tipiche di questo posto. Mi sfugge un piccolo sospiro di gratitudine. Forse la felicità è proprio nei minuscoli dettagli?

Sul foglio A4 steso davanti a me traccio con bella grafia le lettere della parola *amorability*. Mi concentro sul tema. Che cosa rovina le più belle storie d'amore, alla lunga? Tra un sorso di caffè e un boccone di muffin, annoto tutte le definizioni che mi vengono in mente. Sul foglio adesso c'è qualche macchiolina, ma che importa! Guardo la nuvola di parole per vedere se ne emergerà qualcosa di importante. La risposta è sì. Ho appena cominciato a mettere in ordine gli appunti quando vengo interrotta dalla suoneria del cellulare: mia madre!

Oh no, non lei. Adesso non sono dell'umore giusto.

«Mireille?» dice all'altro capo del telefono una voce leggermente stridula da cui traspare un certo fastidio.

«Mamma! Lo sai che non mi devi chiamare così.»

«È il tuo nome di battesimo. Non vedo cos'abbia che non va.»

Ma perché ho risposto?

«Sono tre giorni che cerco di parlarti. Non ascolti i messaggi?»

«Sì, scusami, ho avuto una settimana complicata...»

«Tesoro, è normale che la tua vita non sia semplice, vista la strada che hai scelto!»

Perché ho la sgradevole sensazione che goda ogni volta che ha l'occasione di farmi notare che i suoi avvertimenti sulla mia carriera di attrice erano giustificati?

«Lo so, mamma», dico con voce stanca. «Ascolta, adesso non posso parlare. Sono fuori casa e c'è poco campo. Cosa succede?»

«Succede che domani è il compleanno di tuo padre e volevo assicurarmi che non te ne dimenticassi...»

«Me lo ricordavo.»

«Mandagli almeno un messaggino, visto che non sei riuscita a liberarti! Per fortuna tua sorella ha organizzato una festicciola.»

Eccoci, ci siamo. La mia sorella perfetta che, nonostante i suoi mille impegni e tre figli, ce l'ha fatta ad approntare una bella tavolata e sicuramente anche a preparare dei regali. Mia sorella che spunta tutte le caselle per guadagnarsi l'approvazione parentale. Quella che a me è tanto mancata.

«Ci sarà anche tuo fratello con i bambini. Tutta la famiglia al completo! Perfino la zia Lily, che è in Francia per qualche settimana.»

La zia Lily... mi farebbe piacere rivederla. Dopo essersi innamorata di un americano, vent'anni fa è andata a vivere a New York. Era stata un tesoro con me quando avevo deciso di andarla a trovare alla fine delle superiori. Mi ero presa un anno sabbatico per sfuggire alle pressioni familiari sulla scelta dell'università, durante il quale avevo fatto una serie di lavoretti e frequentato tutti i teatri esistenti, vedendo crescere la mia passione per il cabaret. Ero tornata bilingue e con la testa piena di sogni. Un'euforia di breve durata: i miei in quel momento non volevano proprio saperne della mia vocazione d'artista e, con la morte nel cuore, alla fine mi ero risolta a iniziare un percorso universitario lontanissimo dalle mie aspirazioni, per la pace familiare e, in segreto, perché almeno per una volta loro fossero un po' orgogliosi di me.

Ascolto distrattamente la mamma che mi racconta i preparativi per il compleanno di mio padre, la sua gioia all'idea del clan riunito. Perché ho la sensazione di essere estranea alla mia stessa famiglia?

Sospiro. «Vi faccio una telefonata, promesso.»

«Mireille?»

«Sì?» Lascio correre, per il nome. Tanto è fatica sprecata.

«Ti prendi cura di te, vero?»

Che cara, la mamma. Nonostante tutte le nostre divergenze, cerca di salvaguardare i capisaldi del rapporto. Apprezzo i suoi sforzi. «Ma sì, certo, stai tranquilla. Baci, ci sentiamo presto.»

«Ti saluta anche tuo padre!»

Ringrazio, ma so che lo dice solo per salvare le apparenze. Mio padre non mi ha mai perdonata di aver lasciato Lille per delle scelte professionali che giudica strampalate e sicuramente votate all'insuccesso. La sua disapprovazione mi segue dappertutto, come una vecchia pentola rumorosa.

Chiudiamo la telefonata.

Pensare alla mia famiglia ha il potere di deprimermi. Mi passo meccanicamente la mano sulla nuca per accarezzare il tatuaggio che mi sono fatta in segno di ribellione quando sono arrivata a Parigi. Volevo compiere un gesto che sancisse un nuovo inizio, la mia emancipazione. Mai cedere, mai tornare indietro. Mai più tradire me stessa.

Da un artista del settore mi sono fatta tatuare una piuma stilizzata la cui estremità si trasforma in uno stormo di uccelli selvatici. Inutile dire che il valore della libertà ce l'ho inciso nella pelle.

Anche cambiare nome è stato un forte segno di rottura.

Riflettere sulla coppia formata dai miei genitori ha almeno il vantaggio di stimolarmi a lavorare sul concetto di *amorability*. Per misteriose ragioni che continuano a sfuggirmi quei due sono ancora insieme, malgrado il loro rapporto trasudi malessere e noia, a prescindere dagli sforzi che fanno per ingannare amici e conoscenti. Sono la dimostrazione vivente che è possibile stare *insieme separatamente* e si spengono l'un l'altro più efficacemente di quanto farebbe uno spegnimoccolo con una candela.

Questo, forse, è il mio incubo peggiore: diventare un giorno così trasparente e insipida agli occhi di Antoine!

"Ma potrebbe non succedere se farò tutto il possibile per evitarlo", penso per incoraggiarmi.

Riprendo in mano gli appunti. Traccio dei cerchi e tento di individuare dove intervenire per migliorare la mia *amorability*, cercando di riordinare le idee. Rapidamente emergono tre linee di riflessione principali: quello che accade TRA ME E ME, quello che accade TRA ME E L'ALTRO e quello che accade TRA ME E IL MONDO.

Eccitata dalla scoperta, provo ad approfondire un po' ciascuna categoria, e piano piano le cose iniziano ad apparirmi più chiare.

TRA ME E ME

Mi sembra evidente che, per essere capace di amare l'altro, prima devo riuscire a sentirmi bene con me stessa: preoccuparmi della mia salute fisica e mentale, avere maggiore autostima, trovare delle ragioni per essere orgogliosa di me, affrontare le mie paure, curare le vecchie ferite... Appunto che dovrò buttare giù una lista delle cose da fare.

Abbastanza soddisfatta, proseguo il lavoro, bevendo gli ultimi sorsi di caffè ormai tiepido. Ordino un tè. Mi serve del carburante!

La seconda categoria su cui lavorare per allenare l'*amorability* praticamente si scrive da sola.

TRA ME E L'ALTRO

L'altro è un altro. Può apparire un'ovvietà, ma a pensarci bene la grande sfida in un rapporto di coppia non consiste proprio nel riuscire a comunicare e a rispettarsi nonostante le differenze? L'alterità. Sottolineo tre volte la parola. Mi sono davvero presa il tempo necessario per conoscere la personalità e i bisogni di Antoine? Penso a tutte le cose che non osiamo dire apertamente, ai malintesi, alle frustrazioni inespresse, e a come a lungo termine finiscano per incidere sulla relazione.

E io ho le idee chiare su quello che mi aspetto dal rapporto con Antoine? Le nostre ambizioni sono compatibili? Come conciliarle e trovare l'armonia amandoci l'un l'altra senza essere invadenti?...

Lascio per il momento dei puntini di sospensione e passo alla terza linea di riflessione.

TRA ME E IL MONDO

A uccidere l'amore probabilmente sono l'introversione, la dipendenza affettiva, la sensazione di aver perso la libertà. Invece l'apertura al mondo, l'emancipazione, l'autorealizzazione mi sembrano essenziali per non asfissiare un rapporto. Penso alla mia carriera, non proprio fulgida, e alle mie ambizioni in questo momento così frustrate. È tempo di rimboccarsi le maniche.

Sentendomi già un po' stanca al pensiero di tutti gli sforzi che saranno necessari, sbadiglio e mi stiracchio. Ho una sola idea in testa adesso: tornarmene a casa. Infilo una mano in borsa per cercare il portafoglio e incappo nel regalino del custode del parco. Me n'ero dimenticata. Sulla carta di seta gialla è annodato un bel fiocchetto di rafia. All'interno del pacchetto trovo un sasso decorato con grande sensibilità. Che finezza! Il disegno rappresenta un fiore bianco circondato da sottili ornamenti. Sotto c'è un foglietto. Lo leggo.

Questo fiore è un Galanthus nivalis. *In greco* gala *significa «latte» e* anthos *«fiore». Per te, dunque, questo fiore di latte, per augurarti dolcezza e fiducia. Il bucaneve è simbolo di speranza. Quando Adamo ed Eva furono cacciati dal paradiso terrestre, lei si disperava pensando che l'inverno sarebbe durato per sempre. In quel momento apparve un angelo che trasformò parte dei fiocchi di neve in fiori: un bel modo per suggerire l'idea che la stagione fredda sarebbe presto finita e avrebbe lasciato posto alla primavera.*

Quindi, non dimenticare: la vita ci riserva sempre delle sorprese... Speranza e fiducia. Non arrenderti mai. Spesso, senza saperlo, siamo a un soffio dal miracolo.

Con amicizia,

Jean-Claude

Tanta gentilezza mi commuove. Mentre, un po' a malincuore, tento di uscire dal confortevole bozzolo della vasca da bagno, sento vibrare il telefono.

Un messaggio. È di Alice, la mia agente, una donna che quando deve darti una notizia va dritta al punto.

Urgente! Dobbiamo discutere della tournée. Appuntamento domani per te e Rose in agenzia, ore 14.00.

Esco dal Pavillon des Canaux stringendo in mano il sasso per caricarmi della sua benefica energia.

SCENA 8

Rose

Esco di corsa dalla stazione del metrò di Sentier. Diciamo che per l'appuntamento con Alice non sono propriamente in anticipo.

Con il mio metro e ottanta di statura, il disinibito taglio afro e la pelliccia sintetica del cappuccio che mi incornicia il viso, abbastanza armonioso nonostante il naso a mio parere un po' troppo largo, per strada non passo inosservata.

Davanti a un bistrot vengo abbordata da un gruppetto di teppistelli da marciapiede con la sigaretta in bocca, che mi apostrofano rozzamente.

«Ciao, bella. Me lo dai il numero di cellulare?»

«Ehi ehi, non correre così. Dai, devo dirti una cosa...»

Quando mi credono ormai fuori dalla portata della loro voce, ne sento uno commentare: «No, ma hai visto che culo? Io ci metterei volentieri la faccia, e anche il resto!».

Poi se la ridono di gusto.

Tiro dritto facendo finta di niente, se no non arrivo più. Sospiro. Attirare l'attenzione è sempre stata la mia specialità. E anche trovare ragazzi da una botta e via. Invece incontrare qualcuno con intenzioni serie, quella è tutta un'altra storia. «Non sanno quello che si perdono», borbotto, cercando di far leva sulla mia autostima. Non ne ho poi così tanta, per inciso. Quando penso al superpacchetto «Rose *all-inclusive*», a tutto quel potenziale d'amore ancora fermo ai blocchi di partenza, non posso impedirmi di gridare allo spreco. Com'è possibile che non ci sia mai stato qualcuno davvero interessato a me? Intendo qualcuno che non si sia limitato a stamparmi addosso al primo sguardo il marchio GILF (*girl I'd like to fuck*). Quello che a loro sembra un complimento è in realtà quasi un insulto. Come si può ridurre una persona a un paio di natiche e di seni?

Sono convinta che nessun uomo che ho conosciuto finora si sia mai veramente reso conto del Superkit di Felicità, del magnifico Beauty dell'Amore che porto con me. O forse sono io che non sono capace di mettere in mostra le mie qualità. L'equipaggiamento «tenerezza a volontà», «armonia nella vita», «grande orecchio benevolo che ascolta e consola», no, quello non devono averlo visto.

Eccomi arrivata davanti al numero 21 di rue des Petits-Carreaux. Suono il campanello, e la voce di Alice gracchia uno sbrigativo: «Ti apro». L'agenzia si trova al primo piano. Sul muro, una targa dalla doratura un po' sbiadita recita: CAST'ELITE. Spingo la porta che Alice ha lasciato socchiusa.

Mi dirigo verso il piccolo ufficio, attraversando il corridoio, un budello stretto e lungo.

La intravedo, al di là del vetro, che si agita come un'ossessa al telefono mentre intrattiene quella che sembra essere una conversazione tutt'altro che tranquilla. Alice ha l'aspetto di una donna di mezza età, con uno chignon tenuto fermo da una Bic blu che si muove al ritmo delle sue grida.

Si possono rimproverare molte cose a questa piccola agenzia un po' raffazzonata, ma bisogna riconoscere che Alice si batte duramente per i suoi artisti, negoziando con grande tenacia i contratti con i direttori dei teatri e tutti gli altri potenziali datori di lavoro.

Con le dita dalle unghie indecentemente lunghe fresche di manicure mi fa segno di avvicinarmi e sedermi. Un po' imbarazzata, per ingannare il tempo osservo le pareti e maledico Meredith per il ritardo.

Appuntate al muro ci sono foto di attori e attrici. Li trovo commoventi. Ognuno a suo modo, al momento dello scatto, ha cercato di distinguersi. Alcuni hanno giocato la carta del sorriso seduttivo, a volte caricaturale, altri hanno cercato di mettere in evidenza la forza di carattere puntando sull'intensità dello sguardo o assumendo un'espressione impenetrabile. Agli inizi, si immagina con euforia il momento in cui si entrerà a far parte di quella galleria in quanto «giovani promesse», talenti in erba agli esordi di una carriera così incerta nel mondo dello spettacolo.

Le mie, di speranze, hanno già perso parecchio del loro fulgore. A trentacinque anni non sono più una giovane promessa e non sono diventata una giovane stella. E allora chi sono?

Certi giorni non lo so proprio.

Alice mette giù il telefono, vagamente sfinita, e viene verso di me. Mi alzo. In altezza la supero di più di una testa.

Questa donnina esile e tutta nervi, abbronzata trecentosessantacinque giorni all'anno, che deve nutrirsi solo di semi e crusca tanto è magra, oggi indossa una gonna a tubino che le mie chiappe non oserebbero neanche sognare e una camicia elegante con qualche bottone slacciato di proposito. In bilico su un tacco dieci per far dimenticare il suo metro e cinquantacinque, cammina con una strana andatura da funambola. Si avvicina per darmi un bacio veloce sulla guancia con le sue labbra sottili, visibilmente poco incline alle effusioni improduttive delle convenzioni sociali che considera solo una perdita di tempo.

Venti minuti dopo Meredith si materializza nel vano della porta, rossa e ansimante. «Scusate il ritardo», riesce a dire.

Alice la fulmina con lo sguardo, come faccio anch'io del resto, e in tono secco la invita a sedersi. «Insomma...» comincia.

Alice inizia tutte le sue frasi con «insomma»: di primo acchito questa cosa ti spiazza, perché la parola sembra annunciare una conclusione, piuttosto che un esordio.

«Sono riuscita a ottenere diverse date per il vostro spettacolo.»

Il nostro spettacolo: *Le Ragazze.*

Sono percorsa da un brivido di eccitazione. Non vedo l'ora di recitare!

«A Parigi?» chiede Meredith con un barlume di speranza negli occhi.

Alice le rivolge uno sguardo gentile pericolosamente venato di pietà. «Be', no. In provincia. Cosa ti aspettavi, il Point Virgule?» Strizza gli occhi per un istante, soddisfatta della battuta sarcastica.

Meredith, imbronciata, si affloscia sulla sedia.

La nostra agente tossicchia per dissipare il leggero imbarazzo che è calato sulla stanza, poi riprende. «Insomma, prime date a Marsiglia. Partenza fra dieci giorni. Due settimane di prove, un mese e mezzo di repliche. Giovedì, venerdì e sabato alle 19.30 e domenica alle 16.00.»

«In che teatro?»

«Al théâtre de l'Acrostiche, mie care!»

«Esiste?» ironizzo. Non sono riuscita a trattenermi.

Alice non si degna nemmeno di rispondere.

«...E il compenso?» mi azzardo timidamente a chiedere.

«Il direttore propone un fisso più una percentuale sui biglietti venduti.»

La guardiamo con aria interlocutoria, in attesa di ulteriori informazioni. Alice sospira: brutto segno.

Quando ci svela la cifra, mi accorgo che Meredith condivide il mio sconforto. La gloria non è dietro l'angolo, mettiamola così. La nostra agente alza le spalle: con tutti gli artisti alle prime armi che rappresenta, oltre ogni logica, è abituata a questo genere di reazioni, che le scivolano addosso.

«Be', con un impegno di tre sere la settimana più la domenica potrete cercarvi un lavoretto, eh, ragazze?»

Non la sopporto, questa pseudofamiliarità. Mi sforzo di sorridere e sogno il giorno in cui potrò mandare al diavolo lei, il suo chignon sbilenco, la sua agenzia da quattro soldi e i suoi pietosi contatti.

«Dai, sorridete! Sono riuscita a piazzare lo spettacolo anche nei dintorni di Lille. Non sei originaria di lì, Meredith?»

«Sì.»

Diciamo che Meredith nasconde bene la sua gioia.

«E allora, non è fantastico? Un grazie non me lo merito?»

«Grazieee Aliiice», rispondiamo in coro, senza alcun trasporto.

Io sono ancor meno entusiasta, dato che da cinque minuti non faccio che pensare a mia figlia Késia. Non posso portarla in tournée con me: non voglio assolutamente tenerla a casa da scuola né turbare la sua vita, ritmata come uno spartito musicale. Ha i suoi punti di riferimento a Parigi, le sue amichette, la maestra, che adora... Mia madre accetterà di tenerla per tutti questi giorni? E Késia come reagirà a un'assenza tanto prolungata? Mi sento invadere da un'ondata di preoccupazione e senso di colpa. Ho il diritto di continuare a coltivare la mia passione, nonostante riesca a malapena a guadagnare di che mantenerci? Dovrei forse abbandonare tutto e trovare un impiego qualunque per garantire alla mia ranocchietta una vita più equilibrata?

Frugo dentro di me alla ricerca di una risposta che sembri «giusta». Ed è no. Assolutamente no. Per il momento non posso prendere questa decisione! Abbandonare il teatro sarebbe un po' come morire. Salire sul palcoscenico è quello che mi tiene in piedi; è il mio più grande sogno, che coltivo da quando ero bambina. Mi sento a casa, lì sopra. Recitare mi rende viva. Niente mi fa vibrare di più. A quel sogno devo aggrapparmi ancora più forte. "Ce la farò!" mi riprometto con un muto giuramento.

SCENA 9

Antoine

Oggi devo coordinare la preparazione del nostro prossimo programma. Il finanziatore, nonché il mio datore di lavoro, è una delle più grandi emittenti nazionali.

In quanto produttore, io sono una specie di direttore d'orchestra che guida un gruppo di persone: cronisti, giornalisti, presentatori, gente dello spettacolo... Devo prendere su due piedi molte decisioni e fare le scelte giuste in merito ai contenuti e agli ospiti. Non si tratta di un compito facile, ma mi piace questa scarica di adrenalina quotidiana.

Quando arrivo davanti alla grande insegna della radio, sguscio di lato per superare la fila di spettatori curiosi venuti ad assistere alla registrazione. La sicurezza li controlla uno per uno. Anch'io devo essere autorizzato: passo attraverso lo scanner – tutte le hall delle grandi aziende ormai somigliano a un aeroporto – e presento il badge per superare il tornello. Le hostess all'accoglienza mi salutano con il sorriso d'ordinanza. Schermi dappertutto trasmettono a ripetizione le immagini dei programmi in corso. Alla parete sono appesi enormi ritratti delle star dell'emittente. Schiaccio il pulsante per chiamare l'ascensore, e due giovani donne ne escono lanciandomi uno sguardo obliquo e forse interessato. Dunque faccio ancora colpo? Da quando ho conosciuto Meredith non me ne sono più preoccupato. L'ascensore è vuoto. Ne approfitto per guardare il mio viso allo specchio: carnagione spenta dopo quattro notti quasi insonni, barba scura di più di tre giorni, labbra secche e screpolate per colpa di qualche bicchiere di troppo, una bocca che pensava di riuscire a convincere la persona amata a restare e non c'è riuscita.

Quando esco dall'ascensore, il mio umore è più nero dei peli della mia barba.

L'assistente mi accoglie con un caffè: lo afferro borbottando un «grazie» a malapena percepibile dall'orecchio umano. Diciamo che è quasi a livello di ultrasuoni. Lei finge di non accorgersene; probabilmente pensa che sia meglio lasciar correre. Vado nella sala riunioni dove il resto dell'équipe mi aspetta per il comitato di redazione, in modo da fissare i punti essenziali della prossima trasmissione. Vedo muoversi davanti a me i volti dei miei collaboratori, ma a ciascuno di loro si sovrappone quello di Meredith, come un'ostinata filigrana. Cerco di stare attento a quello che mi dicono, fingo di interessarmi alle proposte, ma in realtà sono lontano anni luce. L'altra sera, davanti a lei, ho incassato. Ho fatto l'uomo forte, quello che può reggere il colpo senza problemi. Non era forse il ruolo che avevo recitato fino a quel momento? "Bel bluff", mi dico. "Bravo, Antoine: sei arrivato addirittura a proporle un conto alla rovescia! Come se fossi capace di considerare tutto questo una specie di gioco, una divertente messinscena. In realtà non c'è nulla di divertente, il tuo è un riso molto amaro. Il signore, qui, ha il morale sotto i tacchi. Come Tom Hanks in *Big*, è tornato bambino nel corpo di un adulto." Prima mi sentivo una roccia. Avevo l'impressione che nulla potesse veramente ferirmi. Soprattutto le donne. Mi sto rammollendo. Sarà la vecchiaia?

«Antoine?»

Sussulto. «Sì?» rispondo distratto.

«Ci sei?»

«Certo.»

«Cosa ne pensi allora di questa idea?»

«Cioè?»

«Cioè: bisogna credere agli angeli custodi?»

«Ah sì...»

Il mio computer di bordo si connette a tutta birra. Nel giro di trenta secondi scansiono l'argomento in testa e abbozzo un vago sorriso. Intravedo un collaboratore dare una discreta gomitata alla mia assistente e lo sento mormorarle, sollevato: «Credo che l'idea gli piaccia».

Sì, in effetti mi piace, e non solo in trasmissione. Le parole «angeli custodi» hanno fatto risuonare dentro di me una sorta di campanellino. Ero disperato al mio arrivo, poco fa, e ora ecco che sento risorgere di nuovo la speranza. Nella battaglia per non perdere Meredith avevo assunto un atteggiamento fatalista e sfiduciato. E se invece prendessi questa tregua forzata come una sfida? In fondo io sono uno che ama le sfide, che si esalta quando deve affrontarne una. Ma che cosa c'entrano gli angeli custodi? Be', uno di loro potrebbe essere il protagonista del film della mia riconquista.

SCENA 10

Rose

Mia madre è un tipo davvero strano, ma posso chiedere solo a lei di tenere Késia. Non ho nessun altro a cui rivolgermi. Per fortuna abitiamo a solo qualche isolato di distanza, un dettaglio fondamentale per non turbare i ritmi di mia figlia. Sono molto affezionata alla mamma, e noi due ci assomigliamo parecchio. I più diplomatici direbbero di lei che «bisogna conoscerla»: un eufemismo per riferirsi alla sua personalità del tutto fuori dagli schemi; sotto ogni aspetto, dal look eccentrico allo stile di vita originale che ha adottato. Del resto, certi uomini si sono schiantati contro la ruvidità del suo carattere quasi fosse uno scoglio nascosto sotto la superficie del mare. In un primo momento li attira come falene verso la luce perché, da buona libertina, sa perfettamente come catturarli nella sua rete; poi, una volta che vi si trovano invischiati, li disillude. È brava a far girare loro la testa ma, per fortuna, non arriva al punto di divorarli. Insomma, non è una mantide religiosa.

Bionda naturale, per anni si è tinta i capelli di nero corvino, colore che faceva risaltare ancora di più i suoi occhi da gatta. Fisicamente siamo diversissime: nessuno direbbe mai che sono sua figlia. Lo stesso vale per me e Késia. La storia si ripete, a quanto pare. Mia madre si era lasciata sedurre dallo charme antillese dell'uomo con cui mi ha concepita e che ha finito per darsela a gambe, come tutti gli altri.

Suono il campanello un'altra volta. Lei ci mette qualche istante a venire ad aprire. Quando la vedo, stringo un po' più forte la manina di Késia. Sono dieci giorni che aspetto con timore questo momento. È arrivato il giorno di partire per Marsiglia e, come mi aspettavo, mi sento scombussolata all'idea di lasciare mia figlia. Sarà per il senso di colpa? Per la paura di essere una cattiva mamma? Per la preoccupazione che la mia assenza abbia ripercussioni sull'equilibrio della piccola e sul suo sviluppo? Certo che sì. Ma cosa posso fare? Portarla in tournée è impensabile. Perciò eccomi qui, come al solito combattuta fra il mio ruolo di madre e il mio destino di artista. Non concepisco il fatto di potermi realizzare se non conciliando le due cose, quindi mi batto per affermarmi nel lavoro. Spero che un giorno Késia sarà fiera di me.

Mia madre mi stampa sulla guancia un bacio con lo schiocco, avviluppandomi in un intenso effluvio di patchouli mischiato a note di rosa damascena. Dalla sua espressione capisco che è contrariata per la tournée. Fortunatamente impazzisce per mia figlia, con cui ha instaurato un'incredibile complicità. È quasi come se Késia il giorno in cui è nata l'avesse stregata. In ogni caso, sua nonna stravede per lei e la tratta come una principessa, a differenza di quanto faceva con me da piccola. A casa mia volavano più schiaffi che baci. Non che le serbi rancore: con il mio carattere le ho dato parecchio filo da torcere. Forse la rabbia che provavo per il fatto di dover crescere senza un padre inconsciamente mi ha portata a metterla alla prova di continuo.

Più ferita di quanto volesse ammettere dall'abbandono di mio padre, da quando avevo soltanto un anno non si stancava di ripetermi: «Figlia mia, mariti e buoi dei paesi tuoi. Non metterti mai con un antillese o un africano! Da' retta a tua madre. O sono infedeli, o sono delinquenti, o sono ubriaconi!».

Diciamo che non aveva l'abitudine di misurare le parole.

Da adulta, non ho mancato di seguire i suoi insegnamenti e mi sono innamorata di un ragazzo bianchissimo che lavorava come steward per un'importante compagnia aerea.

Perfetto, sulla carta, sotto ogni punto di vista. Peccato che mi abbia lasciata non appena gli ho annunciato di essere incinta. Karma di famiglia, a quanto pare.

Secondo Saint-Exupéry si vede bene solo con il cuore... Io mi ero fidata della sua bella faccia e non avevo seguito l'istinto. L'intuizione ha antenne magiche che a torto troppo spesso spegniamo.

Mia madre afferra le guance della nipote con rude tenerezza e se la mangia di baci.

«Nonna, smettila! Mi stai riempiendo di bava!» Késia fila dritta verso la sua cesta dei giochi senza mollare però il coniglietto sozzo e consunto che tiene stretto per il collo mentre si ciuccia il pollice. Detesta quando lavo il suo peluche. Probabilmente il detersivo elimina i feromoni rassicuranti dell'oggetto transizionale. Così rimando sempre più che posso il momento in cui finirà in lavatrice, perché so che mi aspettano due giorni di capricci e musi.

Mia madre da due anni è preda di un trip karmico: bioenergetica ed epigenetica.

Si tratta di un bel cambiamento per una protestante. A casa sua l'arredamento è essenzialmente d'ispirazione buddhista: qui un mandala da parete con un elefante, lì uno *zafu*, un cuscino zen da meditazione. Riceve i suoi clienti in un angolo del salotto separato da un paravento. Fa la medium.

Com'è ovvio, questo universo poco convenzionale affascina mia figlia: tutti gli oggetti stravaganti di cui l'appartamento è pieno stimolano la sua immaginazione. È il luogo ideale per inventare storie.

Romeo, invece, è rimasto a casa. Al riguardo mia madre è stata chiara: «Per la bambina nessun problema, ma del tuo pennuto non se ne parla!».

Così dovrò portarlo con me in quest'avventura. Ne vedremo delle belle.

Per un po' chiacchiero del più e del meno con mia madre, cercando di ritardare il momento della partenza. Ma purtroppo è giunta l'ora di andare... Mi alzo e liscio le pieghe della gonna con un gesto meccanico; Késia da lontano mi guarda e capisce. Si tira su di scatto, corre da me e mi si aggrappa alle gambe. Sento la sua piccola schiena sussultare mentre singhiozza. Mia figlia piange disperata. Io invece non posso permettermelo. Non ancora. Lo farò dopo. La stringo forte, fino a toglierle quasi il respiro: tra noi per scherzo chiamiamo questo abbraccio «coccola stritolante». Poi mi inginocchio per essere alla sua altezza e le tampono alla bell'e meglio le lacrime con le mie mani asciugatutto.

«Non partire, mamma!»

«Ranocchietta mia! Non piangere! Tornerò a trovarti appena posso, sai?»

La cosa non la consola per nulla. Nella concezione del tempo dei bambini esiste solo il presente.

«Chi è la mia bimba coraggiosa?» azzardo con un sorrisino.

«Io no!» risponde lei, naturalmente.

Come ne esco?

Provo con il giochino del naso. Le afferro la punta tra l'indice e il medio. «Oh! Ma di chi è questo nasino? Mmh. Sembra delizioso!»

Con un gesto veloce infilo il pollice tra le due dita e ne faccio spuntare un pezzetto, poi lo mordicchio con grande gusto.

Késia ride tra le lacrime. «Mamma, dai! Ridammi il mio naso!»

Fingo di incollarlo di nuovo al suo posto. Ma il dispiacere è una nuvola tenace e molto scura. Késia torna a incupirsi. Allora ne provo un'altra.

«Oh, guarda!»

Le indico una meravigliosa apparizione immaginaria. Sorpresa, lei segue il mio dito con lo sguardo e smette di piangere.

«Ma cos'hai nell'orecchio? Come... Oh, guarda, Késia!»

Ho fra le dita la sua caramella preferita e vedo il suo musino illuminarsi. Poi ne faccio apparire una seconda, una terza e una quarta, dalle tasche, dal pancino e perfino da una calza. Lei ride divertita, se ne mette una in bocca e la succhia con aria deliziata. È il momento di andare.

Per strada cammino veloce. Molto veloce. Spero solo di correre più in fretta delle mie lacrime.

SCENA 11

Meredith

Conto alla rovescia: –172 giorni

Ho dato appuntamento a Rose sotto il grande orologio della Gare de Lyon. Ma cosa diamine combina? Se non si sbriga, perderemo il treno! È da mezz'ora che faccio avanti e indietro in mezzo alle correnti d'aria gelata e sono intirizzita. Per di più, stare in un posto come questo ti trasforma nella preda ideale. Tre persone sono già venute a chiedermi l'elemosina: un barbone navigato, seguito passo passo da un labrador tanto fedele quanto spelacchiato, una madre dal tono lamentoso con un bambino infagottato fra le braccia e un ragazzo lungo e secco come uno stecchino, con lo sguardo perso. Spengo con stizza la terza sigaretta e tento per l'ennesima volta di telefonare alla mia compagna di scena.

Finalmente, attraverso la folla vedo avanzare la sua alta silhouette. Mio Dio: non posso credere che non sia riuscita a piazzare Romeo! Tra il look eccentrico, il pappagallo e la montagna di bagagli che si trascina dietro, come se dovesse fare un trasloco, ho l'impressione che non passeremo inosservate. Quando arriva da me, ci abbracciamo. Che sollievo che sia arrivata!

«Vedo che hai deciso di viaggiare leggera...»

Mi lancia uno sguardo fintamente truce.

«Dai, spicciati, o finirà che lo perdiamo, questo treno! E non ho proprio voglia di aspettare qui altre due ore.»

Tentiamo di farci strada tra i viaggiatori a forza di gomitate, calpestando qualche piede o colpendo maldestramente qualcuno con la valigia mentre proferiamo frettolosi «mi scusi» che ci lasciamo svolazzare dietro, leggeri come soffioni di tarassaco.

Alla fine arriviamo alla carrozza 12. Su consiglio della veterinaria, Rose ha dato un leggero sedativo a Romeo, ma il medicinale non sembra avere avuto l'effetto desiderato! Quando vede la divisa del controllore in piedi davanti al vagone, il pappagallo si mette a intonare la Marsigliese.

«*Allons enfants de la patriiiie!*»

Forse la divisa gli ha ricordato la diretta televisiva della sfilata del 14 luglio? A ogni modo, il funzionario della SNCF sembra non gradire granché e chiede a Rose i documenti di viaggio del volatile. La vedo dimenarsi per frugare in una delle dieci borse che si porta dietro. Ci mettiamo a cercare in due, sotto lo sguardo di riprovazione del controllore e quello infastidito degli altri viaggiatori, a cui blocchiamo il passaggio.

Eccoli, possiamo salire. Dopo avere impiegato dieci minuti per sistemare tutta la roba, finalmente sbuffando ci sediamo.

Io e Rose ci scambiamo un sorriso. Ma non prendiamoci in giro: entrambe ci rendiamo conto di avere ottime ragioni per lasciare Parigi con il cuore pesante. Facciamo finta di chiacchierare qualche momento per salvare le apparenze, poi restiamo assorte nei nostri pensieri. So che i suoi riguardano Késia. I miei sono tutti per Antoine. Non ci siamo più sentiti dopo quella famosa sera, e comincio davvero a dubitare della mia decisione. Muoio dalla voglia di scrivergli, ma ho l'impressione che non spetti a me farlo. Non per prima. In questi giorni mi è venuta in mente spesso l'espressione «amare qualcuno alla follia». Mi interrogo sul suo significato. Forse l'amore ti rende un po' pazzo, come quando ti morde un cane e ti viene la rabbia. O forse se l'è inventata qualcuno che sapeva bene come ci si sente quando, per qualche motivo, bisogna trattenersi dal chiamare, dallo scrivere... Le diverse interpretazioni mi frullano in testa. Come faccio più o meno millecinquecentosettanta volte al giorno, lancio una rapida occhiata compulsiva al cellulare per vedere se, chissà, magari è arrivato qualcosa da Antoine. Certo che no, nemmeno una parola.

Mi sento male. Soffro. Comincio a rosicchiarmi nervosamente le unghie.

«Qual è la prossima fermata?»

«Valence. Manca più di un'ora, se stai pensando alla tua pausa sigaretta.»

Sospiro. Rose mi legge nel pensiero.

Quando si è innamorati, aspettare un segnale dalla persona amata può diventare un dolce supplizio: i minuti sono ore, si finisce per contare i secondi. Il tempo non è più lo stesso. Ogni molecola del corpo è colonizzata dal desiderio dell'altro. Non ci apparteniamo più. Oggi, più che mai, avverto i morsi impietosi dell'astinenza. Forse è a causa di questo allontanamento concreto, geografico. La nostalgia mi corrode la carne e mi mangia il cervello. Vedo Rose spiarmi con la coda dell'occhio. So che lei sa. Conosce alla perfezione questi stati d'animo, e anche la mia faccia delle giornate storte. Non ha certo bisogno che le faccia uno schemino per interpretare l'espressione pietosa della donna innamorata che soffre in silenzio, la tendenza ad astrarsi dalla realtà e isolarsi in una bolla di malinconia. È questo che succede quando l'altro si trasforma in una tenera ossessione. E quanto ci teniamo, a quell'ossessione! Diventa qualcosa di intoccabile. Ci affezioniamo a quel torpore doloroso, a quell'isolamento forzato che ci induce a pensare e ripensare solo all'oggetto del nostro amore. Coltiviamo la frustrazione, nutrendola ora dopo ora con il nostro sconforto e le nostre aspettative.

Naturalmente i miei nervi cigolano come cardini arrugginiti. Tutto mi irrita. In primo luogo questo maledetto pappagallo che spara in continuazione sciocchezze senza capo né coda. Dev'essere il farmaco. Anche i nostri vicini non ne possono più. Tanto meglio! Quando si sta male, si prova un piacere sadico nel sapere di essere in buona compagnia. Solo la bimbetta dietro di noi ride deliziata ascoltando Romeo che fa il suo numero. Si alza in piedi sul sedile e si sporge per riuscire a vederlo nella sua gabbia. Tutto questo casino mi fa venire il mal di testa. Ho infilato la mano in borsa per cercare una pillola quando il mio cellulare si mette a vibrare, segnalando l'arrivo di un messaggio. All'improvviso una folle speranza si fa prepotentemente strada dentro di me. E se fosse lui? Vivo un magico momento di esaltazione. Compongo con dita febbrili il codice per sbloccare il telefono e con il cuore che batte come un tamburo clicco sull'icona dei messaggi. La delusione è come una caduta da dieci piani d'altezza. È la pubblicità di un negozio di vestiti.

"Maledetti! Siate maledetti fino alla tredicesima generazione!"

Ebbene sì, sono dell'umore giusto per lanciare anatemi di medievale memoria. Anche il supplizio dell'attesa è una tortura medievale. Peggio che essere bruciati sulla pira.

«Dai, vieni a berti un caffè», mi propone Rose. «Ti aiuterà a distrarti.»

Accetto con un'alzata di spalle, come a dire: "Tanto, visto come sono messa...". Poi le domando: «Come facciamo con Romeo?».

«Aspetta, adesso trovo una soluzione.»

Rose chiede gentilmente ai nostri vicini – i genitori della piccola – di dare un'occhiata al pappagallo mentre facciamo un salto al vagone ristorante. Accettano volentieri: il pennuto terrà occupata la bimba.

Ci dirigiamo verso il bar, sballottate un po' verso la parete del corridoio, un po' verso i passeggeri seduti. Alcuni dormono con la bocca spalancata. Mi diverto a immaginare che una mosca ci si infili dentro. "Ragazza mia! Le pene d'amore ti rendono ben strana", mi dico.

Quando arriviamo a destinazione, quasi non riusciamo a entrare nel vagone; alla cassa c'è una coda di almeno dieci persone. *What else?*

Rose brontola. Io no. In fondo, aspettare qui o altrove... In ogni caso devo armarmi di pazienza, perché l'arrivo, per me, non è previsto fra tre ore, bensì fra cinque mesi, venti giorni e sei ore.

MARSIGLIA

SCENA 12

Meredith

Conto alla rovescia: –169 giorni

Vicino a place Bargemon, mi appresto ad attraversare il Pavillon M quando vengo colpita da alcune impressionanti sculture di bronzo: i personaggi sembrano dei turisti che portano una valigia o una grossa borsa. E fin qui niente di strano. La cosa sorprendente è che si tratta di corpi incompleti, letteralmente bucati, che paiono sfidare ogni legge della fisica: come è riuscito l'artista a farli stare in piedi? Qual è la magia? Una targa mi rivela il nome dell'autore: Bruno Catalano, *I viaggiatori.*

Non riesco a staccare lo sguardo da queste opere e resto immobile a contemplarle, io stessa in partenza per una solitaria fantasticheria. C'è qualcosa che mi attrae nelle statue, forse perché, come loro, ho iniziato uno strano viaggio, lasciandomi alle spalle una parte di me stessa.

Sono ipnotizzata dall'effetto visivo: l'artista è stato capace di materializzare il *vuoto.* Straordinario. È come se fosse riuscito a rendere visibile qualcosa di tanto impalpabile quanto la paura o la nostalgia... emozioni che da qualche giorno mi abitano, senza che io riesca a tradurle in parole. È strano quanto potere possa avere questo vuoto interiore. Il vuoto dovrebbe equivalere al nulla. Ma allora com'è possibile che faccia tanto male? Eppure comincia a occupare un sacco di spazio. Perché mi sento torcere le budella come se fossero strette in una morsa? È il paradosso del vuoto. Il vuoto che si riempie di disperazione o quantomeno di un oscuro senso di impotenza.

È esattamente così che mi sento da quando ho lasciato Antoine. E quest'angoscia sorda di non avere sue notizie... Di continuo mi sforzo di razionalizzare: "Lasciagli il tempo di elaborare la notizia. Ti rendi conto della mazzata che gli hai dato? Ti ama e senz'altro si farà sentire presto, scriverà nei prossimi giorni...". Ma non serve a nulla. In treno ho riletto un meraviglioso passo di Roland Barthes sull'attesa, nei *Frammenti di un discorso amoroso*: «Sono innamorato? Sì, poiché sto aspettando. L'altro, invece, no. Talvolta ho voglia di recitare la parte di quello che non aspetta; allora cerco di tenermi occupato, di arrivare in ritardo; ma a questo gioco perdo ogni volta: qualunque cosa io faccia, mi ritrovo sempre sfaccendato, esatto, o per meglio dire in anticipo. La fatale identità dell'innamorato non è altro che: io sono quello che aspetta».

Antoine deve capirlo bene. Fra l'altro, questo brano conferma, casomai ce ne fosse bisogno, il fatto che sono innamorata.

Ci sono due categorie di persone che rimuginano: gli anziani e gli innamorati in crisi.

Davvero non fanno che ripetersi le stesse domande.

Mi sta pensando? Se mi amasse, mi chiamerebbe, no?

Il suo silenzio mi fa male, è come se mi scavasse il cuore. Il suo silenzio lascia un vuoto come quello delle statue. Solo le parole possono dar pace all'animo inquieto di una persona innamorata.

L'amore essicca. L'amore sciacqua. L'amore mette a soqquadro. È estenuante.

E tutto questo per la mia idea assurda del Love Tour, un viaggio verso una destinazione sconosciuta, come se fossi una specie di Candido dell'Amore che non sa quello che cerca e si chiede dove lo condurrà la sua peregrinazione. In questi ultimi mesi Antoine ha fatto talmente parte della mia vita che la separazione fisica da lui è come una sorta di amputazione di una parte di me stessa. Non avevo messo in conto che sarebbe stato così doloroso. Eppure sono stata io a volerlo. C'è qualcosa di sbagliato. Sapevo di essere un po' incoerente, ma adesso mi scopro anche masochista.

Più che mai percepisco con chiarezza i pericoli dell'uno più uno uguale a uno: il mito della fusione. C'è un grosso inconveniente nel fondersi con una persona fino al punto di farla diventare una parte di te. Quando l'altro si assenta o ti lascia o, peggio ancora, muore, corri l'immenso pericolo di perdere completamente il tuo equilibrio. Fare dell'altro la propria metà non significa forse condannarsi a essere per sempre dipendenti da lui, trasformarlo in una stampella necessaria, se non addirittura vitale, rendersi irrimediabilmente fragili? Sviluppare una dipendenza per l'anima gemella non comporta il rischio di diventare in qualche modo dei disabili del cuore, di privare l'anima della capacità di reggersi sulle sue gambe?

L'altro resta pur sempre un altro. Nessuno può completarci: quello verso la compiutezza è un percorso da portare a termine da soli. Per il momento, purtroppo, percepisco che mancano ancora piccoli pezzetti di me. Sono come quelle statue: incompiuta. Ecco l'aggettivo che descrive meglio il mio stato. Come posso fare per sentirmi finalmente piena? Quale sarà il mastice in grado di colmare le mie fessure esistenziali?

Ripenso al lavoro che ho iniziato al Pavillon des Canaux e più che mai ho voglia di intraprendere questo cammino personale. Mi muovo di scatto, facendo volare via qualche piccione. Ho bisogno di un quaderno per annotare le idee. Riprendo la passeggiata mentre il mio cervello lavora a pieno regime. Mi si presenta una grande quantità di immagini. Immagini teatrali, adesso.

La fantasia mi trasporta su una scena fittizia: io, da sola, davanti a un'immensa platea gremita, l'odore del palcoscenico nelle narici, mentre recito un testo irresistibile su tutte le grandi e piccole disavventure che ci fa vivere Cupido.

Sorrido nel mio delirio. Immagino il personaggio che interpreto, una Giulietta dei tempi moderni appena piantata in asso dal suo Romeo, che si autoproclama esploratrice dell'amore ed è pronta ad affrontare qualunque tempesta per comprenderne meglio gli ingranaggi; potrebbe raccontare al pubblico le sue peripezie a mano a mano che avanza in questo percorso...

«Ah, si è ben guardato dal dircelo, il nostro Cupido, che il sentiero tempestato di rose dell'amore sarebbe stato disseminato di spine!»

Riflettore puntato sulla signorina Giulì, completamente disillusa, con un trucco pesante, il mascara che cola dagli occhi, il rossetto sbavato, le trecce alte, una gonna a sbuffo di tulle nero, le calze bucate, un paio di scarpe rosse come quelle di Dorothy nel Mago di Oz, *fatate anche queste, stivali delle sette leghe per esplorare al meglio le contrade del Paese dell'amore, un fantastico luogo immaginario.*

La signorina Giulì fa le pulci a Cupido, non gliene lascia passare una.

«Ci hanno intortati per benino con quelle graziose immaginette di un angioletto paffuto dalle guance rosse come mele... Be', vi dirò una cosa: forse Cupido è solo un vecchio orbo che non capisce niente d'amore, le cui frecce tutte storte centrano più spesso il sedere del cuore!»

Risate del pubblico.

Le risate risuonano nella mia testa come se fossi davvero lì. Rifletto su queste idee embrionali mentre cammino a passo veloce nelle strade di Marsiglia. E se scrivessi uno spettacolo tutto mio? Un one-woman show... Non è forse quello che sogno da sempre? Certo, sarebbe una sfida incredibile recitare da sola, per me che ho sempre una paura folle prima di andare in scena. È per questo, in fondo, che finora ho sempre preferito recitare in coppia: con Rose accanto, sul palcoscenico è tutto talmente più facile! Ma non mi nascondo forse un po' dietro di lei? Il mio grande desiderio è entrare a far parte un giorno della grande famiglia dei comici: Coluche, Florence Foresti, Gad Elmaleh e tanti altri. Nonna Natina mi diceva sempre: «Non coltivare mai piccole ambizioni, perché sono tanto difficili da realizzare quanto quelle grandi». Mi riprometto di prendermi un po' di tempo per cominciare a scrivere. Rose stessa è convinta che in me ci sia l'anima della solista. Mi viene in mente Antoine. Amarlo mi tormenta e mi ispira al tempo stesso. Incrocio un ragazzo che si gira a guardarmi. "Esiste un corrispettivo maschile di musa?" mi chiedo divertita.

Meredith

Adoro curiosare nelle librerie e perdermi tra gli scaffali: mi sembrano meravigliose caverne di Alì Babà. Vorrei comprare tutto. Oggi, però, mi dirigo subito verso il reparto cartoleria per cercare un articolo ben preciso.

«Buongiorno, avete quei quaderni divisi in sezioni?»

La commessa non capisce bene di cosa sto parlando.

«Mi riferisco a quei taccuini con i divisori interni. Con tre sezioni sarebbe perfetto.»

«C'è qualcosa, ma se non mi sbaglio in cinque parti.»

Penso alle tre linee di riflessione del mio lavoro sull'*amorability*. Cosa me ne farò delle altre due sezioni del quaderno? La commessa aspetta.

«Può farmelo vedere, per favore?»

Va a prenderlo, lasciandomi qui a riflettere sulle due parti inutilizzate. In una potrei segnare a mano a mano gli impegni che prendo, nell'altra i traguardi raggiunti. L'idea mi piace. La commessa torna con un austero quaderno nero, che mette tristezza solo a vederlo. Però così sarà più facile da personalizzare.

Mi dirigo agli scaffali riservati alla cancelleria e alle decorazioni per comprare tutto il materiale necessario alla trasformazione: carta con motivi a tema per collage creativi, minispecchi a forma di cuore, graffette. Frugo su ogni scansia, in ogni scatola, in cerca di idee, e finisco per trovare una divertente silhouette di Cupido in cartone. È proprio quello che mi serve.

Esco dalla libreria con il cuore più leggero e decido di tornare nel mio appartamento. Insomma, appartamento è una parola grossa. Io e Rose abbiamo trovato un minuscolo trilocale con due stanze da letto grandi come fazzoletti, un salotto da lillipuziani occupato per tre quarti da sua maestà Romeo I nella sua voluminosa gabbia, un angolo cottura che sembra quello di una casa di bambole e un bagnetto progettato per nani da giardino.

Ci abitiamo da solo cinque giorni, e sono già esasperata dalla doccia che perde e dal riscaldamento elettrico difettoso. Rassegnata, avverto i primi sintomi di un raffreddore con i fiocchi. Ogni inverno, con me, i microbi si fregano le mani. Va detto che sono un'ottima ospite. Il mio apparato respiratorio è un alloggio garantito, con affitto prorogabile, la mia gola una proprietà da sogno che non guarda per il sottile: tracheite, faringite, tonsillite... Accetta chiunque e offre ogni comfort: la giusta umidità, una temperatura ideale grazie al paracetamolo, una cavità di lusso. Anche le mie ghiandole sono di larghe vedute: accolgono tutti a braccia aperte. I virus sanno dove passare l'inverno al caldo.

E quando non sono i veri virus a farmi brutti scherzi, entrano in gioco quelli fittizi, perché ho una pericolosa tendenza all'ipocondria. Non c'è tregua: se non è la gola a darmi il tormento, ci pensa il cervello, la sede delle emozioni. Basta una minima preoccupazione, ed eccomi vittima di un mal di gola immaginario. Quale attore non ha in borsa una confezione di pastiglie Euphon o uno sciroppo miracoloso a base di bava di rospo comprato a peso d'oro in qualche negozietto bio, che si proclama capace di scongiurare l'afonia, una vera catastrofe per gli artisti dello spettacolo, paragonabile a un terremoto tra gli otto e i nove gradi della scala Richter?

Mi siedo con una grossa scatola di fazzoletti di carta a portata di mano per cominciare la decorazione della copertina. Non sarà certo un raffreddore a rovinarmi questo momento di piacere! Mi diverto a creare bei collage armoniosi con la carta colorata e un pezzo di stagnola per dare un po' di luce. La figurina in cartone di Cupido aggiunge il tocco finale: gran bell'effetto! Dopo avere incollato un'etichetta decorata con motivi antichi non mi resta che scegliere un titolo per il mio quaderno. Prendo una pastiglia per la gola e la succhio con lo sguardo perso nel vuoto, in cerca di un'idea. L'occhio mi cade sull'etichetta originale che ho rimosso subito. Refillable Organizer, in inglese. Ce l'ho! Trovato! Con un pennarello nero a punta sottile scrivo in bella grafia: «Love Organizer».

Mentre sto tracciando l'ultima lettera, un trillo mi avverte dell'arrivo di un messaggio, e trepidante intravedo il numerino rosso. Battito di ciglia, battiti del cuore. Preghiera muta. "Fa' che sia lui, per favore."

Esplosione di emozioni. Sono poche parole, come mi aspettavo.

> Come sta la mia stella nascente?
> Il mio cielo è piuttosto buio da quando sei partita...
> A.

Piroetto per la stanza come una ballerina russa, fino a lasciarmi cadere sul mio lettino, ebbra di piacere. Stringo forte il cellulare contro il petto. Ho una voglia irrefrenabile di sentire la sua voce. Mi precipito in salotto.

«Ehi, pare che vada meglio!» esclama Rose vedendomi passare. «A cosa dobbiamo questa faccetta felice?» Mi scansiona con il suo sguardo pieno di amicizia. «Qualcosa mi dice che hai ricevuto sue notizie!»

«Notizie! Notizie!» ripete gioiosamente il pappagallo ed emette strani versi con il becco, simili a lunghi schiocchi di lingua intervallati a fischi gioiosi, saltellando da una zampa all'altra sul suo trespolo.

Rose mi osserva mentre indosso in fretta il mio spesso gilet di lana grigia.

«Ehi, dove te ne scappi così? Copriti bene! Ti ricordo che fuori fa un freddo cane.»

«Sì, mamma!»

Le soffio un bacio sul palmo della mano e scendo a rotta di collo per le scale, facendo otto piani in un baleno, trasportata dal tappeto volante di Antoine.

Non avevo voglia di chiamarlo dall'appartamento. Sento il bisogno di intimità, di un angolino nascosto in cui nessuno possa vedermi o sentirmi, dove saremo solo io e lui. Ne ho in mente uno. Corro, prendo la prima a sinistra e arrivo in un bel vicoletto alberato che ho percorso da poco. In effetti fa un freddo polare, ma non mi importa. Mi appoggio al muro di mattoni e mi stringo come posso il gilet di lana intorno alla gola, maledicendomi per non avere dato retta a Rose e non essermi messa il cappotto. Accendo una sigaretta e aspiro con goduria. Quello che sta per arrivare sarà un momento perfetto. Sempre se riuscirò a telefonare prima di perdere un dito.

Il numero di Antoine è tra i preferiti. Lo seleziono. Gli squilli sono lunghi tanto quanto i battiti del mio cuore sono rapidi. E finalmente lui risponde.

Sì. Solo che lui è una lei. *Lei?*

SCENA 14

Antoine

Suona il citofono: almeno diciotto squilli rapidi e compulsivi. Riconosco il marchio di fabbrica della mia migliore amica Annabelle e della sua impazienza leggendaria.

Sto ancora finendo di radermi in bagno e, mentre corro ad aprire, inciampo nel tappeto; per un soffio non finisco lungo disteso. Per fortuna ritrovo l'equilibrio in extremis mormorando un'imprecazione.

«Arrivo!» urlo, maledicendomi per aver accettato di uscire pur non avendone nessuna voglia. L'unica cosa che desidero è restarmene a casa a far finta di guardare un film, il viso di Meredith che si sovrappone alle immagini ogni venticinque secondi come un messaggio subliminale. Le ho appena scritto un messaggio dopo essermi imposto la tortura di quindici giorni di silenzio. O, meglio, dopo che Annabelle me l'ha imposta. La mia unica amica donna, indignata dalla separazione voluta da Meredith, non ha smesso un attimo di incitarmi a ritrovare la mia dignità di uomo offeso attraverso un'interruzione delle comunicazioni il più prolungata possibile. Ma non avrei potuto reggere un giorno in più senza che il vaso, già colmo di frustrazione e nostalgia, debordasse.

Annabelle non ha aspettato di compiere quarant'anni per ostentare il suo temperamento di donna emancipata, in tutti i sensi del termine. Ha occhi grigi di una sorprendente vivacità, incorniciati da una rete di piccole rughe d'espressione, un carré biondo scalato e un fisico tutto curve che contrasta con il suo carattere spigoloso e intransigente.

Rivendica con forza la sua omosessualità, che considera l'ultimo stadio dell'evoluzione amorosa: a sentire lei, per amare una donna ci vuole un'altra donna, in grado di comprendere mille volte meglio i suoi desideri e di darle piacere. La coppia tradizionale è anacronistica. Da quando l'intervento dell'uomo è diventato quasi accessorio per il concepimento dei figli – le banche del seme non funzionano forse a meraviglia? – Annabelle è tra coloro che sarebbero pronti a rivoluzionare ogni schema consolidato in fatto di legami amorosi.

Su questo terreno non cerco nemmeno di avventurarmi.

Ci siamo conosciuti sui banchi dell'università e da allora mi ha adottato. «Per essere un uomo», mi diceva spesso scherzando, «non sei troppo stronzo.» A me andava bene; dietro i suoi modi a volte scorbutici le riconoscevo una rara empatia che esprimeva non tanto a parole, quanto attraverso le azioni.

Il suo lato ruvido come cemento grezzo mi piace. Con Annabelle non si perde tempo in salamelecchi, falsità e conversazioni superficiali. Sono rare le persone con cui riesco a calare del tutto la maschera. Quant'è riposante poter essere sé stessi!

Quando apro la porta, le esce un ruggito. «Ma non sei ancora pronto!» esclama, vedendo la mia faccia coperta di schiuma.

Mugugno. «Senti, non so nemmeno se esco, io...»

Lei finge di tapparsi le orecchie per non ascoltarmi.

Filo in bagno per finire di radermi, e Annabelle mi segue senza alcuna remora.

«Allora, novità?»

«No, niente di speciale...»

Vede il mio sguardo scivolare verso il cellulare per poi tornare sullo specchio.

«E... l'innominabile? Nessun segno?» mi provoca.

Mi scruta attentamente: ho l'impressione di essere sottoposto a un test della verità tramite scansione facciale.

«No, no, nessuno.» Mi schiarisco la voce.
«Sei strano. Mi stai nascondendo qualcosa. Adesso sputa il rospo.»
«No, te lo assicuro...»
Annabelle riflette un attimo e cambia strategia. Si avvicina allo specchio appannato e con un dito ci disegna un omino stilizzato. Sorrido senza smettere di radermi mentre la guardo divertirsi. Traccia un'altra sagoma, quella di una donna dai capelli lunghi, e tra i due un punto di domanda. Non mollerà l'osso, è tremenda.
«Sei davvero diabolica, lo sai?»
Brontolo. Annabelle ridacchia. A ogni modo, non posso nasconderle nulla.
«Okay, lo ammetto, le ho mandato un messaggio poco fa.»
«Non puoi averlo fatto!»
Annuisco e rimango in silenzio.
Lei mi rivolge uno sguardo di disapprovazione e scuote la testa. «Non capirai mai niente delle donne.»
Mi considera un caso disperato. Ma, da buona amica, decide comunque di aiutarmi.
«Su, fammelo vedere.»
Lo legge e aggrotta le sopracciglia.
«Ma no, così non va bene, Antoine! Questo è un messaggio da innamorato perso!»
Avevo resistito per giorni prima di scriverle! Che cosa dovevo fare?
Sento che mi sto irritando.
«Antoine, se ti parlo così, non è per infastidirti ma per portare acqua al tuo mulino. È la legge dell'attrazione, caro mio. La tensione del desiderio! Se ti offri su un piatto d'argento, non sei più de-si-de-ra-bi-le, capisci?» insiste Annabelle, scandendo le sillabe.
Incrocio le braccia, arroccato in un silenzio carico di biasimo. Non ho nessuna voglia di capire. Sto soffrendo, cazzo. Ho voglia di Meredith. Di leggerla. Di sentirla. Di toccarla. Questa separazione mi ha spezzato il cuore come non mi era mai successo prima.
Annabelle tenta di spiegarmi le controindicazioni di ma-

nifestare apertamente i miei sentimenti mentre con nonchalance, come se fosse a casa sua, si versa un dito di martini. «Hai mai visto *Jurassic Park*?»

Non capisco il collegamento. Lei afferra un'oliva e me la ficca in bocca.

«Ti ricordi la capretta legata al palo come esca per il grosso dinosauro cattivo?»

«Sì, e allora?»

«E allora la capra sei tu! Il dinosauro non prova nessun desiderio per quella preda messa lì apposta per lui! Quello che vuole è cacciare, non una vittoria a tavolino! Ti è chiaro il concetto?»

«Sì, ma ormai io non ho più l'età per giocare al gatto con il topo in amore.»

«Sbagli. Per come la vedo io, bisogna sempre mettere un po' di pepe per tenere viva la relazione.»

«Annabelle, mi mandi fuori di testa! Io...»

Il mio cellulare si mette a suonare e nella stanza risuonano le note di *Back to Black*. Sobbalzo. Il viso di Meredith si materializza sullo schermo come un pop-up. *Plop*. Un pop-up nel mio petto.

Tendo la mano per afferrarlo, ma Annabelle è più veloce di me. Mi irrigidisco e, prima che possa intervenire, lei fa scorrere il dito sul display.

Risponde con un «pronto» sensuale e voluttuoso che mi fa venire voglia di strozzarla.

«Antoine? Mi dispiace, non può rispondere ora: è sotto la doccia. Ci stiamo preparando per uscire... Chi sono io? E lei chi è, mi scusi?»

Le strapperei gli occhi dalle orbite. Sembra accorgersi della mia reazione e ammorbidisce un po' il tono. «Ah sì, certo, Meredith! Piacere, io sono Annabelle, si ricorda? Ci siamo viste una volta al vernissage di un'amica!»

Sento l'aria tornare ad affluire nei miei polmoni: almeno Meredith ora sa che non si tratta di una nuova conquista ma della vecchia amica di cui le ho parlato spesso.

«Ma certo, gli dirò senz'altro che ha chiamato. A presto, Meredith...» Annabelle chiude la telefonata e sostiene il mio sguardo, sicura di avere agito nel mio interesse. «Mi ringrazierai più avanti.»

SCENA 15

Meredith

Che tuffo al cuore, l'altra sera, quando ho telefonato ad Antoine e mi ha risposto una donna! Non appena ho capito che si trattava di Annabelle, la sua amica gay, mi sono un po' tranquillizzata. Ma la gelosia ormai mi tormenta. Per fortuna, lui quella notte mi ha richiamata, scacciando tutte le mie angosce. Nel sentire la sua voce ho provato una strana gioia quasi dolorosa, venata di nostalgia.

Sorrido deliziata ripensando a quei momenti intimi e pieni di calore mentre percorro le strade di Marsiglia a passo svelto: ho appuntamento per un colloquio di lavoro in un piccolo ristorante di pesce e frutti di mare frequentato da gente del posto: Le Poisson Calu, «il pesce matto», nel dialetto di qui. E se il nome vuol dire qualcosa...

Infatti la proprietaria non mi delude. È una specie di Brigitte Bardot di mezza età, con tre fiori di plastica rossi appuntati nello chignon a banana. La bocca, un po' troppo carnosa per essere naturale, brilla di gloss rosa. Due ciuffi di capelli le ricadono attorno al volto, incorniciandolo, e una spessa linea di eyeliner nero sottolinea lo sguardo di fuoco. La discrezione non è il punto forte del suo abbigliamento. Indossa un lungo abito nero che le fascia il corpo dalle forme generose, in stridente contrasto con strani collant a strisce orizzontali multicolori.

Mi tende la mano e mi stritola le falangi con una stretta

ferrea, poi mi fa accomodare in fondo alla sala, a un tavolino di legno non apparecchiato, si siede davanti a me e accavalla le lunghe gambe producendo l'effetto di un arcobaleno. Noto allora un dettaglio davvero folle: le sue incredibili scarpe, con zeppe spropositate che ospitano... dei malaugurati abitanti. In ogni tacco un pesciolino si agita come un indemoniato! Fin dall'inizio non apprezzo il tono che assume: di superiorità, autoritario. Mi squadra dalla testa ai piedi e passa al setaccio le mie esperienze come cameriera. Negli ultimi anni mi sono fatta le ossa nel settore della ristorazione, non avendo avuto la fortuna di potermi mantenere solo con la mia arte. Madame Eyeliner, come la soprannomino mentalmente – anche se il suo nome è Katia – finisce ogni frase con un insopportabile: «È chiaro?». Deve essersi fatta l'idea che io sia una molto docile, perché mentre parliamo tengo gli occhi bassi. In realtà non riesco a distogliere lo sguardo da quei minuscoli pesciolini imprigionati.

Con la mia aria fortuitamente dimessa riesco a convincerla a darmi il posto, anche se è previsto un periodo di prova. Si alza. Mi alzo. La ringrazio. Risponde: «Non montiamoci la testa».

«Non si preoccupi», le dico.

«Per di qua.» Spinge la porta a battente della cucina: vuole presentarmi il cuoco, suo marito. La seguo.

Al nostro ingresso, lo chef si gira, mi scocca un sorriso gioviale, si asciuga la mano e stringe la mia calorosamente. «Benvenuta a bordo!»

Il suo nome è Jacques, ma tutti lo chiamano Jacquot. Mi dice di chiamarlo così anch'io. Madame Eyeliner aggrotta le sopracciglia. Lui fa finta di non accorgersene, deve esserci abituato, e mi rivolge un sorriso affabile. È simpatico quest'uomo! Il contrasto fra i due è davvero sorprendente. Jacquot minuto e vivace, spontaneo e sorridente. Katia imponente e ingabbiata nel ruolo di matrona altera. Che cosa ci troverà in lei? Rivolgo loro un sorriso un po' ruffiano, e mi pare che se la bevano; a volte essere un'attrice torna utile nella vita. Raccolgo la mia roba e filo via: per oggi basta così. Questo posto mi dà già la nausea, e non solo per la puzza di fritto.

Una volta fuori, respiro a pieni polmoni l'aria fresca; due minuti dopo accendo una sigaretta e mi incammino. Mi sento in colpa. È davvero una scemata fumare mentre si passeggia, ma trovo subito una scusa: è tutta colpa di Madame Eyeliner. Smetterò di fumare quando le persone la smetteranno di innervosirmi. Chiamo Rose.

«Allora, com'è andata?» mi chiede lei.

«Bene. Mi hanno presa.»

«Be', attenzione a non esplodere di gioia!»

«Che altro c'è da dire?»

Mi prende in giro per il mio umore nero. È quello che mi piace di lei: scherza su tutto.

«Torni per pranzo?»

«No, ho voglia di fare una passeggiata. Ci vediamo a teatro per le prove alle due e mezzo?»

«Perfetto, cara, a dopo. Sii puntuale...»

Tiro altre tre boccate, poi spengo la sigaretta e mi compro un panino. La carta mi si incolla alle dita, ma il sandwich mi scalda le mani. Decido di camminare senza meta. In una stradina mi fermo per un istante davanti alla vetrina di una galleria d'arte, al centro della quale è esposto un quadro di circa un metro e mezzo per lato che raffigura tre ilari donne grasse intente a danzare, in una pallida imitazione dello stile di Botero. I colori sgargianti aggrediscono lo sguardo, eppure il tema mi interessa. Qualcosa, in questa tela, mi ricorda *Le tre Grazie* di Raffaello che ho avuto la fortuna di vedere al museo Condé di Chantilly, nella mia vita di prima, quando seguivo i miei genitori nei loro weekend culturali.

Le tre donne che ho davanti agli occhi, per quanto bruttarelle, evocano in me qualcosa. Lì, in mezzo alla strada, tiro fuori il Love Organizer e mi accovaccio per annotare un'idea nella sezione TRA ME E ME. Fiducia e autostima: un, due, tre via! Immagino un'altra tela con le mie tre finte Grazie: Madama Paura, Madama Insicurezza e Madama Credenza.

Sono tre aspetti di me con i quali devo sicuramente fare i conti se voglio progredire nella mia *amorability*!

Ognuna di queste signore occupa troppo spazio nel mio cervello.

Mi sono seduta sul marciapiede e, nel freddo pungente, vedo nuvolette di vapore uscirmi dalla bocca. Devo fare un po' pietà, perché una passante mi allunga addirittura una banconota da cinque euro.

«Non se ne stia lì così», mi dice l'anziana signora premurosa. «Vada a bersi un caffè, d'accordo?»

Il suo forte accento marsigliese mi fa sorridere. Che brava donna! Faccio per spiegarle che non ho bisogno di soldi, che è tutto a posto, non sono in mezzo a una strada, ma lei è già sparita, veloce come una lepre. In fondo, però, ha ragione. Spingo la porta del primo bistrot che incontro e mi siedo al caldo per proseguire nelle mie fantasticherie creative.

Mentre il cameriere mi porta un caffè doppio, penso a Madama Paura. Decido di provare a mettermi con le spalle al muro da sola. "Quali sono le tue paure, Mireille-Meredith? Che cosa ti impedisce di vivere pienamente la tua storia con Antoine?"

Coscienziosamente, annoto nella rubrica TRA ME E ME del Love Organizer una lista dei miei timori

«Ho paura che si stanchi di me. Ho paura di non essere all'altezza... Ho paura di essere mediocre... Ho paura di non riuscire a renderlo felice... Ho paura che mi lasci...»

Ne segno un'altra quindicina e guardo l'elenco. Sono sbalordita. Non pensavo che sarebbe stato tanto lungo. Decido di classificare le mie paure per intensità, attribuendo a ciascuna di esse un certo numero di stelle. Qualche momento dopo sono in grado di identificare le tre più grandi.

Paura che il mio amore impallidisca nel tempo. Cosa c'è di più triste della lenta agonia di una bella storia?

Paura di fallire in ambito professionale e dunque di non essere degna dell'amore di Antoine.

Paura che il mio vero io, senza dubbio deludente, venga

smascherato e che lui decida di voltarmi le spalle e abbandonarmi. L'eterna sindrome dell'impostore...

Mi ripeto che per il momento lui mi ama – che sono riuscita a ingannarlo – ma solo perché non ha ancora visto i miei difetti e tutto quello che non va in me. Continuerà ad amarmi una volta che avrà scoperto le mie zone d'ombra?

È strano: scrivere le mie paure nero su bianco mi dà i brividi, eppure al tempo stesso provo un certo senso di sollievo, come se il semplice fatto di riconoscerle le rendesse un po' meno terrificanti, quasi fossero un nemico che esce finalmente dall'ombra. Capisco che per affrontarle dovrò permettere loro di diventare ancora più forti. È una specie di effetto boomerang. Meglio individuarle, conoscerle. Questa forse è la soluzione. E se ogni tanto mi fermassi e con calma mi prendessi il tempo di osservarle, come si fa con le nubi scure che arrivano e poi si allontanano?

Ho l'impressione che la paura non si possa scacciare, che si debba invece attraversare, come se fosse una nuvola. Bisogna muoversi con lei assecondando il vento. La paura è come il dolore: più ci si irrigidisce, più fa male. Accoglierla come parte di un processo di trasformazione può attenuarne gli effetti.

Lancio un'occhiata all'orologio: le 14.10. Ero talmente assorta nei miei pensieri che stavo per dimenticare le prove. Devo correre a teatro! Pago ed esco dal bar come un razzo, con il mio Love Organizer stretto al petto e una nuova determinazione dentro di me: non lascerò niente di intentato per dare alla mia storia d'amore la possibilità di vivere. Davanti a un masso, alcuni vedono soltanto un masso. Altri, invece, vedono una cattedrale. Voglio far parte della seconda categoria

SCENA 16

Antoine

Aspetto Annabelle davanti al Palais de la Découverte. È stata sua l'idea di portarmi a visitare una mostra sulla seduzione nel mondo animale. Pare che le bestie in questo siano più abili di noi. Sono impaziente di vederla! Tanto più che adesso la mia ossessione è fare in modo che Meredith torni da me alla fine di questo stupido conto alla rovescia! Giorno dopo giorno rifletto sulla mia strategia di riconquista. È su questo che io e la mia amica abbiamo opinioni divergenti. Non condivido la sua teoria per cui dovrei interrompere tutte le comunicazioni con Meredith, lasciandola in uno stato di frustrazione perenne. Annabelle è convinta che la nostalgia sia un vero e proprio elisir, una specie di pozione magica che rivitalizza i sentimenti. Per me, al contrario, è un acido in grado di corrodere l'amore. Come sempre, il cervello mi suggerisce di trovare il giusto mezzo: farsi desiderare va bene, ma è uno stratagemma da usare a piccole dosi. Perché comincio a capire meglio Meredith e le sue contraddizioni: se da un lato le piace atteggiarsi a donna indipendente, che se la cava bene da sola, dall'altro so che le servono amore, attenzione e rassicurazioni. E nessuno potrà impedirmi di offrirglieli.

Peraltro non ho raccontato ad Annabelle che l'altra sera, al ritorno da teatro, ho ceduto e all'una di notte ho chiamato Meredith.

Oh mio Dio, che effetto mi ha fatto la sua voce, un po' assonnata e rauca! La nostra emozione era pura, cristallina, scintillante. Da allora ci siamo sentiti tutti i giorni. Dopo settimane trascorse nella tenaglia dell'emicrania, il mio mal di testa sembra essere evaporato. Come per incanto... È lei il mio incanto.

Il mattino successivo le ho scritto un messaggio: *Come sei stata carina, ieri, al telefono...*

La immagino, sorridente, mentre legge e un senso di calore mi scorre nelle vene.

Presenza dell'assenza. Io partita. Tu dappertutto. Sei qui, in ogni istante, con me.

Come spiegare fino a che punto le sue parole mi hanno calmato e riempito di una gioia profonda?

Non sono arrabbiato con Annabelle. So che vuole proteggermi e che cerca di capire cosa sia meglio per me. Diciamo solo che seleziono i suoi consigli. Oltretutto, non ha torto su tutta la linea. Amo talmente tanto Meredith che a volte ho la tendenza a soffocarla, a interferire troppo nella sua vita e nelle sue decisioni. Il mio vecchio vizio di avere ogni cosa sotto controllo potrebbe essere una delle ragioni che l'hanno indotta a fuggire. Non stavo forse per rinchiuderla in una gabbia dorata di cui io solo possedevo la chiave? È vero, la volevo tutta per me. In un certo senso mi stava anche bene che non brillasse nella sua carriera, lo ammetto. La trovo già irresistibile così come è oggi: il fascino dell'incompiuto. Che cosa succederebbe se diventasse una star? La perderei, questo è sicuro. Già me li vedo, quei viscidi attorucoli sbavarle addosso, girarle attorno come avvoltoi, farle delle avance e magari surclassarmi, un giorno, ai suoi occhi...

Su un punto però sono d'accordo con Annabelle: devo fare in modo che Meredith non mi dia per scontato, instillarle il dubbio che alla fine io possa non tornare da lei. A quanto pare, farei meglio a frenare il mio entusiasmo, a conservare un certo ritegno per non perdere ogni attrattiva ai suoi occhi. Certo, trattenersi è faticoso, soprattutto adesso che mi sento quotidianamente divorato da questo violento desiderio di lei.

Annabelle arriva. È raggiante nel suo ampio cappotto rosso all'ultima moda chiuso da un'elegante fibbia metallica. Mi stampa quattro baci sulle guance: lei non lesina mai su niente! Abbiamo già comprato i biglietti, quindi saltiamo la coda e andiamo dritti verso l'ingresso della mostra. A braccetto, assaporiamo questo momento insieme.

Entriamo nella prima sala e immediatamente ci immergiamo nell'atmosfera. Un maestoso uccello, di cui non saprei dire la specie, una sorta di pavone, apre a ventaglio le sue meravigliose piume, mentre sullo sfondo uno schermo incastonato nel muro trasmette un video di grandi scimmie intente a copulare. Pennuti di ogni sorta, con stupende livree, si producono in veri e propri spettacoli pirotecnici per la stagione degli amori. Sono sgargianti, agghindati, tirati a lustro, pronti a esibirsi. Alcune giraffe strusciano il collo, l'uno contro l'altro, in un balletto degno delle più eleganti corti reali. Mi viene in mente la canzone di Nougaro.

Scopritevi, stringetevi,
affinché i vostri cuori si allaccino...

Mentre sento risuonare nelle orecchie la sua voce cavernosa, sorrido davanti all'acquario gigante che mostra la danza dell'amore degli spinarelli.

Danzate su di me.
Danzate su di me.
La sera del vostro incontro.

«Hai visto che roba? I maschi hanno la pancia rossa e gli occhi fluorescenti!»

Annabelle si gira e mi rivolge uno sguardo birichino. «Come te!»

«Molto divertente!»

«Scherzi a parte, a che punto sei con la tua bella?»

Glielo dico o no? «Be'... ho regolarmente notizie da Rose, la sua compagna di scena.»

«Ah, perfetto! Una Mata Hari al tuo servizio.»

Le faccio il segno della bocca cucita. «Sì, è un segreto fra me e Rose. Prima di partire, mi ha promesso di tenermi aggiornato senza dire nulla a Meredith. Però non sono troppo entusiasta di quello che mi ha riferito finora. Pare che l'appartamento dove stanno lasci parecchio a desiderare: la doccia perde, il riscaldamento non funziona... Mi dispiace tantissimo.»

«Capisco.»

«Vorrei aiutarle, ma senza farglielo sapere.»

«Meredith non ne sarebbe felice.»

«È vero, la conosco bene: lei e il suo maledetto bisogno di dimostrare sempre quanto vale... La prenderebbe male se le dessi un aiuto materiale. Non farei altro che rafforzare la sua sensazione di non farcela da sola. Però mi pesa sapere che è in una situazione difficile e non poter intervenire.»

«Dovresti trovare un modo per darle il tuo appoggio indirettamente.»

«Sì, ci sto pensando.»

Annabelle deve aver percepito la mia angoscia, perché tenta di rassicurarmi. «Non preoccuparti, ci verrà in mente qualcosa.»

Proseguo la visita con il cuore un po' più leggero: il fatto che si sia offerta di aiutarmi mi fa sentire meno solo.

Decisamente nella mostra non mancano le scene di sesso, e la cosa mi fa un certo effetto. L'astinenza che mi ha imposto Meredith è una delle più grandi sfide che mi sia trovato ad affrontare come uomo, nonché una delle più difficili.

Non che io abbia intenzione di soddisfare i miei bisogni con la prima che passa. Da quando ho conosciuto Meredith, il sesso fine a sé stesso non mi interessa più. Cerco di placare i miei bollenti spiriti in altro modo e di bandire come posso il volgare eros dal mio animo. L'amore che provo per lei è molto di più che semplice attrazione. La nostra pelle ha tante cose da dirsi. La sua mi conduce in contrade inesplorate. Con Meredith passo sull'altra riva del fiume, nel paese delle anime gemelle. Le sensazioni che provo con lei trascendono il piano fisico e creano un incontro a tutt'altro livello. Come potrei accontentarmi, a questo punto, di un rapporto unicamente carnale, tanto povero quanto deludente?

L'esposizione si conclude con un'installazione sulla vita dei bonobo, grandi scimmie della regione del Congo dalla sessualità conviviale e libera, la cui comunità matriarcale è contraddistinta da un tasso di aggressività invidiabilmente basso. Cugini fortunati...

SCENA 17

Meredith

Arrivo trafelata al café-théâtre de l'Acrostiche. Sono in ritardo. Rose mi fulmina con lo sguardo.

«Mi dispiace, mi è scappata l'ora...»

Henri Bosc, il direttore, viene a stringermi la mano, anche lui con l'aria contrariata. È un tipo secco e nervoso, che evidentemente non ha tempo da perdere. La visita, in compenso, si prospetta piuttosto rapida: il posto non è grande. Passiamo attraverso il bar dall'aspetto vintage, con una piccola libreria, mobili scompagnati, un enorme lampadario a forma di palla coperto di piume d'oca e, in un angolo, l'imitazione di un lampione. Il cameriere, indaffarato dietro il bancone, ci rivolge un saluto distante e disincantato: ne vede sfilare, durante l'anno, di apprendisti stregoni della risata come noi. Henri Bosc ci accompagna nella sala dove si tengono gli spettacoli. Non si tratta certo di un teatro vero e proprio: ci saranno una cinquantina di posti a sedere a dir tanto. I muri sono tappezzati di manifesti. Salgo sul palcoscenico e accarezzo sovrappensiero le grandi tende rosse che mi fanno sentire a casa non appena entro in scena. Poi faccio qualche passo per prendere le misure dello spazio. Sospiro: non c'è di che allargarsi troppo. Meglio rinunciare ai sogni di gloria.

«Avete un paio d'ore per fare le prove prima che arrivi il nostro gruppo del mercoledì, dopodiché avremo bisogno della sala. Può andare?»

Io e Rose rispondiamo di sì all'unisono e ci mettiamo subito al lavoro. Iniziamo con qualche esercizio di riscaldamento: gesticoliamo e facciamo smorfie e boccacce per rilassare i muscoli del viso.

«Sei pronta?»

Meredith e Rose cedono il posto alle Ragazze. Il palco sarà anche piccolo, ma è tutto per noi. Mi lascio trasportare dalla gioia del testo e della recitazione.

Antoine

È da stamattina che nel mio ufficio non smette di sfilare gente. Sembra che tutto il personale abbia risposto al mio appello. L'altro giorno, usciti dalla mostra, io e Annabelle siamo andati a sederci in un caffè per pensare al modo migliore di dare un piccolo aiuto finanziario a Meredith senza che lei se ne accorga e, dopo un brainstorming indiavolato, abbiamo tirato fuori un'idea assurda che mi è piaciuta. Perciò ho postato questo annuncio, quantomeno strano, sull'intranet della mia radio:

Per una speciale iniziativa di beneficenza acquisto, al doppio dell'importo del montepremi, tutti i gratta e vinci, i biglietti della lotteria e le schedine vincenti in vostro possesso. Grazie fin d'ora per la vostra collaborazione.

Pensavo che avrei avuto un paio di adesioni, ma mi sbagliavo. Decine di dipendenti hanno deciso di prendere parte all'operazione, curiosi di vedere cosa me ne farò di quei biglietti vincenti. Mi arriva di tutto, una farandola di giochi da tabaccheria che si ammonticchia nel grande vaso rotondo predisposto allo scopo. Sono al settimo cielo, e pazienza se questa sorpresa mi costerà un occhio della testa.

Rimborso a mano a mano i partecipanti alla mia catena solidale. È incredibile vedere quanto ti conquisti l'idea di aiutare qualcuno. Senza volerlo, oggi ho anche regalato il sorriso a un mucchio di persone. Nel corso della giornata i biglietti si accumulano: non si tratta di grosse vincite, intendiamoci; in tutto saranno duecento euro. E poi c'è la pesca miracolosa: Andrea, stagista dell'ufficio stampa, un ragazzo snello e biondo che viene da Firenze e studia a Parigi. Lui non gioca mai, ma la fidanzata, per il suo compleanno, lo ha convinto a tentare la fortuna. Ha beccato un gratta e vinci da cinquecento euro! Glielo compro con grande gioia: mi permetterà di dare una bella somma a Meredith senza che lei sospetti nulla. Contemplo il risultato della colletta. Sono soddisfatto anche se, a questo stadio, la missione è compiuta solo a metà. Sono biglietti vincenti, è vero, ma già grattati!

Perché l'iniziativa abbia successo devo trovare il modo di rimettere l'inchiostro al suo posto e far sì che sembrino come nuovi.

Scorro i nomi della mia rubrica e trovo Angélique, un'ex fidanzata. Dopo qualche mese di passione la nostra storia è andata in mille pezzi a causa della sua gelosia patologica. Esito un po' prima di chiamarla. Nervoso, giochicchio con il pendolo di Newton sulla mia scrivania mentre rifletto. Quella ragazza è un'ottima grafica. Lavora da anni in un'importante agenzia di comunicazione e marketing e conosce tutti i segreti del mestiere. Mi ricordo anche della sua passione per la serigrafia. Sono sicuro che potrebbe darmi una mano, ma se venisse a sapere che ho bisogno di lei per compiacere un'altra donna, non sono affatto certo che lo farebbe.

Soppeso i pro e i contro ancora per qualche momento, guardo i biglietti vincenti che mi sono procurato e in sovrimpressione vedo apparire il volto di Meredith. Compongo il numero.

«Angélique? Sì, è passato un sacco di tempo...»

Due ore dopo mi trovo davanti alla casa di Angélique, che ha avuto la buona idea di trasferirsi in una zona tranquilla nella periferia sud della città. Buona idea si fa per dire: per arrivare qui ho passato un'ora imbottigliato nel traffico. Ah, le gioie che riserva Parigi all'ora di punta! Sono le sette e mezzo.

Suono, e Angélique viene subito ad aprirmi. Mi ero dimenticato di quanto fosse bella. Deglutisco, schiaccio un pulsante nell'emisfero sinistro del mio cervello e inizio a ripetermi come una litania tranquillizzante: "Fallo per Meredith, fallo per Meredith, fallo per Meredith...". Devo focalizzarmi sull'obiettivo. Continuare a pensare solo a quello.

Angélique, come dice il suo nome, ha un volto e capelli d'angelo. Ma lo sguardo smentisce subito la purezza delle sue intenzioni. Affondo le mani nelle tasche dei pantaloni, come un adolescente troppo cresciuto che cerca di nascondere il suo malessere.

«Mettiti comodo. Dammi pure», dice lei mentre mi aiuta a togliermi la giacca, che posa con nonchalance sul divano blu dal design scandinavo.

Mi do un'occhiata attorno e rimango conquistato. Come avrà fatto a scovare questo loft atipico, con un'incredibile vetrata e l'atmosfera di un atelier d'arte?

«Sei stata davvero gentile ad acconsentire alla mia strana richiesta.»

«In effetti, una cosa del genere non capita tutti i giorni», ribatte Angélique con una risatina di gola volutamente sensuale.

Fingo di non notare le sue gambe, che lei accavalla e distende in continuazione. Avrò fatto bene a venire qui? Mi sento arrossire, in preda al senso di colpa. Cerco di tornare a concentrarmi sulla mia missione. «È... è per un amico. Si trova in grosse difficoltà economiche, in questo momento, e vorrei aiutarlo senza che lui lo sappia.» Mi vergogno un po' per la bugia, ma se le dicessi che in realtà si tratta di un'altra donna sarei fregato.

«Be', è davvero fortunato il tuo amico! Devi volergli molto bene... Non credevo che tu fossi così altruista.»

Tossicchio e cerco di cambiare discorso, tirando fuori il sacchetto trasparente in cui ho infilato i biglietti vincenti. Lei li prende e li osserva da vicino. Le porgo un altro pacchetto. «Ho fatto come mi hai detto: sono andato dal tuo stampatore e ho comprato una bottiglia di inchiostro serigrafico.»

«Perfetto.» Angélique scuote meccanicamente la bottiglia e mi sorride come una maga che sta per compiere un formidabile incantesimo. Ai miei occhi, del resto, lo sarà se mi permetterà di fare questa cosa per Meredith. Ci tengo tantissimo.

«Seguimi, andiamo di sopra, dove tengo il materiale per la serigrafia.» Mi precede per le scale.

Una volta arrivati, apre una porta che dà su una stanza microscopica ma molto ben organizzata, con le pareti tappezzate di creazioni serigrafiche. È innegabile che Angélique abbia del talento. Accende un tavolo luminoso per osservare i biglietti con più attenzione e valutare il lavoro da fare, poi alza gli occhi verso di me.

«Ci metterò un po'. Vuoi andare a fare un giro?»

«Non c'è problema, ho con me un po' di lavoro da sbrigare.»

«Allora accomodati pure in sala. Sarai più tranquillo. Se vuoi qualcosa da bere, serviti pure.»

La ringrazio calorosamente e mi eclisso per lasciare che si metta all'opera.

Quando un'ora e mezzo dopo mi chiama e la raggiungo al piano di sopra, vedo i biglietti che ha disposto accanto al tavolo da lavoro per farli seccare. Il risultato è eccezionale.

«Grazie, Angélique, ti sono davvero riconoscente.»

Sorride, visibilmente contenta di essersi resa utile. «Spero che questo potrà aiutare il tuo amico.»

Sorrido a mia volta, sentendomi un po' a disagio per averle mentito. La mia però è una bugia a fin di bene, perché Angélique è una donna deliziosa, ma so per esperienza che può trasformarsi in un'arpia quando è preda della gelosia. Che peccato! Se non fosse per questo aspetto del suo carattere, forse saremmo ancora insieme.

«Ti fermi a cena?»

«Sei gentile, ma stasera non ce la faccio. Sono stanco morto e domani mattina devo alzarmi all'alba.»

Angélique ha l'aria delusa.

«Facciamo un'altra volta, molto presto», mi sento dire. "Antoine! Niente false promesse, nessuna porta socchiusa con lei!"

Mi accompagna all'ingresso, facendo ticchettare i tacchi alti sul parquet di rovere. Io stringo contro il petto il sacchetto di biglietti rimessi a nuovo come se fosse un tesoro. Al momento dei saluti sono a disagio. Dovrei baciarla? È lei a decidere per me: mi stampa un bacio sulla bocca senza lasciarmi nemmeno il tempo di capire cosa succede. Ha le labbra roventi, e mi sento terribilmente in colpa di trovare la cosa così piacevole.

In uno slancio di lucidità la respingo. «Angélique, no... Non voglio. Io...»

Mi mette l'indice sulle labbra per zittirmi. Non vuole starmi a sentire. Mi sfiora la bocca un'ultima volta, poi richiude la porta di casa rivolgendomi uno sguardo radioso, pieno di promesse.

Interdetto, resto sulla soglia come un allocco. Cerco delle buone ragioni per giustificare l'accaduto. Ne trovo una stringendo il mio prezioso sacchetto. "Tutto è lecito in amore e in guerra", mi dico. Non sono forse riuscito a ottenere quello che volevo? Mi convinco che è la cosa più importante, il resto non conta... Sperando che non mi rimorda la coscienza.

SCENA 19

Meredith

Conto alla rovescia: –154 giorni

Stasera è la prima. Sono arrivata in teatro con largo anticipo, cercando di convincermi che lo facevo per correttezza professionale, quando in realtà la mia è solo una fifa tremenda. Ho bisogno di illudermi di avere tutto sotto controllo, compresa questa maledetta ondata di emozione che già mi sommerge, nonostante manchino ancora due ore all'inizio dello spettacolo.

La fifa è una cagna infernale che ti lecca le budella.

Ho lo stomaco annodato: non sono riuscita a mangiare niente da stamattina. È come se un sadico mi avesse centrifugato i visceri per ricavarne succo di bile. Sto per vomitare, non c'è dubbio.

Henri Bosc viene a salutarmi. «Tutto a posto?» mi prende gentilmente in giro.

Per il momento ho la faccia di Buster Keaton: sembro una foto degli anni Venti.

«Vuole che le faccia preparare un panino?»

Ha il senso dell'umorismo questo signore! Quasi quasi gli propongo di prendere il mio posto, stasera.

Resisto all'impulso di mandarlo a quel paese – a due ore da uno spettacolo un artista ha i nervi a fior di pelle, è risaputo – e mi sforzo di rispondere con cortesia. «No, la ringrazio. Sono a posto.»

«Okay, la lascio prepararsi.»

Uff! Finalmente sono sola con il mio stress.

Osservo lo specchio circondato da lampadine, proprio come nei miei più bei sogni infantili. Certi bambini fantasticano sulle decorazioni natalizie o sulla magia dei parchi di divertimento, ma a scatenare la mia immaginazione era l'atmosfera dei camerini...

Tiro fuori i trucchi e inizio la mia trasformazione. La strizza si placa a mano a mano che procedo, come se entrassi in un'altra pelle. Penso ad Antoine. È divertente questo parallelismo fra i preparativi dell'artista prima di entrare in scena e la danza della seduzione. In entrambi i casi si cerca di valorizzarsi, di mostrarsi sotto la luce migliore. Imperfezioni, ammaccature e fragilità restano dietro le quinte.

Guardo il mio riflesso allo specchio e mi chiedo: "Ho mostrato ad Antoine il mio vero volto fin dall'inizio? Di quale parte di me si è innamorato? Mi amerebbe allo stesso modo se conoscesse anche le mie zone d'ombra?". Ripenso alle mie tre strane signore. Madama Insicurezza e Madama Credenza potrebbero dire qualcosa a cui non ho ancora pensato? Prendo il Love Organizer. In fondo cinque minuti li ho. Madama Insicurezza pare sazia e soddisfatta. Si vede che è stata ben nutrita! In un istante mi passa davanti agli occhi il film della mia infanzia e tutto riaffiora in superficie: la mia mediocrità, l'impressione di deludere costantemente i miei genitori, mentre mia sorella riusciva a incantarli... E allora Madama Credenza inizia a complottare con Madama Insicurezza: fanno comunella, quelle due, formando un tandem infernale! Madama Insicurezza non fa che ripetermi sempre le stesse storie, quelle che fanno male e alle quali credo fermamente. Ben radicata dentro di me c'è la certezza di essere ancora un brutto anatroccolo che non inganna nessuno con le sue piume da cigno incollate addosso. Lo sguardo un po' costernato dei miei genitori mi segue dappertutto. In quello sguardo leggo la profezia del mio fallimento.

È a questo punto che arriva Madama Paura per unirsi al concerto di critiche delle altre due: chi potrebbe mai amare un'attrice mediocre, una che è meno brava delle altre?

Lo specchio mi rimanda l'immagine del mio viso smorto

con gli occhi lucidi. Sono proprio una pappamolle, una buona a nulla... Eppure Antoine mi ama. Pensare a lui mi dà improvvisamente la carica: devo smetterla di autocommiserarmi. Non gli piacerebbe vedermi in questo stato. Antoine sembra sempre così forte, un vero combattente. Mi sono stufata della mia sindrome di Calimero, di questa maledetta tendenza a fare la vittima. A cosa porta? A nulla. E poi al giorno d'oggi Calimero è fuori moda. Mi riprometto di trovare il modo di trasformare le mie tre signore. Voglio che tornino a essere quello che dovrebbero: tre Grazie.

Rose mette il naso nel camerino, con l'aria più rilassata del mondo. Come le invidio il suo bel carattere! Mi dà un bacio sul collo.

«Tutto bene, tesoro?» cinguetta allegramente.

Vorrei tanto riuscire a divertirmi come lei, godermi fino in fondo il piacere di recitare e calcare il palcoscenico!

«Ehi, ti conosco, mascherina, tu te la stai facendo sotto!»

Abbasso le orecchie.

«Ho qui una cosina che ti risolleverà il morale in un batter d'occhio.» Rose tira fuori un pacchetto incartato.

Lo tasto con le mani da tutti i lati, cercando di capire cosa contiene. Improvvisamente mi sembra di essere tornata bambina, non sto più nella pelle! «Che cos'è?»

«Aprilo, così vedi!»

Strappo la carta e stupita mi trovo davanti una ventina di gratta e vinci. «Oh! E chi li ha mandati?» mi chiedo mentre apro in fretta il messaggio d'accompagnamento.

Sul foglio bianco c'è solo una frase.

Ti auguro tanta fortuna nel gioco quanta io ne ho in amore, avendo te...

Antoine

Mi sciolgo, letteralmente. Divento un tortino al cioccolato dal cuore fondente. "Antoine, che gesto meraviglioso!" penso estasiata.

Cerco subito un posto per iniziare a grattare. Rose, china su di me, scalpita, anche lei eccitata come una bambina.

I tre primi biglietti sono tutti dei «ritenta». Nella testa comincio a ripetermi il solito ritornello: "Con la mia fortuna non vinco mai niente". Ma ecco che ne trovo uno vincente. Venti euro! Gongolo. Segue un'incredibile serie positiva, fino all'apoteosi: cinquecento euro. Incredula, mi stropiccio gli occhi. «Non è possibile», farfuglio, girandomi verso Rose.

«È fantastico! Vedi che le cose stanno cambiando?»

«Dici? Possiamo far riparare la doccia e il calorifero!» esclamo, al settimo cielo. «E preparati per la più grande scorpacciata della tua vita, perché ho intenzione di invitarti a cena!» Stringo forte fra le mani i preziosi biglietti, ma soprattutto la lettera di Antoine. Quelle poche parole valgono tutto l'oro del mondo.

SCENA 20

Rose

Apro un occhio appannato e tento di mettere a fuoco le cifre sulla radiosveglia. Sbatto le palpebre, attonita. Le 12.20! Devo aver dormito dodici ore di fila. Ho l'impressione che mi sia passato addosso un tir. Mi tasto dappertutto per vedere se durante la notte qualche spiritello dispettoso mi abbia cosparso di colla: il mio corpo sembra letteralmente appiccicato al materasso. Solo l'idea di un caffè bollente riesce a tirarmi fuori dalle lenzuola. Dio, quanto odio avere la bocca impastata e questo retrogusto metallico sul palato! Va detto che ieri, dopo la prima, io e Meredith non abbiamo saputo resistere e siamo andate a berci un bicchiere. Sono diventati due, poi tre... Avevamo bisogno di scaricare la tensione, perciò non abbiamo lesinato. Tutte le angosce di Meredith si erano dissipate all'apertura del sipario e, come sempre, era stato molto bello recitare insieme. Ciò nonostante la sparuta platea ci aveva un po' deluso: dodici persone, di cui cinque non paganti. Che miseria! Ma da brave professioniste avevamo recitato come se davanti a noi ci fosse una folla di spettatori, dando il meglio di noi stesse. Il pubblico aveva riso. Anche se dodici persone non possono certo fare miracoli...

Non ho ancora messo piede a terra che il telefono si mette a squillare. Mi preparo a mandare al diavolo lo scocciatore, ma poi sullo schermo compare il viso di mia figlia che mi sta videochiamando. Devo darmi un tono, ricompormi.

«Mamma!»

«Amore mio! Ranocchietta! Come va, tesoro?»

Faccio finta di essermi alzata da ore: a volte essere un'attrice torna utile. Késia sembra felicissima di parlarmi e al suono della sua voce mi si scalda il cuore. È così bello vederla! Dietro di lei fa capolino mia madre.

«Mamma, mi manchi!»

Mi commuovo.

«Anche tu mi manchi molto, topolina. Ma lo sai, la mamma lavora tanto tanto per poter tornare presto da te!»

«Tra quante nanne vieni?» mi chiede, d'un tratto preoccupata.

Faccio un rapido conto mentale per calcolare quanti straordinari mi toccherà fare per mettere insieme i soldi del biglietto del treno. «Quante dita hai?»

«Dieci!» risponde lei orgogliosa.

«Ecco, amore: vengo tra dieci nanne.»

La sento ridacchiare di gioia.

«E ti porterò una sorpresa.»

«Quale sorpresa?» mi chiede con gli occhi che brillano di eccitazione.

«Lo vedrai... monellina! Se te lo dico, non è più una sorpresa!»

«E Romeo come sta?»

Mi sposto per inquadrare il pappagallo con la videocamera del telefono. «Molto bene, ma anche lui sente la tua mancanza. Vero, Romeo?»

Lo accarezzo sotto il becco. Quando riconosce Késia, la sua cresta si solleva per formare una bella ruota rosata. Gli piace fare colpo sulla mia principessa.

«Rohhh. Rohhh. Sei carina tuuu.»

Késia batte le mani contenta.

Parliamo ancora un pochino poi, purtroppo, dobbiamo salutarci.

«Mamma, ti mando tantissimi bacini.»

Unisce il gesto alla parola, e improvvisamente lo schermo del mio smartphone viene riempito da due grosse labbra rosa. Come mi piacerebbe poterla coprire di baci. Mi manca la sua pelle. "Non metterti a piangere", mi ammonisco. Stringo i denti e fingo un'allegria esagerata. Késia ha solo cinque anni. Riesco ancora a ingannarla. «Ci sentiamo molto presto, ranocchietta. Fai la brava con la nonna, mi raccomando.»

Ride davanti al mio tentativo di sembrare autoritaria. Comunque è l'intenzione che conta, no?

Quando riaggancio, abbacchiata mi lascio cadere su una sedia del microscopico salotto. Dopo un istante, però, ripenso alla mia Késia e salto su. Non posso mollare. Per lei mi batterò. Ce la farò. Mi cascasse il naso se non dico la verità.

SCENA 21

Meredith

Conto alla rovescia: –143 giorni

Il weekend è passato troppo in fretta. O meglio, il lunedì: il giorno di riposo in teatro. Mi affretto verso il Poisson Calu, malgrado io non sia certo impaziente di rivedere Madame Eyeliner con i suoi sbalzi d'umore! La megera mi aggredisce non appena varco la soglia, rimproverandomi per i miei tre miseri minuti di ritardo. In cucina sono già incasinatissimi. Corro a destra e a manca per apparecchiare i tavoli, asciugare i bicchieri e aiutare a preparare gli ingredienti. Madame Eyeliner, tranquillamente seduta in un angolo della sala, si appresta a travasare alcuni sfortunati piccoli pesci neon nei tacchi delle sue scarpe. Con la coda dell'occhio la osservo da lontano riempire d'acqua l'incredibile marchingegno e poi con un retino trasferire le povere vittime, che si dimenano in preda al panico.

Alla fine, senza l'ombra di un rimorso, rimette i tacchi al loro posto e guarda soddisfatta lo spettacolo dei suoi minuscoli prigionieri.

Reprimo una smorfia di disgusto.

Verso mezzogiorno si sentono delle urla provenire dall'ufficio. I padroni stanno di nuovo litigando. Mi dispiace per Jacquot: sua moglie lo attacca di continuo. Non capisco come lui faccia a sopportarlo. Possibile che sia questo l'amore? Accettare di essere dominati dall'altro?

Entrano i primi clienti e la proprietaria piomba loro addosso come una furia. Cerco di compensare la sua rudezza dispensando sorrisi ai convitati. È una noia prendere le ordinazioni di quei piatti sempre uguali, così la mia mente inizia a rimuginare un'idea interessante. Mentre con gesti meccanici continuo a servire pesci un po' bruciacchiati e stoccafisso, mi perdo in una fantasticheria esotica.

Al centro del mio sogno a occhi aperti c'è un incredibile ristorante con una veranda fiammeggiante rossa, nera e oro, dal design ispirato a quello dei pub inglesi, dove campeggia la scritta CUPIDO NERO a lettere dorate. Le pareti sono coperte di citazioni profonde di grandi pensatori sul tema dell'amore. In mezzo alla sala una fontana vecchio stile è sovrastata da un incredibile Cupido nero realizzato da uno scultore, da cui zampilla acqua rosa.

È un luogo divertente dove si potrebbe venire in coppia o con amici per riflettere sul proprio Cupido nero, il proprio lato oscuro in amore, che è in grado di mettere a repentaglio anche le storie più belle. La gelosia, i rimproveri, i rancori, la meschinità, l'incuria... Al posto del menu, ognuno sulla tavola troverebbe un questionario divertente dalla grafica chic; in base alle risposte sarebbe possibile tracciare il profilo del Cupido nero di ciascuno e proporre suggerimenti culinari specifici.

Già mi vedo servire piatti dai nomi evocativi.

Una Gelosa per il tavolo quindici!
Insalata del giorno condita con olio piccante, servita con tre candele magiche che crepitano come rimproveri scoppiettanti, piantate in una mela rossa (la mela della tentazione!) artisticamente scolpita a forma di teschio.

Uno Schiacciazebedei di crostacei per il tavolo due!
Risotto con capesante e gamberoni accompagnato da un contorno di insalata verde, servito con un cestino di noci e uno splendido schiaccianoci di design in legno e acciaio perfettamente funzionante per potersi sfogare rompendo da soli la frutta secca.

Una Composizione di palle ripiene per il tavolo otto!
Vassoio di bignè ripieni sormontati da una cupola di panna montata, accompagnato da un alto vaso di vetro cilindrico pieno di caramelle multicolori. Una golosa torre di Babele, servita con un pestello per poterla distruggere a proprio piacimento.

Uno Spaccamaroni per il tavolo tredici!
Terrina di rognoni d'agnello con tre varietà di cavolo stufato, servita con contorno di castagne, rogne, fisime e cavilli. Piatto consigliato agli specialisti nell'arte di complicarsi la vita.

Una Colla in gelatina per il tavolo sei!
Uova fusionali in gelatina, Roquefort e chutney esotico. Verdurine croccanti e tagliata di filetto d'anatra affumicato abbarbicate ai bordi del piatto. Servito con accompagnamento di una fiala contenente liquido fluorescente che all'apertura si trasforma in vapore. Colori a scelta tra il rosso sanguisuga, il blu asfissia e il viola ventosa.

Diventare consapevoli del proprio Cupido nero mi sembra una tappa fondamentale. Come placare questa parte sofferente di noi? Certamente non giudicandola, ma guardandola con tenerezza e compassione.

E io? Quale sarebbe il mio profilo di Cupido nero? È bizzarro: ho l'impressione di essere tutto e il contrario di tutto. Gelosa e possessiva un giorno, l'indomani posso graffiare e mordere perché mi lascino in pace, per proteggere come una tigre la mia indipendenza. Questa alternanza fra attaccamento morboso e scontrosità non deve essere facile da gestire per chi mi sta accanto!

Non c'è da stupirsi che finora io abbia avuto solo avventure che non hanno mai superato il limite invalicabile dell'anno.

Per me è una specie di muro del suono... Possibile che, passate quelle turbolenze, l'amore assomigli finalmente a un mare azzurro, piatto come una tavola?

Come per rispondere alla domanda, il telefono mi vibra in tasca. Lo prendo febbrile. Che felicità! È lui.

Spero che oggi al ristorante stia andando tutto bene. Lo capiscono quanto sono fortunati ad averti come cameriera, mia meravigliosa artista? Non so cosa darei per poterti fare anch'io qualche ordinazione, e sarei un cliente molto docile...

Il mio tesoro si sta forse surriscaldando? Leggo e rileggo il messaggio e avverto emozioni contrastanti. Da un lato l'idea che lui pensi a me mi fa sentire al settimo cielo. Dall'altro, però, provo un po' di disagio: mi piace sapere che mi desidera ma non che lo esprima in questo modo. Forse noi donne abbiamo sempre il timore che gli uomini ci amino solo per quello... Stasera decido di recepire unicamente il meglio del messaggio. Gli manco. Mi desidera. Non mi sta dimenticando. Che cosa potrei chiedere di più?

Rose

«Ti dico che era felicissima... No, non si è accorta di niente, fidati! Sì, certo, farò riparare la doccia e il riscaldamento... Aspetta! Sento un rumore, è lei, devo mettere giù, ciao!»

Lancio il cellulare sul letto e mi butto sul computer portatile assumendo un'espressione assorta. Quando Meredith apre la porta della mia stanza, mi trova con il naso incollato allo schermo, concentrata come se stessi per risolvere un'equazione impossibile.

«Ciao! Com'è andata la giornata?» le chiedo con aria innocente.

«Piena di emozioni. I proprietari hanno litigato di nuovo e io puzzo di pesce fritto... Però complessivamente tutto okay. Ah, salendo le scale ho incrociato il vicino, sai, il signor Barbant-Shnock, che si è lamentato del rumore che abbiamo fatto tornando a casa l'altra sera. A parte questo, sono contenta di vederti!» Sorride e viene a sedersi sul bordo del mio letto per darmi un bacio sulla guancia.

«E tu? Cosa combini?»

Le mostro lo schermo: Findaguy.com, boutique di ragazzi online.

«A quanto pare si è aperta la stagione di caccia.»

«Ho provato a smettere, ma la cintura di castità non fa per me.»

«Ne sei sicura? Neanche con un bel lucchetto? Potresti lanciare una moda!»

«Molto divertente.»

«E il tuo Spuntino, l'hai mollato?»

Spuntino è il soprannome che ho dato al mio ultimo flirt a Parigi. Non sono molto fiera di chiamarlo così. Tanto più che è davvero un bravo ragazzo. Anzi, a dire il vero il problema è proprio questo: è troppo bravo. Così va la vita! Gli uomini gentili non mi attraggono, preferisco i cattivi. Anche se il vecchio mito femminile dei *bad boys* dovrebbe essere messo in discussione. Quante brutte mani serviranno prima che io trovi il coraggio di pescare da un altro mazzo? Purtroppo raramente mi prendo il tempo di riflettere prima di lanciarmi a testa bassa in una relazione, che spesso si rivela una storia lampo. Quando mi rendo conto di essermi invaghita di tizi che non hanno proprio nulla da dare, ormai è troppo tardi. Questo però non sembra essere il caso di Spuntino. Ripenso alla nostra ultima serata a Parigi: la sua rara delicatezza, le premure, il modo di prendersi cura di me a cui sono così poco abituata... Eppure, l'altro giorno, quando ha provato a chiamarmi, il mio dito è scivolato a sinistra per rifiutare la telefonata.

«Allora, mi fai vedere cos'hai catturato oggi?»

Clicco sul carrello per mostrarle la spesa del giorno.

Meredith percorre con lo sguardo i nickname e scoppia a ridere. «Caspita! Ci sei andata giù pesante! Davvero hai selezionato questo Belcuore?»

«Scusa, perché no? Dalla foto sembra carino.»

«Dai, Rose, ragiona! Questo bellimbusto ha 300.600 punti fedeltà! Sento odore di *serial lover*! Te l'ho già spiegato!»

«Okay, okay...»

Brontolo un po', ma devo riconoscere che Meredith non ha torto. Tanto più che nell'elenco degli sport preferiti ha menzionato: «Corsa, lancio dello slip, pole dance, nuoto». Un senso dell'umorismo che la dice lunga.

«No, ma hai letto quello che ha scritto qui sotto?»

«Non ancora...» Spalanco gli occhi, incredula. «...Una netta preferenza per le DONNE DALLE FORME GENEROSE, e, devo ammetterlo, per i rapporti di dominazione... Esistono veramente cinquanta sfumature di grigio?» Alla mia amica dico: «Hai ragione, questo non ha tutte le rotelle a posto. Lo rimetto sullo scaffale».

Lei approva e continua la sua rigorosa ispezione del carrello. «Saccottino? Di bene in meglio...»

Ridacchio. Se si scalda è solo perché tiene a me, lo so, e non vuole che esca con qualche svitato.

Meredith passa al setaccio i profili, senza trascurare alcun dettaglio. «Dunque, foto tagliata all'altezza della fronte. Il tuo Saccottino dev'essere calvo come una palla da biliardo, lo sai, vero?»

«Lo so, lo so. Però ha un'aria gentile, no?»

«Ah, per quello sì. #serio #nonfumatore #astemio #casalingo #topodibiblioteca. Sei sicura che sia il tuo tipo? Io non ci scommetterei un centesimo, poverino.»

La colpisco con il cuscino per farla tacere. «Smettila di darmi il tormento. Devi ammettere che almeno sembra un tipo carino...» Rimuovo Saccottino dal carrello.

Meredith abbozza un sorrisetto trionfante vagamente fastidioso e continua a studiare la lista dei pretendenti rimasti. «Cosa? Hai scelto Nutella? Non sapevo che ti piacessero gli adolescenti! Questo non ha più di ventidue anni. Sta' attenta: se lo inviti a casa, assicurati di avere del latte in frigo. E questo Funny Zebra? Ha proprio una faccia da killer. Se si fosse presentato a un casting per un film di Kubrick, sicuro come l'oro lo avrebbero preso.»

«Esagerata!»

«Credimi, ho occhio io!»

Le presento speranzosa il mio ultimo gingillo: Quentin. «Guarda! Lui non è male, vero?»

Meredith lo esamina da ogni lato e legge il profilo. Lo descrive a voce alta: «Moro... Apparentemente onesto sulle sue misure. Non si inventa tartaruga e bicipiti inesistenti. Un po' di umorismo qua e là. Non da perderci la testa, ma accettabile. A quanto pare viene fornito con colazione a letto, istruzioni e scontrino per il cambio. Questo puoi provarlo!»

«Ah! Finalmente un po' di approvazione! E poi Quentin è un segno, no?»

Meredith aggrotta le sopracciglia con aria interrogativa.

«Quentin, come cinque, quinto.»

«E allora?»

«Io sono nata il 5 maggio. Sicuro che non sbaglio, giusto?»

Meredith annuisce educatamente. «Certo, Rose. Forza, procedi!»

Ora che ho avuto la sua benedizione, invio un messaggio al mio aspirante principe azzurro e gli propongo di incontrarci.

Meredith

Esco dalla stanza con il sorriso sulle labbra. La mia amica merita di trovare la felicità. Speriamo che Quentin si riveli all'altezza...

Dopo avere seguito le peripezie di Rose nella sua ricerca – molto aleatoria – dell'anima gemella attraverso la mediazione dei social, torno a concentrarmi sulla mia: *crescere* abbastanza da essere all'altezza della storia d'amore con Antoine, acquisire maturità nel mio modo di affrontare il rapporto, trovare la strada della realizzazione. Crescere, liberandomi di alcuni pericolosi retaggi del passato che covano ancora sotto le ceneri.

Solo crescendo, infatti, potrò tenere fede al giuramento che mi sono fatta: migliorare, costi quello che costi, la mia *amorability*, la mia capacità di amare. E il primo passo è amare di più me stessa! L'altra notte mi sono appassionata a un libro del filosofo, scrittore e insegnante di meditazione Fabrice Midal, *Sauvez votre peau, devenez narcissique* («Salvatevi la pelle, diventate narcisisti»), dove il mito di Narciso è interpretato in modo completamente diverso dal solito. Nell'immaginario collettivo, il narcisismo è un concetto negativo, poiché rimanda a un'eccessiva ammirazione per sé stessi. Fabrice Midal, invece, rivela l'esistenza di un narcisismo positivo: lo slancio salutare e proficuo a prestarsi attenzione, a immergersi dentro di sé per conoscersi meglio, ad amarsi fino in fondo, accettando con benevolenza sia le qualità sia le imperfezioni, e riconoscendo i propri meriti.

Mi rendo conto di quanto sia terribile vivere in un costante stato di conflitto con noi stessi, trasformandoci giorno dopo giorno nel nostro peggiore nemico. A partire da oggi, decido solennemente di sventolare bandiera bianca e firmare un trattato di pace con me stessa.

Dato che l'idea è divertente, mi lancio nella redazione del trattato di pace.

Cara me,

in questo giorno dell'anno 2018 dichiaro solennemente di rinunciare all'infernale guerra delle mie false credenze troppo radicate: tutte quelle idee incrollabili e distruttive immagazzinate nel cervello limbico, responsabili dei dubbi che tormentano il mio animo perennemente preda della paura e intossicato dai sensi di colpa.

Sì, sì, Meredith, io ti ho capita!

Sì, io ti tendo la mano in segno di riconciliazione.

Mai come in questo momento capisco quanto sia bello, grande ed essenziale l'amore per sé stessi!

M'impegno dunque d'ora in poi a:

– perdonare le mie imperfezioni fisiche e psicologiche;

– amare le falle e le ferite che derivano dal mio passato;

– accettare la mia vulnerabilità e i momenti di fragilità, come se mi prendessi cura di una colomba impallinata da un fucile;

– prestare fede ai miei impegni e, dunque, a rispettarmi in ogni circostanza, a non trascurarmi, a tenere a freno l'impulso di autopersecuzione e a ricercare sistematicamente ciò che è meglio per me.

Rileggo il testo e prendo la penna più bella che ho per apporre la firma. Contenta, decido di disegnare anche una bandiera, un'immagine simbolica della mia libertà interiore. Creo un personaggio ispirandomi allo stile dell'artista americano Keith Haring: un totem della nuova me libera da complessi, con diverse braccia e gambe, forte del suo potenziale decuplicato da una nuova sicurezza. Color magenta, è contornato da uno spesso tratto nero. Lo colloco a sinistra nella bandiera, in modo che occupi un terzo dello spazio, rispettando la regola d'oro per creare un'armonia visiva.

Sulla destra traccio delle righe di colori simbolici: rosse come il dinamismo e la passione necessari a risvegliare la parte migliore di me; blu come l'equilibrio che sto cercando di raggiungere, la temperanza e l'armonia; giallo come l'autostima e la fiducia in me stessa, lo slancio positivo e la costante tensione verso la luce.

Osservo la mia creazione, più che soddisfatta. Certo, non è *Flag* di Jasper Johns, ma c'è dietro un'idea, e interessante anche.

Mi diverto a immaginare quel vessillo piantato sulla cima della mia coscienza. Ecco: adesso esiste un nuovo territorio che appartiene solo a me, dove la mia sicurezza può prosperare, e ho intenzione di farlo diventare un vero Eldorado...

Vibro di entusiasmo! A meno che non sia il cellulare che ho in tasca...

Antoine mi ha scritto un altro messaggio. Lo leggo con foga, come una bimba di tre anni che strappa la carta del suo regalo di Natale.

Amore mio, baci serali dappertutto, sul tuo collo e nelle zone proibite...

Mi affloscio. Perché? Dovrei essere contenta, rassicurata, galvanizzata all'idea che lui mi desideri così tanto, invece queste parole mi scioccano, risvegliando paure che pensavo ormai sepolte. Mi rifiuto di essere un puro e semplice oggetto del desiderio! L'effetto dell'iniezione di autostima di due minuti fa è svanito. Evidentemente nel mio nuovo Eldorado c'è ancora qualche fuorilegge da stanare e mandare in esilio.

Il nemico pubblico numero uno è la paura che Antoine sia innamorato solo del mio aspetto, ovvero una piccola parte di me. Che i suoi sentimenti siano una mera illusione. Che lui scopra l'inganno. Insomma, che rimanga deluso quando capirà chi sono veramente, ovvero, per il momento, non un granché... D'un tratto gli occhi mi pizzicano e la gola si stringe. Dev'essere un altro brutto scherzo delle mie finte Grazie.

Urge un incontro con la peggiore delle tre, Madama Paura, per avere finalmente un piccolo chiarimento con lei.

Salto sul letto, mi stendo sulla pancia, tiro fuori il Love Organizer e la convoco per una resa dei conti. Ne ho abbastanza di venire tiranneggiata dalla mia angoscia di non essere all'altezza: è ora di finirla! La immagino apparire in una nuvola di polvere grigiastra stile Far West, circondata da un alone luminoso (direttore delle luci: la mia fantasia). È di spalle e vedo solo due grandi trecce che le ricadono sulle scapole. Porta una salopette a fiori bianchi e rosa su sfondo nero sopra una T-shirt bianca a maniche lunghe. Possibile che Madama Paura sia una bambina? Gioca a campana a due passi dal saloon. Sorrido. Ma ecco che proprio quando sta per arrivare alla casella del Cielo inciampa, si sloga la caviglia e rotola a terra mandando un grido di dolore che mi fa venire i brividi. Accorro in suo aiuto e mi chino su di lei, pronta a soccorrerla, poi resto pietrificata dal suo sguardo cupo. Sembra una di quelle bambine terrificanti dei film dell'orrore.

«È colpa tua se mi sono fatta male! È colpa tua se non arrivo mai all'ultima casella!»

Accuso il colpo, assalita da una sgradevole sensazione... Ovviamente la sua casella del Cielo è il mio pianeta della Felicità.

«M-ma che cosa dici?» balbetto.

Lei adesso piange a dirotto, e mi sento molto male. Perché qualcuno deve sempre far leva sul senso di colpa? Si asciuga le lacrime pulendosi il naso nella manica della maglietta.

«Finalmente sei venuta a trovarmi! Lo sai da quanto tempo mi trascuri, lasciandomi qui, abbandonata in un angolo?»

«Ma no, ti assicuro che...»

«Smettila! Io lo so perché sei venuta. Hai paura che il tuo fidanzato non ti ami, vero?»

«Forse.»

«La verità è che pensi di non essere abbastanza interessante da meritarti di diventare la donna della sua vita. Vero o falso?»

Abbasso lo sguardo, smarrita.

«Rispondi alla domanda!»

Non c'è che dire, la mia paura ha un bel caratterino!

«Okay, ammettiamo che tu abbia ragione. Allora, cosa proponi di fare?»

«Da quand'è che hai paura di non essere all'altezza delle persone che ami?»

A questo punto inizio a tremare. Nella mia mente rivedo la famosa scena: io in piedi di fronte ai miei genitori, affranti dal discorso del preside e dalla mia disastrosa pagella. «Non si impegna. I risultati sono molto preoccupanti.»

Quel giorno l'aggettivo «deludente» è stato marchiato a fuoco nella mia carne, e negli anni successivi si sono susseguite esperienze dello stesso tenore, finché quella parola è entrata a far parte di me.

La bimbetta si soffia il naso rumorosamente, lasciandomi il tempo di comprendere.

«Vedo che inizi a capire. Le tue paure non sono nate ieri! Il timore che Antoine non sia orgoglioso di te, che finisca per stufarsi e lasciarti, affonda le radici nel passato. In realtà, tu rivivi le angosce e le emozioni negative di tanto tempo fa. Tutto chiaro? Ti dirò quello che devi fare: avventurati in una piccola spedizione speleologica nel tuo passato.»

«Speleologica?»

«Sì, speleologica. Cerca di seguirmi. Devi scendere in corda doppia nella grotta dei tuoi ricordi, come uno speleologo. Mettiti l'imbracatura e perlustra le profondità del tuo inconscio e della memoria per cercare di scoprire cosa c'è davvero all'origine di queste paure.»

«Ah davvero? Tu la fai un po' troppo facile.»

«Mi aspettavo questa reazione», controbatte lei, sarcastica. «Eppure non è così difficile, sai? Invece di startene con le mani in mano, almeno fai lavorare l'immaginazione. Cerca di raggiungere uno stato di dormiveglia. Ne sei capace? Lascia riemergere i ricordi dei momenti della tua infanzia in cui ti sei sentita insicura, ferita...»

«Okay e poi?»

«E poi annota tutto quello che ti viene in mente nel tuo bel quaderno.» Mi indica il Love Organizer.

«E non credi che riportare a galla tutti questi brutti ricordi sia come scoperchiare un vaso di Pandora?»

«Be', decidi tu.»

«E se poi mi sentissi ancora peggio?»

«Cosa fai se ti rompi una gamba?»

«Vado dal medico.»

«E allora lo vedi che hai già la risposta?»

Quanto mi irrita questa ragazzina!

Si alza di scatto e mi guarda con un'aria vagamente sprezzante che trovo insopportabile. «A ogni modo, non mi aspettavo certo miracoli. Ci vorrà tempo prima che io possa allontanarmi da te. Cara la mia ragazza, resteremo incollate l'una all'altra ancora per un bel po' di anni.»

Sento una gran rabbia montarmi dentro: ho voglia di rimetterla al suo posto, questa mocciosa! «Ehi, basta così! Potresti almeno parlarmi con un altro tono.»

«Ah, finalmente pretendi di essere rispettata. È già un inizio...»

La mocciosa si allontana.

Mi accorgo allora di qualcosa che non sapevo: un sano accesso di collera è assai più salutare che macerare nella tristezza e nell'autocommiserazione. C'è dell'energia positiva nella rabbia; basta saperla convogliare verso i giusti obiettivi, come reagire o provare a cambiare.

Non permetterò al mio passato di incancrenire il presente! Sono in grado di decidere fin da oggi di non lasciargli questo potere.

Devo smetterla di raccontarmi brutte storie e bandire per sempre la famosa profezia del fallimento a cui do credito da tanti anni. In fondo, rifugiarmi dietro queste paure non mi ha forse fatto comodo, risparmiandomi a lungo la fatica di prendere in mano la mia vita?

Ma poi esiste davvero una fatalità del fallimento? Certo che no. Le ferite del passato non sono che trappole nascoste sotto mucchi di foglie. A volte, dimenticando che sono lì, ci camminiamo sopra e la molla si richiude sulla nostra caviglia facendoci un male cane. Nel mio caso la trappola scatta quando penso di essere una ragazza mediocre che non sfonderà mai, quando credo che i miei abbiano ragione a considerarmi solo un brutto anatroccolo. Ma le trappole, in verità, si possono disinnescare.

Basta un bastone, per esempio; ed è quello che userò d'ora in poi per scacciare questa falsa credenza e rimpiazzarla con un intento ben più positivo: trovare il coraggio di seguire la strada che mi permetterà di realizzare i miei sogni. Guardo le pagine completate del Love Organizer: il trattato di pace, il vessillo della mia libertà interiore. Sono abbastanza orgogliosa: ho fatto un buon lavoro.

Rose

Davanti a me c'è Mister Cinque alias Quentin. Prima del rendez-vous serale davanti all'abbazia di Saint-Victor mi ha scritto che avrebbe indossato un cappello nero. Quando arrivo, non resto delusa: l'atmosfera da film giallo è perfetta. Quentin non si toglie nemmeno dalla testa il Borsalino – sì, l'ho notato, non è proprio il cappello più comune che esista – mentre mi bacia sulle guance, e il bordo mi finisce dritto in un occhio.

«Non è niente», mento con nonchalance, asciugandomi una lacrima. La serata è cominciata bene!

Lui mi prende con disinvoltura sottobraccio per portarmi chissà dove. Il suo atteggiamento mi dà sui nervi. Quando gli chiedo dove siamo diretti, assume un'aria enigmatica e sussurra: «Vedrai, vedrai». In un'altra circostanza lo troverei divertente, ma ora mi provoca un'apprensione di cui farei volentieri a meno. Non ho mai visto questo tizio in vita mia, e di certo tanto mistero non mi rassicura. Tuttavia, come sempre, il mio ampio sorriso di facciata inganna le apparenze.

«Sei sempre così sorridente? È davvero gradevole.»

Non sto a spiegargli che in questo preciso istante sto calcolando la probabilità che lui faccia parte della ristretta categoria dei serial killer, e interiormente mi do più e più volte della cretina. Mi ricordo del consiglio di mia madre: «Cara, quando ti ritrovi da sola con un uomo in una situazione delicata, cammina veloce e ubriacalo di parole. Può risolvere le cose!».

Lo metto subito in pratica, riversandogli addosso tutto quello che mi passa per la testa mentre continuo a camminare di buon passo.

«Ehi, certo che parli un sacco!»

Ecco, ci siamo, l'ho stordito. Me ne accorgo dai suoi sguardi vagamente preoccupati. Adesso è lui ad avere paura di essere uscito con una svitata. Per fortuna l'imbarazzo si dissipa lungo il tragitto verso la nostra destinazione. Una pizzeria per un primo appuntamento? È uno scherzo? Mentre entriamo, tento di mascherare la delusione. Con un gesto un po' autoritario lui mi fa segno di aspettarlo, si avvicina al proprietario e gli mormora qualcosa. Trovo il suo comportamento sempre più strano e ormai sono a un passo dal darmela a gambe. Da lontano sento solo l'uomo vicino al bancone chiedere: «Ha il codice?».

Mister Cinque gli sussurra qualche parola all'orecchio, poi si gira verso di me facendomi sobbalzare. Mi rivolge un cenno secco e virile che equivale a un inequivocabile: "Vieni, bambola". Fingo di essere a mio agio, anche se in realtà è esattamente il contrario. Ma perché mai devo essere sempre attratta da questa specie di maschi alfa con la faccia da pendagli da forca? Sopracciglia folte che sottolineano gli occhi scuri dallo sguardo fin troppo brillante, barba ispida e tagliente come la lama di un rasoio... Virilità o machismo? Uomo tutto d'un pezzo o bruto della peggior risma? Senza che lui se ne accorga, torturo con la mano in fondo alla tasca il portachiavi di peluche che mia figlia mi ha regalato prima della partenza.

Stiamo percorrendo uno stretto corridoio quando a un certo punto – sorpresa! – lo scaffale di una libreria ruota sul proprio asse svelando una scala nascosta. Vedo che Quentin osserva la mia reazione con la coda dell'occhio e, dal suo sguardo soddisfatto, capisco che dev'essere uno di quelli che, dopo l'amore, ti chiede: «Allora, com'è stato?».

Al piano di sopra scopro un posto curioso, una specie di bistrot con lo charme dei locali di un'altra epoca: divanetti in pelle, sedie rustiche di legno e, alle pareti, vecchie foto di qualche personaggio emblematico del proibizionismo.

«È un ristorante clandest...»

«Ssh!» mi zittisce lui, poi ride. «Sì, si chiama Clandestino. Ti piace?» domanda con voce seducente.

Mi guardo attorno, poso gli occhi sul vecchio pianoforte, sul Borsalino... Devo riconoscere che il luogo è suggestivo. Una cameriera gentile ci fa accomodare: ho Al Capone alla mia destra e Quentin davanti. Mi sta fissando il petto. Imbarazzata, constato che togliendomi il cappotto ho fatto saltare un bottone della camicetta.

«Sei splendida», sussurra lui.

Mi trattengo dall'alzare gli occhi al cielo.

«È da tanto che sei sui siti di incontri?»

Tento di eludere la domanda. «Mmh. Va un po' a periodi, direi... E tu?»

«A essere sincero, ho già avuto qualche avventura in questo modo. Ma ho l'impressione che tu sia davvero, davvero...»

Cerca affannosamente parole che facciano colpo, ma deve essersele perse strada facendo perché non gliene viene nessuna. Allora per sviare il discorso comincia ad accarezzarmi il braccio. È tutto un su e giù con cui forse vorrebbe darmi un assaggio della sua sensualità. Sono indecisa se scoppiare a ridere o spostargli bruscamente la mano, ma alla fine mi trattengo: se voglio concludere la notte in compagnia, devo metterci un po' di buona volontà. Mi libero con un gesto delicato e ordiniamo da mangiare. Stasera peccheremo di gola! E dal modo in cui mi divora con gli occhi ho già capito che sarò io il suo dessert...

Meredith

Conto alla rovescia: –132 giorni

Alle nove del mattino vedo arrivare Rose completamente sfatta e con l'aria imbronciata. Meglio non parlarle. Mi passa davanti senza degnarmi di uno sguardo, getta a terra la borsa e si rinchiude nel suo antro sbattendosi la porta alle spalle. Bella serata, a quanto pare. Anch'io non sono di buonumore. Ho passato una notte tremenda dopo l'ultimo messaggio semierotico di Antoine. Sono quasi al limite.

Oggi visita in pompa magna con pezzi grossi al Palais de Tokyo, senza mai smettere di pensare a te, mia geisha...

Devo ammetterlo, mi sento un po' sporca. So che non è sua intenzione trattarmi come una poco di buono ma, mio malgrado, recepisco questo tipo di messaggio come una specie di aggressione. Forse non sono abbastanza di larghe vedute? Nel ventunesimo secolo il mio pudore è eccessivo? Queste domande ridicole mi hanno tenuta sveglia, e una strisciante insonnia mi ha accompagnata fino all'alba. Eppure ho provato di tutto: la tisana Buonanotte, che ha tenuto fede ai suoi impegni diuretici ma non alle promesse ipnotiche; i granuli omeopatici di passiflora, efficaci quanto può esserlo un cucchiaio per tagliare un tronco; lo spray rilassante per il cuscino dal gradevole aroma che si è rivelato tuttavia incapace di placare il mio spirito agitato. Eh sì, davvero di tutto! Alla fine, sfiancata, ho perfino escogitato una strategia per sfruttare al meglio l'insonnia grazie a degli esercizi ginnici da praticare a letto: sequenze di contrazioni e rilassamenti dei glutei in posizione supina con accurato conteggio dei movimenti del posteriore. Meglio contare quelli che le pecore, no? Insomma, sono riuscita a rendere l'insonnia meno crudele, anzi, quasi utile: non mi eviterò le occhiaie, ma almeno avrò delle belle chiappette sode.

Tento di immergermi nel lavoro per distrarmi e soprattutto per portare avanti il mio progetto segreto: uno spettacolo che costituisce una via d'uscita, il mio sacro Graal personale, il simbolo del mio orgoglio. Gli occhi puntati sul computer portatile, comincio a buttare giù i testi dell'one-woman show, che per il momento intitolo *Missione Cupido.*

La mia capacità di concentrazione è debole come un refolo d'aria. Aggrotto le sopracciglia e cerco di focalizzarmi su quello che sto facendo, ma vengo distratta da alcuni fastidiosi rumori di sottofondo. *Toc, toc, toc. Grat, grat, grat.* Alzo lo sguardo e mi rendo conto dello strano comportamento di Romeo, che va avanti e indietro per la stanza come un pazzo, con le pupille dilatate, alla frenetica ricerca di pezzetti di cibo o pigne che poi depone come se fossero un'offerta davanti alla porta della sua padrona, che ha visto sofferente. Dà piccoli colpi con il becco sullo stipite e ripete in continuazione: «Rose bua Rose bua». D'un tratto capisco che il malessere mattutino della mia amica gli è insopportabile. Perfetto, ci mancava solo un pappagallo ipersensibile! Mi alzo per andare da lui, lo prendo e inizio ad accarezzarlo dolcemente per tranquillizzarlo un po'.

«Non devi preoccuparti così, ragazzo mio! Tra un po' le passa. La tua padrona ha solo bisogno di dormire.»

La mia voce sembra calmarlo. Anzi, Romeo ha l'aria di apprezzare un sacco le coccole. Dopo qualche secondo sento il suo corpicino scuotersi tutto in un fremito di piacere. Nello stesso momento Rose esce dalla sua camera.

«G-già sveglia?» balbetto, imbarazzata per essere stata sorpresa in flagrante delitto di tenerezza.

Lei lancia uno sguardo truce al pennuto. «Anche lui mi tradisce.»

«Ah sì? E chi altro?»

«Uffa. Nessuno, ma sono stufa dei maschi, se proprio vuoi saperlo.» Si sente in obbligo di dare rilevanza sonora al suo pensiero facendo sbattere rumorosamente tutti i pensili della cucina. Caso mai non ci fossimo accorti del suo umore pestilenziale...

«Vuoi raccontarmi cos'è successo?» mormoro con noncuranza. La conosco bene, in momenti del genere non bisogna prenderla di petto.

Rose alza le spalle, come per dire: "A cosa servirebbe?". Due tazze di caffè dopo, sento che è tentata di confidarsi. Il resoconto della serata le brucia le labbra. Romeo, rassicurato sulle condizioni della padrona, ha ricominciato i suoi vocalizzi, un sottofondo davvero originale per il racconto dell'avventura con Mister Cinque.

«...E a quel punto arriva il cameriere con il lettore per la carta di credito. Vedo Quentin che gli tende la carta e penso: "Ah, che gentiluomo!". Mentalmente gli stavo già dando una trentina di punti quando lui si gira e con tutta la naturalezza del mondo mi dice: "Facciamo a metà, okay?". Il romanticismo è andato a schiantarsi per terra come se si fosse buttato dal terzo piano. Perfino il cameriere ci guardava con un'espressione desolata! È stato umiliante.»

Fisso i suoi occhi scuri e leggo tra le righe quello che non dice, il peso del suo orgoglio ferito, della sensibilità femminile troppo spesso urtata dal comportamento poco elegante di certi uomini. Con lo sguardo esprime tutta la rabbia che prova. Cosa bisogna fare per ricevere le attenzioni che ci spettano?

«E tu cos'hai fatto?»

«Be', cosa vuoi che abbia fatto... Ho pagato la mia parte!»

«Mmh... okay. E poi?»

«Il brutto è che ho continuato a recitare la scenetta della ragazza che sta passando una magnifica serata, con un osso da settanta euro infilzato di traverso in gola.»

«Poverina! E dopo?»

«Di quello che è successo dopo non sono per niente fiera. Mi sono detta che, visto che avevo sopportato tutto questo, tanto valeva andare fino in fondo! E allora, solita storia: lingua in bocca nell'atrio del palazzo, palpeggiamenti nell'ascensore, vestiti sparsi nell'ingresso di casa...» Rose si alza per versarsi la terza tazza di caffè senza smettere di parlare, gesticolando per spiegarmi la sua serata in ogni dettaglio.

«Va bene, ho capito. Insomma, com'è stato?»

«All'inizio non male. Labbra calde, mani ispirate... Poi però sono cominciati i guai. In quattro e quattr'otto mi ha spogliata e mi ha portata in camera. Mi ha buttata sul letto e...»

«...E?»

Per cinque minuti buoni Rose tortura un foglio di Scottex, riducendolo in coriandoli per calmarsi i nervi. Li arrotola e si mette a giocare con le minuscole palline che non riescono ad assorbire la sua delusione.

«A quel punto siamo entrati in Bad Sex Monopoly. "Hai pescato la carta sbagliata: niente preliminari, salti a piè pari la casella delle stelle e vai direttamente in prigione. Il bonus sono le manette di pelo del signore!"»

È tragicomico. «No, non dirmi che ti ha fatto lo scherzo delle manette!»

Lei annuisce con un'espressione melodrammatica che in altre circostanze mi farebbe ridere. «E non è tutto! Le manette potevano anche essere divertenti. Il problema è che ha scambiato le mie gambe per delle ciliegie e voleva appendermele dietro le orecchie! E dopo aver fatto tutta la sua coreografia in versione accelerata, mi ha mollata lì così. Ero imbarazzata per lui.»

«Oh no, tesoro! Ma perché non l'hai fermato?»

«Non lo so. Sul momento, ho sempre difficoltà a impormi. Il peggio è stato quando si è schiantato su di me come se fosse morto. Avevo i capelli bagnati del suo sudore!

Bleah! Ti rendi conto che schifo? Il seguito te lo puoi immaginare, è dei più classici: lui che rotola di lato, evidentemente contento della performance, convinto di aver fatto un'ottima figura. Ma come possono certi uomini pensare che quel genere di sprint meccanico ci mandi in visibilio?»

Pazzesco...

Il mio pensiero va ad Antoine, che per fortuna non mi ha mai trattata così. E anche se i suoi recenti messaggi monotematici mi irritano, devo ammettere che è di gran lunga il miglior amante che io abbia mai avuto, l'unico a essersi dimostrato davvero attento ai miei desideri. Per fare bene l'amore non bisogna forse innanzitutto cercare di essere amorevoli nei confronti dell'altro? È stato con lui, lo ammetto, che ho provato per la prima volta dei veri orgasmi multipli, che ho rinunciato al pudore e mi sono lasciata andare. Alcuni miei partner precedenti mi avevano inibita facendomi pressioni riguardo all'orgasmo. Le peggiori frasi che ho sentito? «Dai, vieni!» «Ti sto aspettando!» Non ho mai avuto difficoltà a darmi piacere da sola, ma a volte con un uomo la paura di non raggiungere il culmine o di metterci troppo tempo si rivela particolarmente frustrante.

Perfino nell'intimità, dove non dovrebbe esserci posto per altro che per la dolcezza e la voluttà, le ansie da prestazione fanno capolino, sia per l'uomo sia per la donna. Bisogna dimostrarsi all'altezza. Peccato che a volte si finisca per rovinare ogni cosa: blocchi emotivi, insuccessi, inconvenienti vari... E tutto perché cerchiamo di *fare* l'amore invece di *essere* l'amore.

«Non riesco a capire come oggigiorno ci si possa ritrovare ancora a questo punto! Perché non ci preoccupiamo di offrire all'altro una presenza e un'attenzione sincere? Bisogna innanzitutto creare un clima di complicità, sintonizzarsi pienamente con le sensazioni e i desideri del partner, essere pronti a dare e condividere.»

«E come ti aspetti che accada questo miracolo?» mi chiede Rose.

«Be', per esempio, basterebbe non considerare il sesso in termini di performance. Concedersi di sperimentare di più nella sfera della sensualità che in quella della sessualità in sé e per sé. Riportare gli uomini con i piedi per terra, ricordando loro che la stragrande maggioranza delle donne è clitoridea, che, in un modo o nell'altro, ci vuole almeno una ventina di minuti di stimolazione continua perché raggiungiamo l'orgasmo e che per riuscirci bisogna puntare sulla magica combinazione pene-clitoride.»

Rose ride della mia tirata, che evidentemente evoca qualche reminiscenza. «Mi ricordo di un ragazzo con cui sono uscita qualche anno fa. Quando vedeva che mi accarezzavo mentre mi penetrava, mi bloccava le mani e poi me le teneva strette sopra la testa!»

Scoppiamo a ridere tutt'e due.

«Secondo me i maschi sono disturbati dal fatto che tecnicamente noi donne siamo in grado di darci piacere da sole, che per godere abbiamo bisogno di ben altro che del membro maschile brandito come la spada di Excalibur!»

Mi imbarco in una disquisizione sull'importanza di usare i cinque sensi per spostare il rapporto su un altro piano, e Rose si dice del tutto d'accordo. Il potere delle parole, l'intenzione del tocco, l'estetica, i suoni, i profumi del corpo... Tutti questi elementi contano e possono dare maggior profondità allo scambio intimo.

«Purtroppo l'erotismo femminile è più misterioso di un tempio inca, e i veri esploratori sono rari», concludo.

Subito il volto di Rose si incupisce di nuovo. Non ne può più di esperienze fallimentari, o disavventure sentimentali, come le chiama lei. Sa che gli incontri occasionali sono solo un tentativo di colmare un vuoto, di ingannare un'attesa interminabile e di nascondere una verità difficile da tollerare: l'amore non è presente nella sua vita. E quel vuoto, lei non ha il coraggio di affrontarlo a muso duro. Preferisce accontentarsi del primo che passa, come ha fatto con Mister Cinque.

«Ho l'impressione che non arriverà mai la persona giusta per me...»

«Smettila, Rose, io sono sicura che c'è qualcuno che ti aspetta, e neanche troppo lontano, fra l'altro.»

«Io la vedo in un altro modo. Gli anni stanno passando e non succede niente! No, te l'ho detto, resterò sola.»

Romeo non sembra d'accordo e nasconde il becco nel collo della padrona per farsi accarezzare.

«Lo vedi? Qui ce n'è già uno che ti cerca!»

Rose si soffia rumorosamente il naso. Nello stesso momento qualcuno bussa alla porta. Vado ad aprire e mi trovo davanti un corriere con un enorme bouquet avvolto in una splendida carta bianca e rosa.

«Ehm, Rose, credo che sia per te.»

Ringrazio il corriere e porto il regalo alla mia amica, che sgrana gli occhi, incredula.

È un enorme bouquet di... croissant! Sì, croissant al burro infilati su stecchini di metallo, circondati da foglie verdi e qualche fiore in pasta di zucchero.

«Chi mai può mandarmi una cosa del genere?» Prende il bigliettino e lo legge velocemente.

Tanti croissant quante sono le mattine in cui mi sono svegliato lontano da te, dopo la tua partenza. Che senso ha regalare rose quando sappiamo già qual è la più bella?

«È un ammiratore? Che fortuna!»

«È... è Spuntino, hai presente?»

«Il tizio gentile di Parigi?»

«Sì.»

«Caspita, deve tenere molto a te! E non gli manca la creatività.»

Rose è pensierosa. «Peccato che non mi piaccia.»

«Ne sei proprio sicura?»

«Be', diciamo che non bacia male, ma...»

«Ah, allora lo vedi che non è da buttare?»

«Lascia perdere. Non mi interessa.» Afferra un croissant e ci affonda i denti con goduria mentre un sorriso le si disegna sulle labbra. Sarà per il buon sapore del burro o per la dolce sensazione di sentirsi desiderata?

SCENA 26

Antoine

Mi alzo Meredith. Mangio Meredith. Mi addormento Meredith. La mia migliore amica Annabelle lo chiama il *Blues del Loverman* e la cosa la fa molto ridere. In realtà è meno divertente di quanto sembri, soprattutto quando l'oggetto del tuo desiderio è a un migliaio di chilometri di distanza. Sono passati oltre due mesi da quando ho visto l'ultima volta la donna della mia vita e mi manca in modo sempre più feroce. Inoltre, da qualche giorno a questa parte i suoi messaggi mi sembrano un po' distaccati; ho l'impressione che si trattenga e non riesco a spiegarmi perché. Eppure i miei sono più che espliciti, per farle capire che la distanza non ha minimamente intaccato i sentimenti che provo per lei. Anzi, li ha rafforzati! Certi giorni un dubbio si insinua dentro di me: e se a poco a poco si stesse allontanando? Il pensiero mi è intollerabile. Allora eseguo i gesti quotidiani come un automa un po' difettoso: mi alzo, verso una dose approssimativa di caffè nella macchina, prendo dall'armadio una camicia a caso, i miei buongiorno suonano come degli arrivederci, come se avessi una gran fretta di essere altrove. Di essere con lei, molto semplicemente.

Nell'ascensore mi guardo allo specchio. Ti si vede in faccia quando sei innamorato? Non saprei, però sono convinto che la gente lo percepisca, quasi si emanasse una sorta di fluido che attrae l'altro sesso. Non me lo sto inventando: non ho mai avuto tanto successo con le donne della radio come in questo periodo. Cosa trovano di diverso in me?

Forse quest'aria sempre un po' tra le nuvole, irresistibilmente inaccessibile, o la tendenza a dare risposte vaghe quando mi rivolgono delle domande. O magari è il segno di spunta sulla casella IMPEGNATO a rendermi più eccitante. Da quando ho conosciuto Meredith la mia pelle ha un altro odore e il mio corpo manda effluvi afrodisiaci.

Mi diverte tutto il balletto di queste nuove tentatrici. Le vedo aggirarsi intorno a me mentre cerco di lavorare. Mi sfiorano, ridono più forte, si fermano fino a tardi per concludere lavori molto meno urgenti della loro voglia di farsi una cavalcata con me. A volte le sorprendo a scambiarsi sguardi da predatrici rivali. Devo ammettere che questo spettacolo non mi lascia indifferente e che le attrattive delle mie estimatrici mi solleticano gli occhi e i sensi, messi a dura prova da diverse settimane. Come sarebbe facile portarmene una a casa, dimenticare per un momento tra le braccia di un'altra l'infernale conto alla rovescia che mi ha imposto Meredith, lasciarmi risucchiare in un vortice inebriante per una sola notte! Ma no. Resto un uomo monouso, riservato a un'unica donna. Per lei sto esplorando il significato della parola «stoicismo».

Scaccio le mie fantasie con un gesto brusco e rimetto i sigilli al loro posto, consegnando idealmente a Meredith l'unica chiave del mio cuore.

Meredith

Conto alla rovescia: –115 giorni

Come ogni domenica da diverse settimane vado al théâtre de l'Acrostiche. Questa, però, è la volata finale: restano solo tre giorni di spettacolo, poi io e Rose passeremo brevemente da Parigi prima di ripartire per Lille per il seguito della tournée delle Ragazze. Confesso che non mi dispiace che il periodo marsigliese volga al termine. In ogni esperienza c'è qualcosa di positivo, ma purtroppo qui i risultati sono assai lontani dall'essere soddisfacenti: non si può dire che abbiamo fatto il tutto esaurito in teatro, tutt'altro. Eppure siamo state piuttosto brave e in ogni spettacolo abbiamo dato il massimo. Sfortunatamente, con un budget promozionale pressoché nullo e una notorietà prossima allo zero, radunare frotte di spettatori così su due piedi non è facile.

Henri Bosc viene a trovarci dietro le quinte.

«Anche stasera non c'è tanta gente, dovrete mettercela tutta per scaldare la platea, ragazze. Conto su di voi!»

Si fa presto a dirlo. Siamo attrici, non maghe.

Davanti al mio specchio circondato da lampadine mi concentro sul trucco di scena per dimenticare il fastidio di dover recitare in questa misera sala. A mano a mano che procedo nella trasformazione, cambio pelle. Stendo un tratto di eyeliner sopra le ciglia, un gesto che ha sempre il potere benefico di calmarmi. Dietro di me Rose scalda la voce facendo strani gargarismi che mi strappano un sorriso. Mentre io ho bisogno di tranquillizzarmi compiendo i miei rituali sempre identici, Rose per entrare nel ruolo sente la necessità di muoversi. Infatti percorre in lungo e in largo il camerino dondolando i fianchi come se stesse facendo l'hula-hoop e stirandosi a più non posso.

«Ragazze, ci siamo, fra pochissimo andate in scena. Siete pronte?»

Di solito questo è il momento in cui mi si annoda lo stomaco. Io e la mia fifa avanziamo verso il palco, nella penombra del backstage. Tendo il collo per sbirciare le persone sedute in sala. Diciamo che anche stasera non modificheremo il corso della storia! Io e Rose ci scambiamo uno sguardo complice e un piccolo gesto scaramantico: pugno contro pugno, batti il cinque. Si comincia.

Stasera le Ragazze spaccheranno, anche se ci sono solo quindici spettatori! A un certo punto invitiamo una persona a caso del pubblico a salire sul palco per il tempo di uno sketch. Alla gente piace questo tipo di interazione. Quando le luci illuminano la platea in modo che io possa scendere e scegliere il fortunato o la fortunata, il mio sguardo percorre l'uditorio e, per la seconda volta nel giro di un'ora, ho un tuffo al cuore: riconosco, in terza fila... Antoine!

Un fiume di emozioni mi travolge e per un attimo perdo il controllo. Rose deve essersene resa conto perché viene in mio soccorso. Vede a sua volta Antoine e per un secondo si irrigidisce, poi si riprende. *The show must go on.* La nostra scelta cade su un signore alto che sembra un taglialegna canadese. Una volta sul palco, si contorce dalle risate, visibilmente contento ed eccitato di essere stato coinvolto. È già qualcosa. Tento di non pensare agli occhi di Antoine posati su di me, di restare nel ruolo, costi quel che costi, di essere professionale fino alla fine. Ma è molto difficile. Quando arriva l'ultima scena, provo un immenso sollievo ed è con un senso di liberazione che saluto il pubblico.

Fuggo dietro le quinte e in tutta fretta mi chiudo la porta del camerino alle spalle in modo da potermi sfogare con Rose.

«Cazzo, hai visto?! Antoine! Che cosa cavolo ci fa qui? Tu lo sapevi?»

Rose giura che non ne aveva idea. Sembra stupita quanto me. «Be', allora, non sei contenta? È una bella sorpresa, no?»

Il suo sorriso si gela non appena vede la mia espressione infuriata.

«Io non ti capisco, Meredith. Sono settimane che non fai altro che parlarmi del tuo Antoine, di quanto ti manca, e adesso che è qui reagisci come se avessi visto un appestato!»

«Non è questo...»

Qualcuno bussa. Il cuore mi si ferma nel petto. Sono sicura che è lui. Rose mi fa dei segni per chiedermi se può aprire. Antoine appare nel vano della porta reggendo tra le mani un piccolo bouquet di rose bianche e nere. Si è ricordato che quelle rosse non mi piacciono. Con lo sguardo percorro il suo corpo. È bello. Elegante, senza esagerare, con un paio di jeans che gli stanno benissimo, una giacca nera a righine color antracite quasi invisibili, un gilet su una semplice camicia bianca e, a coronare il tutto, splendide scarpe nere lucidate con cura. È da capogiro. Mi fissa senza battere ciglio; lo sguardo provato di chi si è arrovellato e ha atteso troppo la dice lunga su come devono essere state le sue ultime ore.

Eppure non gli vado incontro. Non sorrido. Vengo investita da un'altra ondata di rabbia, come poco fa in sala.

Rose probabilmente sente che la tempesta sta per scatenarsi. «Io vi lascio, eh? A dopo...»

Le sono grata per quella delicatezza. Quando esce, mi giro su me stessa e do le spalle ad Antoine.

«Che accoglienza!»

Il tono sarcastico e addolorato della sua voce mi procura un brivido. Ma è più forte di me: ce l'ho con lui.

Lo sento fare un passo verso di me.

«Meredith, che ti succede? Insomma, di' qualcosa! Non sei contenta di vedermi?»

Nella sua intonazione percepisco una sfumatura di sconforto. Mi dispiace trattarlo così, ma non posso agire diversamente.

Rimango chiusa nel mio mutismo fino a quando lui mi obbliga a girarmi a guardarlo. Ho le lacrime agli occhi. Cerco di non pensare alla dolce sensazione delle sue mani calde sulle mie spalle e distolgo il viso, offrendo alla sua vista solo una ciocca di capelli scompigliata. Lo respingo e mi rifugio in un angolo della stanza. Vorrei provare a spiegarmi.

«Perché sei qui, Antoine?» Mi trema la voce. «Non avrei voluto che tu venissi senza avvisarmi proprio in una sera come questa...»

«Una sera come, Meredith?» ribatte lui, nervoso.

Perdo il lume della ragione. «Una sera *pietosa*, Antoine! Una sera in cui in sala ci sono quattro gatti! Una sera in cui ancora una volta mi vedi come un'attrice di terz'ordine! Riesci a capirlo?»

Accusa il colpo, e per un attimo nessuno dei due parla.

«Ma che vuoi che me ne importi, Meredith? Pensi che conti qualcosa per me? Siamo ancora fermi a questo punto?»

«Be', sì!» urlo, fuori di me. «Non hai capito quanto io tenga a renderti orgoglioso di me? Ho bisogno di riuscire nel mio lavoro, di dimostrare ciò di cui sono capace.»

Antoine si avvicina per tentare di calmarmi. Quando faccio un passo indietro, aggrotta le sopracciglia di fronte all'ennesimo gesto di rifiuto. «Ma io sono già orgoglioso di te, Meredith. Sei tu che ti sminuisci.»

«Sì, grazie, lo so», rispondo seccamente. Non ho bisogno che mi ricordi quanto sia scarsa la mia autostima.

«Allora è così che mi accogli dopo che ho attraversato tutta la Francia per applaudirti e vederti?»

Non dico niente.

«Capisco. A quanto pare, non desideriamo le stesse cose...»

Esplodo. «Vogliamo parlare di quello che desideri tu? Sei venuto perché sei in crisi di astinenza, non è vero? L'ho capito dai tuoi ultimi messaggi. La verità è che non hai nostalgia di me, Antoine, è solo il sesso che ti manca!» Ripenso ai suoi ultimi SMS pieni di allusioni erotiche. Sono sull'orlo delle lacrime.

Lui applaude cinicamente. «Brava, complimenti. Questa scena ancora non me l'aveva fatta nessuno. Be', hai scoperto che sono un essere umano e che sì, porca miseria, ti desidero. Stare lontano da te fa male, se proprio vuoi saperlo! Ma non è solo del tuo corpo che sento la mancanza! E sono stufo marcio che tu continui a dubitare dei miei sentimenti.» Si infervora sempre di più. Alla fine sbotta: «Merda, non so nemmeno perché stia cercando di giustificarmi!». Apre la porta del camerino e se ne va, sbattendola rumorosamente.

Mi ritrovo da sola con la mia stupidità. Una delle due è di troppo nella stanza. Il silenzio mi opprime. Decido di corrergli dietro, così come sono: truccata, con il boa rosa di scena, la gonna a palloncino e i collant multicolori.

Antoine

Esco sparato dal teatro e spintono un tizio facendogli rovesciare mezza birra per terra. Le sue proteste mi seguono mentre mi precipito lungo il marciapiede, furioso. Ho i pugni così sprofondati nelle tasche che è un miracolo che non le scucia. Una maledetta pioggerella gelata mi bagna il viso e l'umidità si insinua attraverso i vestiti. Mi tiro su il bavero della giacca per proteggermi dal freddo. Do un calcio a un pacchetto di sigarette appallottolato per scaricare la tensione, poi accelero il passo, accecato dalla rabbia. Che cretino sono stato! Come mi è venuto in mente di presentarmi qui senza avvisarla? Avrei dovuto immaginare che non lo avrebbe apprezzato. Niente male come doccia fredda: mi ha dato il benservito. Ce l'ho sia con me sia con lei. Davvero non si rende conto che sta rovinando tutto con i suoi maledetti complessi? E dire che questo incontro, dopo tanti giorni di separazione, poteva essere magico... E l'ha mandato all'aria. Meredith ha fatto a brandelli la mia gioia. Le sue frasi piene di rimprovero mi hanno colpito come pallottole.

Il telefono mi vibra in tasca. È lei. Me ne frego. Non ho nessuna voglia di risponderle. Lascio suonare a vuoto. Dopo quello che mi ha appena fatto dovrei anche stare ad ascoltarla? Ho un grosso buco al centro del cuore, una voragine che ha inghiottito tutti i miei buoni sentimenti.

Che tempo di merda! Ci sono giorni in cui va tutto storto. Ironicamente, rivolgo una preghiera alla persona che, da qualche parte sul pianeta, sta piantando spilli in una bambolina vudù con le mie sembianze affinché la smetta all'istante.

Il telefono suona ancora. Non rispondo. Insiste. La ignoro. Mi si è formato un groppo di rabbia in gola. La immagino, con il viso distrutto dal pianto, che cerca di raggiungermi. Mi faccio violenza per non premere il tasto verde. Spingo il cellulare in fondo alla tasca interna della giacca. Rivolgo un muto «riposa in pace» alla mia storia d'amore e ormai non ho che un'idea in testa: fuggire lontano da qui. Tornare in hotel, chiudere la valigia e saltare sul primo treno per Parigi. Con un po' di fortuna riuscirò a prendere l'ultimo della giornata.

SCENA 29

Meredith

Corro per strada in cerca di Antoine. Ho chiesto al proprietario del teatro se avesse visto da che parte era andato.

«A sinistra», mi ha risposto. «E gli dica che dovrebbe scusarsi per il casino che ha fatto.»

Questo è l'ultimo dei miei problemi. La pioggerella sottile mi offusca la vista. A meno che non sia il mascara che cola... Ma non sono solo i miei occhi. Una nebbia piuttosto inusuale per la regione aleggia nell'aria, trasformando i passanti in silhouette spettrali che mi lanciano strani sguardi e si scostano per cedermi il passo. In effetti devo fare un po' paura conciata in questo modo e con le palpebre cerchiate di nero. Giro e rigiro per le vie del quartiere, invano. Di Antoine non c'è traccia. Ovviamente, continuo a provare a chiamarlo sul cellulare, ma non risponde: gli squilli si perdono nel vuoto. Ho il cuore a pezzi. Non vuole più parlarmi. Ho rovinato tutto. Il suo silenzio dice fino a che punto l'ho ferito. Mi lascio cadere su una panchina e piango a calde lacrime.

Mi squilla il telefono, e faccio un salto di due metri. Ma non è lui. Solo Rose. Rispondo.

«Dove sei?» grida. «Mi stai facendo preoccupare!»

«Se n'è andato», dico tirando su con il naso, affranta.

«Certo che se n'è andato», replica lei, implacabile. «Dopo la tua bella accoglienza cosa ti aspettavi?»

«È stato... è stato più forte di me!» frigno, disperata.

«Lo so, cara, lo so. Dai, dimmi dove sei che ti raggiungo...»

Qualche minuto più tardi vedo comparire Rose. Ha avuto la buona idea di portare un ombrello e un cappotto per coprirmi. Che Dio la benedica! Mi getto fra le sue braccia.

«Cosa faccio adesso?»

«Lasciami pensare... Dopo una litigata del genere, se fossi in lui, andrei verso l'albergo. Giusto?»

Annuisco.

«E poi, in preda alla rabbia, preparerei subito la valigia. Giusto?»

Ho capito dove vuole arrivare e in uno sprazzo di lucidità urlo: «La stazione! È alla stazione!».

Rose tira fuori il suo smartphone e guarda gli orari dei treni. «L'ultimo è alle 19.04... Mancano...»

«...Venti minuti!» esclamiamo in coro.

Ci mettiamo a correre come due forsennate. Appena vediamo un taxi, lo blocchiamo e gli propiniamo la storia strappalacrime di un incontro che deve assolutamente avere un lieto fine. L'autista deve averci prese per matte, ma si placa quando Rose gli tende un bigliettone da cinquanta euro.

«Dobbiamo essere in stazione prima delle sette.»

Lui capisce l'antifona e schiaccia a tavoletta sull'acceleratore, mentre noi finiamo schiacciate contro il sedile posteriore.

Più che farci scendere, ci eietta davanti all'ingresso delle partenze, e senza dire una parola scattiamo verso il tabellone. Binario 4! Mi giro verso Rose e leggo nel suo sguardo un più che esplicito: "Corri, idiota, ti voglio bene!". In questo momento il mio cuore è pieno di affetto per lei. Le mando un bacio con la mano e mi precipito verso la banchina. Mi fermo di colpo all'altezza delle macchinette obliteratrici. Lui è a cinquanta metri da me. Urlo il suo nome con tutto il fiato che ho, ma solo nei film si riesce a farsi sentire a una distanza del genere in mezzo al frastuono di una stazione. Allora mi trasformo in Usain Bolt e con uno sprint lo raggiungo. Gli salto al collo da dietro, probabilmente spaventandolo a morte. Quando si gira, lo vedo indietreggiare d'istinto. Tiene le braccia penzoloni lungo i fianchi. Adesso sono io ad avere paura. Dopo un momento che mi sembra un'eternità lui fa un passo verso di me e mi mette una mano intorno alla vita. Ci guardiamo ancora per un secondo, chiedendoci se sia necessario dire qualcosa dopo il nostro litigio. Invece, in mezzo al viavai dei viaggiatori del tardo pomeriggio, ci baciamo appassionatamente. D'un tratto è come se fossimo soli al mondo a interpretare una meravigliosa scena erotica. Ma il nostro slancio amoroso non viene gradito da tutti.

Una vecchia bigotta brontola passandoci accanto. «Andate in hotel per queste cose!»

Grazie alla magica bolla che protegge le persone felici, le sue parole astiose ci scivolano addosso.

«Ha ragione, signora, ci scusi!»

Soffoco una risata nel collo di Antoine. La donna sembra sorpresa e quasi delusa che l'aggressività del suo tono non abbia avuto presa.

Mia nonna Natina diceva spesso: «Passa accanto a due persone che si baciano, e difficilmente riceverai un bacio anche tu. Ma se ti avvicini a due che si picchiano, hai buone probabilità di beccarti un pugno in faccia».

È proprio vero. Come si fa a prendersela con questa vecchia signora? Forse non ha mai avuto la fortuna di sentire, come me in quest'istante, il cuore che trabocca di gioia sapendosi amata.

Smetto di pensare a lei mentre Antoine mi trascina fuori della stazione, lontano dalla ressa, verso luoghi molto più intimi.

Antoine

Meredith. Mi farà diventare pazzo... Ma come resisterle? Dopo la tempesta del litigio, il nostro inaspettato riavvicinamento ha preso una piega del tutto inaspettata, di un'intensità inimmaginabile. La rivedo ancora, davanti alla reception mentre chiedo il pass della camera, la sua mano calda stretta nella mia, arrossire per il turbamento che precede l'amore, piena di desiderio come me, quasi febbrile. La rivedo, in ascensore, impaziente durante l'interminabile salita fino al sesto piano, i nostri corpi separati da una coppia di turisti inglesi. Eravamo inebriati dal flusso cantilenante delle loro parole, ma il nostro silenzio parlava molto più forte... La rivedo appoggiata contro la carta da parati a fiori della stanza, il bacino inarcato, una spalla nuda, il suo corpo che reclamava il mio.

Dondolo sul sedile e vado a sbattere contro la parete. Il treno, nella sua folle corsa per recuperare il ritardo, vibra parecchio, ma sempre meno del mio animo. Anche ieri sera dondolavo. Ero un battello ebbro di piacere. È stata una crociera dei sensi. Le ho dato quello che voleva e che si era sempre aspettata da me: l'amore, in una sottile alternanza di forza e dolcezza. L'amore che inizia con parole soavi, poi si infiamma. Quel momento in cui lei si lascia andare, si concede, in cui si raggiunge un'intimità che la induce ad abbassare la guardia, fino a sottomettersi teneramente al piacere.

Adoro questo istante di abbandono in cui, finalmente, mi permette di amarla. Perché complicare qualcosa che potrebbe essere così semplice? "Meredith, tesoro, sei davvero brava a crearti problemi inesistenti", penso. Stava per rovinare il nostro incontro con quelle idee sulla sua carriera che non decolla, sul suo futuro incerto, sul suo bisogno di sentirsi all'altezza della nostra storia, e bla bla bla. Quante sciocchezze! Come se per amarla avessi bisogno di vederla sulla copertina delle riviste. Perché non riesce a capire che sono già pronto a passare con lei ogni giorno della mia vita, a partire da ora, senza più aspettare? Che sono pronto a starle accanto proprio perché non è ancora riuscita a raggiungere il successo a cui aspira? Che voglio essere al suo fianco quando inevitabilmente incontrerà difficoltà nell'impietoso mondo dello spettacolo? Ma non c'è creatura più testarda di Meredith...

Devo smetterla di interpretare la situazione dal mio punto di vista se voglio avere una speranza di capire il suo. Evidentemente non è orgogliosa di sé stessa, e anche se le ripetessi fino allo sfinimento che ha tutte le ragioni per esserlo, non servirebbe a convincerla. Non posso fare quel percorso al posto suo. Come una funambola sul filo incerto della vita, Meredith cerca il suo equilibrio, e il mio ruolo è quello di seguirla un po' discosto, pronto a tenderle la mano se incespica.

Un improvviso stridio mi fa sussultare. Abbiamo appena incrociato un altro treno ad alta velocità e per qualche istante i vetri dei finestrini tremano con violenza. È lo stesso effetto che Meredith ha sulla mia vita: la sconquassa, mi toglie il fiato.

Una donna esce dal bagno, dove dev'essersi appena ripassata il rossetto, di un rosso lampone piuttosto invitante. Mi lancia uno sguardo insistente. In passato, forse, avrei ricambiato... Ma oggi c'è posto solo per Meredith. Le cose stanno così.

Continuo ad avanzare verso il vagone ristorante: ho bisogno di uno spuntino che mi rimetta in sesto. Mi sento sfinito: pieno e vuoto al tempo stesso. Com'è possibile? Non faccio che rimuginare. "Meredith, perché non ti lasci semplicemente amare?" In lei avverto una fortissima resistenza a buttarsi anima e corpo nella nostra storia. È come se avesse fatto crescere una fitta barriera di rovi attorno al suo cuore per impedire a chiunque di accedere alla zona più profonda di sé. Il conflitto interiore tra il desiderio di legarsi e un selvaggio bisogno di essere libera non le dà tregua.

Ma la amerei così tanto se fosse più facile da addomesticare? Non vale nemmeno la pena di porsi la domanda. La amo, e questo è tutto.

Quando arrivo al vagone ristorante, mi trovo davanti una fila compatta: non sono l'unico che ha avuto l'idea di ingannare il tempo mettendo qualcosa sotto i denti.

Ordino un panino e un caffè lungo e prendo posto a un tavolino, accanto a una mamma con il suo bambino. I gridolini acuti del piccolo non interrompono le mie fantasticherie. Al primo sorso di caffè mi ritrovo di nuovo nella stanza d'hotel con Meredith. Abbiamo preferito non uscire: avevamo così poco tempo per noi! Ho chiamato il servizio in camera per farmi portare qualcosa da mangiare, anche se né io né lei avevamo molta fame.

Dopo colazione, poche ore fa, abbiamo fatto l'amore un'ultima volta, con un sapore dolceamaro in bocca, il fiato corto, i corpi vacillanti. Cerco la parola giusta per descrivere la sensazione che ho provato. È «voluttà». Meredith mi conduce verso cime inesplorate di desiderio e sensualità. E che dire della sua emozione nel momento in cui, alla fine, è sembrato che ci fondessimo in un solo corpo, quando la sua bocca improvvisamente ha assunto il sapore delle lacrime e ho sentito il suo volto bagnato contro il mio, senza che lei cercasse in alcun modo di nascondere la sua tristezza per la separazione imminente? Mi ha sconvolto. Avevo voglia di bere le sue lacrime, con cui esprimeva tutto l'affetto che non riesce a comunicare a parole.

Ah, il giorno in cui finalmente usciranno dalla sua bocca, quelle parole... Ma dovrò essere paziente. Aspetterò il tempo che ci vorrà.

Sono ancora talmente pieno di lei, dopo queste poche ore rubate, magiche e sbalorditive, che non resisto alla tentazione di mandarle un messaggio dal vagone ristorante.

Livello 1: felice. Livello 2: appagato. Livello 3: estatico. Livello 4: Meredith.

Spero che un giorno riuscirà a comprendere quanto la sua semplice presenza mi renda felice. E, soprattutto, che darà una possibilità alla nostra storia.

Questo viaggio mi ha fatto capire una cosa fondamentale: Meredith non starà bene fino a quando non avrà qualche certezza sul suo futuro professionale. Ha bisogno di realizzarsi, di consolidare la sua carriera per rendermi orgoglioso di lei. Andare a vederla in un momento di fragilità, mentre si esibiva davanti a un pubblico sparuto come fili d'erba nel deserto, è stato un errore. È necessario che lei acquisisca fiducia nelle sue capacità, che abbia una visione più rosea del suo futuro artistico. Adesso mi è tutto chiaro: non deve più vivere un'umiliazione simile! Bisogna assicurarsi che non succeda.

So che è in partenza per Lille, dove si esibirà al théâtre des Guillemets. La prima data è fra due settimane; ho quindici giorni per fare in modo che la sala sia piena. Le dimostrerò che la parola «amare» non è solo un verbo di stato, ma un verbo d'azione. Anche se, naturalmente, di questo non dovrà mai sapere nulla.

LILLE

SCENA 31

Meredith

Conto alla rovescia: –106 giorni

Sul treno che mi conduce verso Lille e i luoghi della mia infanzia, passo il tempo a scrivere. Dopo il (troppo breve) incontro con Antoine, mi sento piena di ispirazione. La notte d'amore che avevo sognato per settimane è stata davvero meravigliosa. Come una favola. Questo stupendo ricordo mi ha fatto ripensare all'ultima conversazione con Rose sull'arte di fare bene l'amore e mi ha dato alcune idee per uno sketch comico da inserire nel mio one-woman show. Penso che potrebbe essere divertente elencare le differenze che spesso intercorrono tra fantasia e realtà in quel campo. Butto giù qualche pagina di appunti e piano piano la scenetta prende forma.

Luci puntate sulla signorina Giulì, la nostra Giulietta dei tempi moderni, grande esploratrice dell'amore.

È la gran sera, quella dell'Appuntamento con la A maiuscola! L'appuntamento che promette otto ore di capriole ininterrotte che nemmeno il kamasutra, otto ore di posizioni di yoga acrobatico, girandole di sensazioni da togliere il fiato, fuochi d'artificio e brividi garantiti. Ci pensate da giorni e avete fatto le fantasie più inconfessabili. Ve le siete proiettate da mattina a sera, al lavoro, in ogni situazione... Le avete vissute come se foste già lì.

La signorina Giulì mima la scena immaginata con l'eletto del suo cuore.

Naturalmente vi siete occupati di ogni minimo dettaglio perché la serata sia assolutamente magica.

La signorina Giulì accompagna la narrazione con ampi gesti da prestigiatore.

Già vi vedete, in una penombra studiata, con il corpo messo in risalto da una candela dal profumo afrodisiaco (la commessa del negozio ve lo ha assicurato). Avete scelto la musica perfetta per l'istante sublime. E quando tendete l'indice dalla manicure appena fatta per selezionare il titolo prescelto sul vostro smartphone, la voce roca e sensuale di Etta James risuona nella stanza: «*I just want to make love to you*».

I tecnici fanno partire il sonoro, mentre sul palco la signorina Giulì abbozza un torrido strip-tease. All'improvviso si ferma e riprende una posa tristemente ordinaria. Clicca sul gigantesco pulsante virtuale «modalità vita reale» proiettato sullo schermo dietro di lei.

Peccato che nella realtà non sia esattamente così. Vi è già capitato di notarlo? Volete accendere la candela miracolosa, e lo stoppino non prende fuoco. Ci provate tre volte, dopodiché nella stanza aleggia uno strano odore di strinato. Si solleva un filo di fumo mentre il vostro eletto ciondola con le braccia penzoloni, in un silenzio di colpo imbarazzante. Per farvi piacere si sente obbligato a dire: «Magnifico!». In realtà, ammettiamolo, questa candela puzza. Ma voi sorvolate su questo dettaglio e vi dedicate all'importantissima fase della svestizione.

La signorina Giulì abbozza uno strip-tease goffo e malriuscito, modalità vita reale.

Tentate di far scivolare giù sensualmente la gonna, che però vi si aggroviglia tra i piedi, costringendovi a intervenire con le mani. Al momento di togliere i collant stile Kim Basinger vi ricordate improvvisamente della cellulite. E a quel punto...

La signorina Giulì mima la comica contorsione di una

donna che cerca di trovare la posizione che la fa apparire più attraente. Segue un'alternanza di sequenze realtà-fantasia, attraverso l'espediente del pulsante virtuale. Nella fantasia, Giulì assuma una voce enfatica e lirica. Nella realtà una più bassa e disillusa. Pulsante «modalità fantasia» attivato.

Fate l'amore come dei. Voi siete meravigliose dee. Vi perdete negli occhi del vostro innamorato, in cui vedete risplendere una luce di cieca ammirazione, mentre lo rendete folle di desiderio con i vostri movimenti languidi.

Si passa in modalità vita reale.

A momenti il vostro compagno vi causa uno stiramento: sembra aver dimenticato che è da circa tre anni che non varcate la soglia della palestra. E mentre già sognate un fiume di dolci parole inebrianti, vi sentite leccare maldestramente l'orecchio mentre il vostro principe azzurro sciorina una serie di espressioni irripetibili che si perdono in un filo di baaava...

La signorina Giulì non esita a riprodurre, esagerandoli, i suoni della lingua per far ridere il pubblico... Si passa in modalità fantasia.

Raggiungete il culmine del piacere in un crescendo sublime e la voluttà illumina i vostri bellissimi corpi avvinghiati...

La signorina Giulì fa vivere al pubblico la perfezione del momento attraverso una sequenza di gesti e movimenti esagerati. Si passa in modalità vita reale. La signorina Giulì rimarca lo stacco cambiando radicalmente postura e atteggiamento.

Il vostro prode conclude in due secondi netti con un rantolo da bestia ferita e all'improvviso vedete scorrere nella mente immagini assolutamente inopportune di accoppiamenti animali da documentario televisivo. Con gli occhi fissi sul soffitto, vi chiedete se per voi arriverà mai il giorno del punto G...

Si passa in modalità fantasia.

Ridendo felici fate la doccia insieme, illuminati solo dalla fiamma danzante di una candela profumata; sotto il getto di acqua bollente continuate ad amarvi alla follia.

Si passa in modalità realtà.

È chiaro che in quella doccia uno dei due è di troppo. Più che una sirena, vi sentite una sardina. Provate a mettervi sotto il getto a turno, con un sorrisino un po' tirato: non lo direte mai, ma state congelando! Maledite l'inventore del monogetto. Perché nessuno ha mai pensato a una doccia doppia in cui ciascuno dei due abbia diritto a un rivolo di acqua calda? Acqua che, peraltro, vi finisce regolarmente negli occhi. Con il mascara che vi cola impietosamente sulla faccia avete l'aspetto della vittima di un brutto thriller. O di un cocker bagnato, se preferite. Mentre vi asciugate, sentite le prime, irrefutabili avvisaglie di un mal di gola incipiente. Bingo: ci mancava solo di beccarsi un malanno.

«Allora, amore, ti è piaciuto?»

Il treno entra in stazione. Di già? Il tempo è passato senza che me ne accorgessi! Metto via in fretta le mie cose e mi preparo a scendere. Lille. La città della mia infanzia. Benvenuti in *Ritorno al passato.*

SCENA 32

Meredith

Conto alla rovescia: –95 giorni

Quando ho detto ai miei che sarei venuta a stare nei paraggi per due mesi, hanno mostrato una gioia... contenuta. Nel momento in cui mi hanno chiesto dove sarei andata a stare ho percepito, per un istante, una punta di apprensione.

«Non preoccupatevi», ho risposto con una punta di cinismo appena velato nella voce, «io e Rose abbiamo preso in affitto un appartamentino. Non vi disturberò!»

Il loro visibile sollievo mi ha procurato solo un'impercettibile stretta al cuore: ormai ci ho fatto il callo. Vivono a due passi dal teatro dove ci esibiremo, e sarebbe stato molto più semplice ed economico andare a stare da loro, ma la prospettiva di quella promiscuità risulta insopportabile anche a me.

I miei genitori abitano in un appartamento in rue Jean-Sans-Peur. Duca di Borgogna, conte delle Fiandre, d'Artois, di Hainaut e di Charolais, signore di Mâcon, Chalon e non so cos'altro ancora, questo gentil signore fece assassinare il duca Luigi I d'Orléans nel 1407 prima di essere a sua volta assassinato nel 1419. Altri tempi, altri costumi. Era un'epoca violenta.

D'altra parte non è che oggi sia molto diverso, anche se appare meno evidente.

In ogni caso, fu in questa via che persi la mia innocenza, la mia ingenuità, la mia anima di bambina, anch'esse barbaramente assassinate.

Accadde un giorno di novembre, durante una burrascosa lite tra i miei genitori che credevano di essere soli a casa. Per errore sentii le dolorose parole esplicite di mio padre, che si riferiva a me come a una figlia indesiderata, un incidente di percorso.

Ai miei, due commercianti molto impegnati nella loro attività con già due figli, la prospettiva di averne un terzo era apparsa come un carico supplementare di cui avrebbero volentieri fatto a meno. «I soldi non crescono sugli alberi», ripeteva spesso mio padre in tono di rimprovero, quasi fossi io la sola responsabile delle difficoltà economiche familiari, dovute in realtà a una cattiva congiuntura. Per arrivare a fine mese dovevano fare un sacco di ore di straordinari: la venuta di un terzo bimbo aveva sicuramente complicato le cose e frenato le loro ambizioni.

Sfortunatamente, poi, per più di un anno non dormivo la notte. Un altro imperdonabile errore che mi era valso un'etichetta difficile da staccarsi di dosso: quella della bambina problematica. La bambina di troppo. Avevo capito molto presto che per me sarebbe stato meglio cercare di passare inosservata e oggi mi rendo conto che questo comportamento dei miei genitori ha seminato un terribile dubbio di cui non mi sono mai liberata: sono degna di essere amata?

La mia autostima è stata irrimediabilmente compromessa.

Stanchi, preoccupati, sempre sotto pressione a causa del loro lavoro, di rado i miei lanciavano qualche briciola di tenerezza. La situazione non è migliorata quando, abbastanza presto, la mia carriera scolastica ha iniziato a rivelarsi piuttosto deludente.

Eppure io provavo a fare del mio meglio! Ma non bastava mai: era come nel mito di Sisifo, un perpetuo ricominciare il lavoro per cercare di ottenere buoni risultati, tentativo che si concludeva sempre, irrimediabilmente, con un fallimento. La scuola non mi interessava; anzi, mi annoiava proprio. Le conoscenze scivolavano via come se il mio cervello fosse ricoperto di Teflon. Mi sentivo come una di quelle oche che vengono ingozzate a forza. Ma nel mio caso era inutile. Come liberarsi di un'etichetta così appiccicosa come quella della mediocrità?

Da grande, ogni volta che tornavo da queste parti venivo immancabilmente assalita da cattivi pensieri e mi sentivo perseguitata dalle ferite e dalle umiliazioni dell'infanzia. Desideravo soltanto sentirmi vicino all'unica persona che fosse mai stata dalla mia parte: la nonna Natina, come l'ho sempre chiamata, che ora è sepolta nel cimitero di Lille Sud.

Ed è lì che vado ora. Compro un piccolo bouquet di fiori di campo – i soli che le piacevano, che non trovava snob – e varco l'arcata dell'ingresso principale, tentando di ignorare la sgradevole sensazione che mi accompagna ogni volta.

Percorro uno dei numerosi viali circolari alla ricerca della sua tomba. È una cosa da pazzi: il tizio che ha concepito questo luogo ha disegnato una specie di ragnatela. L'atmosfera di Halloween qui è garantita tutti i giorni dell'anno! I cimiteri mi danno sempre i brividi, ma questo è il peggiore. Perfino la primavera sembra faticare a imporsi, nonostante la vegetazione tenti di scaldare con le sue verdi braccia i freddi blocchi di pietra e di marmo.

Vedo una copia del famoso *Angelo piangente* della cattedrale di Amiens accanto a un teschio. So che la nonna non è molto lontana.

Quando arrivo davanti alla sua lapide, vengo sommersa da un'ondata di emozione.

«Natina, mi manchi così tanto!»

Depongo il bouquet e strappo qualche erbaccia che si è fatta strada fra le mattonelle. Stringo le piante fra le dita e osservo le loro radici nere. Radici... Penso alle mie: ai miei genitori, al modo in cui si sono comportati, alle cause della mia insicurezza, della scarsa fiducia in me stessa. In tutti questi anni ho cercato di farmi amare da loro, probabilmente in modo maldestro. Ogni mio sforzo di guadagnarmi un gesto d'affetto da parte di mia madre è stato inutile, come se la mia tenerezza fosse, per lei, urticante. Certo, mi respingeva con delicatezza, diceva gentilmente di non avere tempo, trovava sempre una ragione valida per motivare il suo essere sfuggente, il suo evitarmi. Ma i bambini, si sa, assorbono tutto.

Mio padre, dal canto suo, si era messo in testa l'idea che io fossi una scansafatiche e si sentiva in dovere di essere duro con me per correggere quella che considerava un'inclinazione naturale alla pigrizia, per farmi uscire dalla mia mediocrità. Ben presto si era trasformato in una sorta di mitragliatrice di messaggi negativi che colpivano senza sosta il mio amor proprio. Per «il mio bene» aveva imboccato la strada del deprezzamento, con un nutrito corredo di paroline micidiali, nomignoli canzonatori, rimbrotti: il bastone senza la carota. Era una violenza discreta, che non lasciava lividi sul corpo, ma che ha irrimediabilmente compromesso la mia serenità.

Rapidamente avevo concluso che avvicinarsi troppo a loro, affettivamente parlando, si rivelava doloroso. Perciò ho preferito evitare di creare un legame con i miei genitori. Il mio cuore ha preso le distanze, è diventato diffidente. L'amore ha assunto ai miei occhi l'aspetto di una pentola di acqua bollente da cui guardarsi, generando un riflesso incondizionato di paura: PERICOLOSO, NON AVVICINARSI TROPPO.

Ce n'era abbastanza da innescare un conflitto interiore con i fiocchi, soprattutto in materia di relazioni sentimentali. Nel profondo avevo un maledetto bisogno di essere amata, rassicurata, coccolata; al tempo stesso, però, non potevo impedirmi di darmela a gambe ogni volta che questa possibilità si profilava all'orizzonte. Il caso di Antoine è emblematico: proprio adesso, a causa del mio passato turbolento, forse sto per lasciarmi scappare l'occasione di essere felice.

Il passato... Mi ricordo ancora delle ore trascorse distesa sul letto ad ascoltare musica e a fantasticare, per isolarmi dall'atmosfera di casa. Quanti film mi sono fatta nella testa! Storie d'amore o storie divertenti, già allora.

Guardo la croce che incombe sulla tomba della nonna. Povera la mia Natina! La immagino rinchiusa là sotto e sento la gola stringersi: il freddo, il buio, la solitudine... Quanto avrebbe odiato tutto questo!

"Nonna, sei stata la mia fonte di ossigeno, sempre così vivace e solare. Se mai riuscirò a curare queste vecchie ferite, lo dovrò a te. Quel giorno ti prometto che stapperò un bottiglione di granatina in tuo onore! Scorrerà a fiumi, te lo prometto."

Mi siedo un attimo sulla tomba e tiro fuori il Love Organizer. Vado alla sezione TRA ME E ME in cerca di Madama Credenza. Penso alla mia «eredità emotiva»: la convinzione di non valere abbastanza, di non meritare niente.

Ma piove o cosa? Mi asciugo rabbiosamente il viso sulla manica. Al cimitero si piange un sacco. Sarebbe il caso di mettere dei distributori di fazzoletti.

Ah, tutte le volte in cui ho visto la disapprovazione sul volto dei miei genitori! E la vergogna che provavo...

Quanto avrei avuto bisogno che mi dessero un po' di fiducia, che mi incoraggiassero! Qualche segno di benevolenza da parte loro avrebbe potuto rafforzare, anziché indebolire, la mia sfera affettiva.

Penso ad Antoine, al conto alla rovescia che gli sto imponendo. Ancora fatico a crederci, ma penso proprio che lui mi ami. Sono davvero pronta a lasciare che queste vecchie storie mandino tutto all'aria? Sento montare in me una rabbia sorda.

È stata Madama Credenza a erigere queste barricate dietro le quali mi proteggo; la convinzione che amare sia pericoloso e che ogni tentativo si concluderà con un fallimento la devo a lei. Ma è una fatalità ineluttabile?

Tengo gli occhi fissi sulla piccola foto della nonna, che all'improvviso sembra parlarmi.

"È questo che vuoi? Continuare a sabotare la tua vita? Lasciare che la felicità ti passi accanto?"

«Sono troppo insicura.»

La vedo aggrottare le sopracciglia in segno di disapprovazione. “Non voglio sentire queste cose. All’insicurezza c’è rimedio!”

«Non so cosa fare... E poi parto da una situazione così compromessa...»

“E se per cominciare la smettessi di autocommiserarti? Asciuga le lacrime. Ascolta la mia idea per fare in modo che il passato la smetta di compromettere il tuo presente. Devi crearti un cimitero dei ricordi dolorosi.”

«Cioè?»

“Un angolino della tua mente in cui seppellire il dolore del passato.”

«Non capisco...»

“Tutto sta nel rappacificarsi con il proprio passato, medicare e curare le vecchie ferite per far sì che non tornino a tormentarti come se fossero zombi. Bisognerà che ogni tanto tu ti ricordi di andare a far loro visita, che gli dedichi un po’ di tempo di quando in quando.”

«Perché?»

“Perché per guarirle devi concedere loro una sincera e autentica considerazione. Andrai a trovare la piccola bimba ferita che sei stata e le dirai parole che consolano e rassicurano.”

«Ma cosa dovrei dirle esattamente, nonna?»

“Che non ha colpe. Che merita pienamente di essere amata. Nella tua immaginazione puoi anche prenderla tra le braccia e coprirla di quei baci di cui è stata privata. Dille che ha il diritto di non essere perfetta – nessuno lo è – e che la bellezza di ogni essere umano sta nella mescolanza di forza e fragilità.”

«Tutto questo?»

La nonna annuisce e mi rivolge un sorriso complice. “Fidati di lui”, conclude poi, riferendosi ad Antoine. “Sento che quest’uomo tiene veramente alla tua felicità.”

Le sue parole mi commuovono. Si è alzato un venticello fresco e mi si insinua nel collo. È ora di andare.

«Grazie, nonna. Mi manchi così tanto...»

“Sono sempre accanto a te, lo sai, vero?”

«Sì...»

Mi bacio le dita e poi le poso sulla fotografia della nonna. Potrei giurare che mi segua con gli occhi mentre mi allontano.

Uscendo, incrocio il custode e lo saluto; mi sento meglio, in pace. Sono determinata a fare di tutto per scacciare la rabbia sorda che sonnecchia dentro di me dai giorni dell'infanzia a causa del mio vissuto familiare. Non le permetterò di rovinarmi la vita e, soprattutto, di mandare a rotoli la mia storia con Antoine. Per niente al mondo lascerò che finisca nel Cimitero degli amori defunti!

Paura e dubbi pesano come piombo. Devo trovare la pietra filosofale che li trasformerà in oro e che sarà in grado di mettere in luce le qualità dei miei difetti e la forza delle mie debolezze.

SCENA 33

Rose

Quando Meredith rientra, sto insegnando un nuovo numero a Romeo, il quale adesso riconosce la forma e il colore di alcuni oggetti e sa metterli al loro posto. Applaudo entusiasta il mio uccello prodigio e ripenso alla lettera dell'Istituto Peterson – che ho accuratamente inserito in un raccoglitore senza dare risposta – in cui mi veniva chiesto di affidare il cacatua a un'équipe di etologi per permettere loro di studiare le sue incredibili capacità. Rifiutavo anche soltanto di sentirne parlare, perché sapevo che questo avrebbe significato separarmi da lui come minimo per diversi mesi e non ne avevo né la voglia né il coraggio. Guardo Romeo eseguire con disarmante velocità l'esercizio e provo un pizzico di senso di colpa: ho davvero il diritto di tenerlo egoisticamente per me quando lui potrebbe contribuire al progresso della ricerca? Anche perché in un luogo come l'Istituto Peterson avrebbe di certo l'opportunità di fare progressi ancora più sorprendenti, affidato alle mani di veri esperti.

Mi riprometto di rifletterci ancora.

Meredith sembra stare meglio dopo la visita al cimitero.

«Com'è andata? È stato tanto difficile?»

«No, tutto a posto... Mi ha fatto bene, anche se mi manca tantissimo.»

«Capisco.»

«Scendo a comprare qualcosa. Stasera cosa ti va di mangiare?» Meredith apre il frigo e dà un'occhiata al poco che resta. Poi si avvicina al tavolo e lo sguardo le cade sul foglio che ho appena stampato. «Pare che Spuntino abbia colpito di nuovo. Non molla, eh? È davvero carina la sua mail.»

«Sì, è vero. Ma lo sai anche tu qual è il problema: a me gli uomini troppo gentili non piacciono.»

«Va be', però fa sempre bene all'umore sapere che qualcuno ti ama, no?»

«Forse. Non so perché, ma stranamente a me più che altro dà fastidio...»

«Certo che sei proprio strana!» Meredith ride mentre apre il nostro ultimo pacchetto di patatine.

Mi alzo per recuperare la mail del mio innamorato. «Mi dà fastidio perché è uno spreco. In qualche modo lo incolpo di non essere qualcun altro. Di non essere quello giusto.»

«Ah, quindi tu sai com'è fatto quello giusto? Beata te.»

Le lancio un cuscino per mettere a tacere le sue prese in giro. «So solo che non è Spuntino! Come spiegarlo? Non me ne importa niente di lui!»

«Mmh, certo. Ecco perché stampi le sue mail. È perfettamente logico.»

Santo cielo, quanto mi dà sui nervi Meredith quando fa la Sherlock Holmes dei sentimenti. Sembra che sappia tutto lei, che sia la più furba di tutte. Per fortuna il suo telefono si mette a squillare interrompendo questa conversazione seccante. Mi basta sentire mezza parola per capire che si tratta di sua madre. La mia amica cambia espressione, il viso le diventa impercettibilmente più duro. Ne approfitto per infilare la mail di Spuntino nel mio Moleskine. Non ricevo abbastanza lettere d'amore per potermi permettere di non conservarle.

«Sì, mamma... Ehm, non so... Sei molto gentile, ma non ne sono ancora sicura. Aspetta un attimo, glielo chiedo.» Meredith mette una mano sul microfono e mi chiama con un sussurro disperato. «Rose!»

«Sì? Cosa succede?»

«I miei vorrebbero invitarci domenica a pranzo con tutta

la famiglia. Ti scongiuro, vieni... Non puoi lasciarmi nella cacca!»

Ci mancava solo questa... Domenica avrei preferito andare al cinema. Meredith fa una serie di smorfie supplichevoli. Onestamente, dopo quello che mi ha raccontato dei suoi, non muoio dalla voglia di conoscerli. Unisce le mani a mo' di preghiera. Come faccio a dirle di no? Da buona amica, annuisco piano.

«Grazie, Rose! Ricambierò!»

«Certo che sì. Questo vale tre turni di piatti.»

«...Due?»

«Hai anche il coraggio di contrattare? Tre: prendere o lasciare.»

«Okay, okay...»

SCENA 34

Antoine

Ci ho pensato e ripensato in continuazione, fino a perderci il sonno. Ne sono certo: Meredith tornerà da me solo quando si sentirà più sicura di sé stessa, e perché questo accada dovrà avere successo. Non avevo mai camminato così tanto per le strade di Parigi, e a quanto pare è servito a stimolare la mia creatività. Mentre prendevo un caffè vicino alla Fontana Stravinsky, a due passi dal Beaubourg, ho messo a punto il mio piano. So che la prossima tappa della tournée di Meredith è Lille, la città della sua infanzia. Farò in modo che lo spettacolo faccia il tutto esaurito, che sbanchi il botteghino. È un piano molto ambizioso, lo so, ma non posso impedirmi di ragionare in grande. A meno che non sia Meredith a scatenare questa megalomania... Cinque rappresentazioni a settimana per sei settimane, ovvero trenta repliche da moltiplicare per sessanta persone: è una bella cifra. Eppure sono conquistato dalla dolce follia del progetto. Una pazzia che non riesco a togliermi dalla testa. In qualche modo cerco di trovare una spiegazione logica: dopotutto, a questo punto della nostra relazione non ero forse a un passo dal donarle un meraviglioso anello di fidanzamento come pegno del mio amore? Il gesto di riempire la sala in cui si esibirà, senza che lei ne sappia niente, non è forse infinitamente più forte? Sento crescere in me la certezza che si tratti della scelta giusta. In questo momento Meredith ha bisogno non di un anello, ma dell'acclamazione del pubblico per poter progredire nella carriera.

Una vocina malefica dentro di me fa l'avvocato del diavolo. "Sì, ma che valore ha un successo fittizio, costruito a tavolino? Se mai dovesse venire a saperlo, non te lo perdonerebbe mai!"

Mi si forma un nodo in gola. In effetti il rischio è notevole; sto giocando con il fuoco. Ma se non provo a fare qualcosa sento che potrei perdere tutto. E per me sarebbe davvero un colpo troppo duro.

Lascio la mancia e mi dirigo a passo veloce verso la fermata del metrò, ansioso di mettermi all'opera. Guardo sfilare le stazioni mentre continuo a pensare al mio piano. Devo essere molto cauto. Meredith non dovrà mai avere neanche il sospetto che io abbia a che fare con l'improvviso entusiasmo del pubblico

SCENA 35

Meredith

Dall'inizio del pranzo mi sono stampata in faccia il sorriso di circostanza dietro cui mi trincero ogni volta che rimetto piede a casa mia. O meglio, a casa dei miei. In apparenza tutto fila a meraviglia: rispondo educatamente, ringrazio, aiuto ad apparecchiare. Visto dall'esterno, tutto è bello; la tavola imbandita, con al centro il bouquet rotondo da trentadue euro e ottantasei centesimi comprato da Gisèle, la fiorista del quartiere che rifornisce mia madre da vent'anni, e il servizio buono: i poggia-coltelli d'argento, i fermatovaglioli lisci come la conversazione tra noi. Ma si tratta di una coreografia per salvare le apparenze. Dentro di me so bene che la situazione è molto meno scintillante. Ho le budella attorcigliate, il petto oppresso come se ci si fosse seduto sopra un bisonte. Ogni volta è la stessa storia. Prima di venire qui cerco di razionalizzare, mi dico che ormai sono grande, che tutto andrà per il meglio, che posso prendere le distanze e sentirmi un'adulta sicura di me, che i ricordi non riusciranno più a scalfirmi. Eppure, non appena mi ritrovo in compagnia della mia famiglia, e in particolare dei miei genitori, un malessere sordo si impadronisce di me. Mi comporto come un automa, nessuno dei miei gesti è naturale. Mi chiedo spesso se si rendano conto del mio tormento.

La famiglia è riunita al gran completo.

Mia sorella Bénédicte e il genero ideale, Édouard, con i

loro tre figli, Zoé, Tom e Valentine. Un ritratto familiare in piena regola. Muoio dalla voglia di grattare lo strato di vernice per vedere cosa c'è sotto.

C'è anche mio fratello Jean-Philippe, con la moglie Abigél e i loro due figli, Manon e Jules.

«Signora, è davvero delizioso!»

Che tesoro che è Rose! Apprezzo immensamente gli sforzi che fa per integrarsi e mostrarsi amabile e gentile con i miei. Vedo bene che rischia di soffocarsi con l'arrosto come sempre troppo cotto della mamma, accompagnato dalle immancabili patate in camicia, che forse avrebbero tratto vantaggio dall'essere spogliate... Qui le cose non cambiano mai.

Tutti quei bambini fin troppo educati si alzano da tavola per andare a giocare e finalmente iniziano a fare casino, troppo secondo mia madre. Per quanto mi riguarda, mi sento sollevata nel vedere che sono esseri viventi e non bambole di cera.

«Lei ha figli, Rose?» chiede mio fratello.

«Sì, una. Si chiama Késia.»

«Che bel nome!»

Sogno o son desta? Non posso credere che mio fratello stia facendo gli occhi dolci alla mia migliore amica sotto il naso della moglie, seduta proprio accanto a lui. E che sguardi le lancia! È un giochino di seduzione appena velato. Sbircio mia cognata, provando imbarazzo per lei. A quanto pare nella stanza in fondo c'è un po' troppo scompiglio: i bambini si sono trasformati in velociraptor, o forse in zombi. Quell'anima buona di mia cognata si fa carico del problema, alzandosi per andare a calmarli. La mamma inizia a sparecchiare. Il papà si scusa e va a fumare sul balcone. Vedo mio fratello sedersi vicino a Rose sul divano per fare più tranquillamente conoscenza. La scruto con la coda dell'occhio. Conosco quella sua maniera di sbattere le ciglia: si direbbe che il giochetto non le dispiaccia. Lui diventa più sfacciato. Dovrei intervenire? Poi mia madre mi chiama perché vuole che la aiuti a preparare il dolce. Non ho altra scelta che lasciarli proseguire la loro piccola tresca. Dopotutto, Rose è adulta e vaccinata.

SCENA 36

Rose

Avrei dovuto dare ascolto a Meredith. Tento di nascondere gli occhi arrossati dal pianto tirando giù il berretto di lana, che deliberatamente non tolgo nemmeno in questo pub dove fa un caldo asfissiante. Per l'ennesima volta vorrei infilarmi in un buco come un topolino tanto mi vergogno della mia ingenuità. In segreto ho rivisto Jean-Philippe, che per me era già diventato JP. È davvero bravo con le parole: con quanta abilità ha liquidato tutti gli ostacoli riguardanti la sua situazione personale, e come ha saputo coprirmi di elogi, quasi fossero gioielli, facendo uscire dalla bocca promesse allo stesso modo in cui, in certi racconti per bambini, ne escono diamanti! Quando si cerca disperatamente l'amore, è facile cadere nelle trappole di Cupido, per quanto siano grossolane. Ho un tale bisogno di attenzione, talmente tanta voglia di credere che sia la volta buona, che mi aggrappo a ogni opportunità come una mosca alla carta moschicida. Qualunque donna sa che imbarcarsi in un'avventura con un uomo sposato significa avere meno dell'un per cento di possibilità di costruire una storia seria. Naturalmente non è il mio caso. La cosa più divertente è analizzare a posteriori il comportamento del signore prima di passare all'atto e confrontarlo con quello dei giorni successivi. Prima: gratin di messaggi farciti di dolcezza, girandola di attenzioni zuccherine, cocktail di premura e contorno di squisite cortesie. Dopo: dieta in bianco di silenzio stampa con contorno di scuse farlocche e fonduta di voltafaccia. Un banchetto di disillusioni.

Tiro fuori il quindicesimo fazzoletto quando la porta del bar si apre e scorgo un volto noto: Meredith. Come ha fatto a trovarmi qui?

Aggrotta le sopracciglia quando si accorge che sto piangendo davanti alla mia birra. Di sicuro ha indovinato che non si tratta della prima. «Rose, che cosa succede? Non mi piace vederti così!»

«Come sapevi dov'ero?»

«Non ci voleva un genio...»

«Non mi va di parlare.»

«Non sei obbligata a farlo. Sai, anche se è mio fratello, ho una voglia matta di spaccargli la faccia.»

Le rivolgo un sorriso pietoso, commossa dal suo tentativo di tirarmi su di morale. Provo a ricompormi, ma dopo un paio di minuti cedo. Il vaso è colmo. «Non ne posso più, Meredith! Tutti questi fallimenti che si accumulano... Ho l'impressione che ormai sia la storia della mia vita.»

«Non generalizzare.»

«Ma non vedi? Le strade dell'amore per me sono vicoli ciechi!»

«Bella immagine. Dovresti metterci il copyright.»

Sorrido attraverso le lacrime. «Piantala, stupida!»

«Che sono stupida non è una novità.»

«Non incontro *mai* la persona giusta!»

«"Mai", "sempre": dovresti lasciarle perdere, queste parole. E poi sii giusta: ci sono ragazzi davvero in gamba, innamorati di te, a cui non ti degni nemmeno di dare una possibilità.»

«Ah sì, e chi?»

«Per esempio, Spuntino, quello che ti ha spedito il bouquet di croissant. Secondo me lui è una perla.»

«Che colpa ne ho se non mi piace?»

«Okay, l'attrazione o c'è o non c'è. Però devi essere oggettiva e riconoscere che hai molto più successo di quanto credi.»

«Non serve a niente piacere a quelli che non mi interessano.» Mando giù un generoso sorso di birra e assumo un'espressione caparbiamente disperata. Dove potrebbe mai portarci questa conversazione?

«E secondo te per quale motivo in amore le cose non vanno come vuoi tu?»

«Non lo so. È come se gli uomini non mi prendessero sul serio, come se mi considerassero solo una con cui passare qualche bel momento. Puro divertimento, ecco cosa sono per loro!» Sento le lacrime salirmi agli occhi.

«Rose, tesoro!» Meredith fa del suo meglio per consolarmi. «Sei una donna magnifica, un'amica stupenda, un'artista di talento e una bravissima madre! Forse dovresti guardare meglio.»

«In che senso?»

«Hai talmente idealizzato il principe azzurro, le qualità che dovrebbe possedere, che magari è proprio accanto a te e non te ne accorgi nemmeno!»

«Ma smettila!» Alzo le spalle, anche se quello che ha appena detto inizia a fare breccia nella mia testa.

«Se permetti, vorrei aggiungere qualcosa...»

Ormai Meredith può parlare quanto le pare. Considerata la condizione in cui sono, qualunque consiglio è benaccetto.

«Credo che dovresti cambiare un po' atteggiamento con gli uomini.»

«Cioè?»

Il cameriere ci porta delle patatine fritte e lancia uno sguardo di sottecchi al mio viso sconvolto che tento di nascondere con la mano.

«Lo conosci il detto: "In amore vince chi fugge"?»

«Sì, e allora?»

«Be', io penso che ci sia qualcosa di vero. Se ti concedi troppo in fretta, perdi parte della tua attrattiva. E io ti conosco: hai la tendenza a bruciare le tappe. Invece le cose più importanti succedono nella fase delle premesse; e non parlo dei preliminari, ma dei momenti in cui l'amore sta per sbocciare. L'arte della seduzione, un po' di mistero, lasciare qualcosa di inespresso, come i silenzi così preziosi in teatro o all'opera... A un uomo serve tempo, non gli piace sentirsi subito assalito da una donna che mostra di aver bisogno di lui.»

«Sarà! Ma quando si è innamorati si muore dalla voglia di vedersi, di stare insieme...»

«Non ho mica detto che è una cosa semplice. Faccio fatica anch'io, lo sai. Però ho constatato che prendersi delle pause è piuttosto efficace. Permette agli uomini di riflettere su quello che provano. Se vuoi far innamorare qualcuno, devi imperversare nei suoi pensieri.»

«Intendi che si deve fingere di non provare interesse? Non so se la tua strategia mi convince.»

«Non si tratta di fingere. Diciamo piuttosto che bisogna contenere un po' gli slanci compulsivi che li fanno fuggire a gambe levate.»

«Ehi, si capisce che stai lavorando al tuo Love Organizer!» Meredith prende una gigantesca manciata di patatine. «Sembra che tu ne sappia qualcosa di slanci compulsivi», dico in tono canzonatorio.

«Certo che sì!» esclama lei sputacchiando pezzi di patata. Poi mi agita l'indice unto sotto il naso e risale in cattedra. «Ti dirò, Rose, che secondo me basta spostare il centro dell'attenzione...»

«Eh?»

«Dovresti coltivare altre passioni, trovare delle ancore di salvezza...»

«Come ingozzarsi di patatine bevendo birra?»

Meredith mi lancia uno sguardo fintamente corrucciato. «Parlo di rituali *virtuosi*!»

«Non so perché, ma sento che tra due minuti tirerai fuori il footing, la meditazione e la pittura su seta.»

Lei fa una faccia costernata: sono un caso senza speranza. Il mio sguardo è attirato da un bell'uomo seduto al bancone, tutto preso da una conversazione con un amico.

«E cosa ne pensi della teoria che chiodo scaccia chiodo?» scherzo.

«Ah no! Non se ne parla. Dieta obbligatoria: disintossicazione di almeno tre settimane! Ti prescrivo un po' di sana solitudine e un'indispensabile volatina ad alta quota, per ossigenarti un po'.»

«Che ne diresti del settimo cielo? Con il tipo là in fondo, magari?»

«Sei insopportabile», dice Meredith, alzandosi.

Prima di uscire, lancio un'occhiata piena di rammarico verso il bancone. «Dieta disintossicante!» mormoro tra me e me. La mia amica però dev'essersi dimenticata di un dettaglio non da poco: quando si fa una dieta, bisogna sempre guardarsi dall'effetto yo-yo. E conoscendomi...

Meredith

Qualche giorno dopo, quando rientro dalla spesa, trovo Rose intenta a riempire una valigia di roba come se stesse per partire.

«Che cosa fai?»

Lei sobbalza. Non doveva avermi sentita. «Ehm, vado via due o tre giorni, tesoro.»

«Cosa? E le prove? Debuttiamo tra cinque giorni, ti ricordo!»

«Lo so, Mere! Prometto che non ci saranno problemi. Lo sai anche tu che siamo più che pronte. Con tutte le serate che abbiamo fatto a Marsiglia ormai siamo rodate, no?»

Mi avvicino per capire cosa bolle in pentola.

La prendo per il braccio. «Rose, cosa stai combinando?»

Tenta di divincolarsi, invano. Sospira. «Niente, Meredith, te lo giuro. È solo che ho...»

«Cosa?»

Cerco di incoraggiarla con lo sguardo, per farla andare avanti.

Finisce per sputare l'osso. «Ho bisogno di soldi, ecco tutto. Non ne posso più di vedere così poco la mia ranocchietta e poi le ho promesso che al mio ritorno l'avrei portata a Disneyland! Ma ho il conto in rosso, Meredith.»

«E cosa ti sei messa in testa, allora?»

Rose è la specialista dei piani B, C e D più assurdi del mondo.

«Non preoccuparti, è tutto okay.»

«Invece sì che mi preoccupo!»

La mia amica non dice niente e continua a fare la valigia con grande determinazione. Gliela strappo di mano per attirare la sua attenzione.

«Rose, mi ascolti?»

Lei cerca di recuperarla, ma io inizio a saltellare per la stanza come uno stambecco, tenendola stretta. Non la mollerò finché non avrà sputato il rospo.

«Ridammela!»

«Prima mi devi dire cosa hai escogitato stavolta!»

«Niente di strano. Ed è anche ben pagato, se vuoi saperlo!»

«È proprio questo che mi preoccupa. Coraggio. Vuota il sacco!»

Stanca del rimpiattino, Rose finisce per cedere e si lascia cadere sul letto, facendolo sobbalzare. Incrocia le braccia dietro la testa e fissa il soffitto per evitare il mio sguardo. «Mi sottoporrò a dei test clinici.»

Il mio cervello recepisce l'informazione. «Oh, no, non parlerai seriamente!»

«Sì, è proprio quello che ho intenzione di fare.»

«Hai pensato agli effetti collaterali?»

Liquida l'obiezione con un gesto. «Ma no, sono controllatissimi, figurati. Ormai non si rischia niente.»

Mi accorgo che cerca di minimizzare. «Perché non mi hai detto niente? Forse mettendo assieme quello che ci è rimasto riusciremo a pagarlo, questo viaggio a Disneyland!»

Rose mi guarda, commossa ma determinata. «Ah no! Fai già abbastanza fatica, non posso chiederti questo. Me la caverò, sta' tranquilla. Tre giorni in ospedale: riposo e qualche prelievo. Poi mi godrò un weekend da sogno con mia figlia. Ne vale la pena!»

La conosco, la mia Rose. So che non c'è modo di farle cambiare idea, ma deve capire quanto la sua decisione mi turbi perché si alza e viene ad abbracciarmi.

«Non preoccuparti, davvero! Vedrai che non ci sarà nessun problema.»

Ho paura per lei, come se fosse mia sorella, e lo sente.

«Mamma mia... quanto sei sensibile, Mere! Non stare a

fasciarti la testa. Piuttosto goditi questi tre giorni senza di me. Al mio ritorno penserai: "Cavolo, perché non ho approfittato di più del mio palazzo"?»

«Non credo proprio», borbotto. «Quand'è che devi essere lì?»

«Mmh, tra un'ora.»

Con il cuore pesante la aiuto a chiudere la valigia. Non riesco a rassegnarmi al fatto che viva un'esperienza che preferirei risparmiarle. Quando esce, mi lancia a malapena un'occhiata, per evitare che la trattenga.

«Ciao! Ci vediamo presto. Non finire la riserva di Kinder. Guarda che li ho contati!»

Ride e mi molla lì così. Ma dalla sua espressione, dal lampo che le ho visto negli occhi capisco che ha paura anche lei.

Mi lascio cadere sulla sedia della cucina e spingo via i croissant che ho comprato. Non ho più fame. Romeo viene a cercare un po' di conforto.

«Ciao, vecchio mio. Anche tu ti senti abbandonato?»

Finirà che mi deprimerò davvero se non esco di qui. Decido di andare alla biblioteca municipale di rue Édouard-Delesalle. Infilo in uno zaino il mio Love Organizer e il prezioso quadernetto su cui annoto via via le idee per il prossimo spettacolo. Penso a Rose e a ciò che è disposta ad affrontare per guadagnare due soldi, e tutto perché non riusciamo a sfondare... Stringo i pugni e sento crescere in me una nuova determinazione. Mi risale lungo le vene, confluisce nelle mani che cominciano a pulsare. Sento farsi strada una volontà incrollabile di cambiare le cose, la rabbia, il desiderio di battermi fino a quando non sarò riuscita nel mio intento. Bisogna che succeda, punto e basta. E per questo non c'è altro mezzo che rimboccarsi le maniche. Un per cento ispirazione, novantanove per cento sudore: grazie signor Edison, lo sappiamo! Afferro lo zaino, ci metto dentro un croissant, una bottiglietta d'acqua e il pacchetto di sigarette, poi corro giù per i sei piani di scale.

Una volta in strada, sento che l'aria ancora fresca di aprile mi giova: camminare non tonifica solo i muscoli, aiuta anche a schiarirsi la mente. Penso a Rose, che fa da cavia per degli esperimenti clinici. Sono combattuta: da un lato la finalità di contribuire alla ricerca è anche nobile, ma dall'altro sono preoccupata per i rischi che potrebbe correre. Mi viene in mente un articolo interessante che ho letto di recente sui progressi in materia di nanotecnologie e biotecnologie. Sono sempre sconvolta nel constatare quanto sia immenso l'orizzonte delle possibilità per il futuro. Delle pillole intelligenti! Sistemi miniaturizzati impiantabili, capaci di diffondere lentamente i loro preziosi principi attivi nel corso del tempo, come l'insulina per i diabetici, e tante altre applicazioni preziose per somministrare le terapie in caso di malattie croniche.

Ricevo un messaggio di Antoine e lo leggo sorridendo. Dopo la mia scenata al théâtre de l'Acrostiche, deve aver colto la mia paura di essere amata solo per il mio corpo. Così non osa più fare la minima allusione erotica...

Ieri, la tua voce al telefono... Ascoltandoti rifiorisco: le dolci parole che semini fanno nascere in me un giardino lussureggiante. Tesoro, vediamo se la rosa del nostro amore profumerà in primavera... A.

Povero Antoine, come devo averlo ferito, l'ultima volta, con i miei rimproveri sui suoi messaggi troppo espliciti! Mi commuove constatare che, per cercare di compiacermi, scivola su un registro lirico-poetico quasi di un'altra epoca. Questa sua volontà di sedurmi... Sì, ma per quanto tempo? Rabbrividisco, e stavolta il vento fresco di aprile non c'entra niente: sono le vecchie paure che soffiano e si infilano nel collo come maligne correnti d'aria gelata.

All'angolo della strada, Madama Paura fuma una sigaretta mentre mi guarda passare. E se un giorno non gli piacessi più? Arriverà il terribile momento in cui avrà l'impressione di conoscere tutto di me? Diventerò allora come uno di quei giocattoli troppo usati che a un certo punto si mettono da parte?

Penso che, grazie alle nanotecnologie, si dovrebbe creare delle PCA – pillole contro il calo di attrazione – per somministrare gradualmente ormoni del desiderio e dell'affetto. Solo quel tanto che serve per ovviare al lento effetto di erosione del tempo, della monotonia, dell'abitudine...

Non male come idea, dovrò scrivere uno sketch per la signorina Giulì. Potrebbe essere divertente.

In un attimo di lucidità, faccio un po' di sana autocritica: rimprovero Antoine perché mi scrive messaggi troppo libidinosi e poi mi faccio un brutto film sul giorno in cui smetterà di desiderarmi. Sono più che consapevole delle mie contraddizioni.

Eccomi arrivata in biblioteca. Adoro quest'atmosfera laboriosa e raccolta. Dalle vetrate che danno su un bel giardino alberato la luce invade le sale. Contemplo per qualche istante il salice piangente dai lunghi rami che ondeggiano con eleganza mentre ripenso alle mie pillole. L'idea è interessante, ma bisognerà che trovi qualcosa di più realistico per far durare nel tempo la mia storia d'amore. Meglio rimboccarsi le maniche. Attraverso le corsie piene di scaffali di alluminio carichi di libri e vado a sedermi in un angolo tranquillo al primo piano.

Tiro fuori il Love Organizer. La questione del desiderio e di conseguenza della paura che il mio compagno a un certo punto si stanchi e si allontani da me mi induce a inaugurare la seconda sezione: TRA ME E L'ALTRO.

In cosa consiste davvero l'incontro con l'altro? Innanzitutto ci sono il delizioso turbamento, l'incertezza, la speranza di essere corrisposti. Seguono la nascita del desiderio, la rara coincidenza tra due esseri, un'alchimia segreta che tanti studiosi hanno cercato di scoprire, che tante anime belle hanno tentato di indagare per distillarne l'essenza. Come Jean-Baptiste Grenouille nel *Profumo* di Patrick Süskind, siamo capaci di riconoscere la fragranza unica dell'altro, non il suo profumo vero e proprio, ma l'essenza della sua anima, il suo marchio di identità? Che cosa emana la pelle segretamente, oltre ai ben noti feromoni? Esiste una materia dell'anima? Le invisibili vibrazioni che essa invia trovano nell'altro una cassa di risonanza o riecheggiano irrimediabilmente nel vuoto?

L'amore rimane un mistero e non sembra intenzionato a svelare i suoi segreti.

Non è un caso che gli esordi di una relazione siano spesso difficili. Che emozione si prova quando i sentimenti sbocciano! Il cuore è così tormentato, frenetico, e arde più del fuoco, come se fosse percorso da una lava, un magma di sensazioni, domande e paure mescolate a voglie irreprimibili e a desideri mozzafiato.

La passione dei primi tempi spazza via tutto, anche il discernimento. La realtà ne risulta completamente trasformata. I paesaggi non sono più gli stessi. Il cuore innamorato vuole esplorare un solo mondo: quello dell'altro. Eppure si sente ancora in terra straniera, non sa bene dove mette i piedi. Ne trae una sensazione di disagio. Ma il sentimento rende coraggiosi, perciò il cuore si lancia nella sua conquista non come un esperto mercenario baldanzoso, bensì come un cercatore d'oro pieno di folli speranze. Il cuore innamorato è pieno di candore e dolce ingenuità. Vuole credere.

Se l'amore è cieco, su una cosa si sbaglia più che su altre: il sogno della fusione è irrealizzabile. Si tratta dell'utopia più dannosa. Guai a voler cercare la metà che ci completa! L'uno più uno uguale a uno non esiste. La fusione conduce solo al vicolo cieco della dipendenza. Al contrario, la casa degli amori felici quasi non ha muri e le sue finestre sono sempre aperte.

Soffoco uno sbadiglio mentre sfoglio le cinque paginette di riflessioni sul Love Organizer. Rileggo quello che ho scritto. Tutto ciò mi sta davvero aiutando a progredire nella mia *amorability*? La risposta è sì: questo preambolo sulle tappe evolutive del sentimento amoroso serve a chiarirmi le idee. Tuttavia adesso ho bisogno di un buon caffè se voglio proseguire il lavoro.

Sul pianerottolo trovo un distributore automatico. Davanti alla macchina mi rendo conto di non avere le monete giuste. Che peccato! Avevo proprio voglia di qualcosa di caldo. Un uomo che aspetta il suo turno sembra accorgersi della mia delusione.

«Ha bisogno di spiccioli?» mi chiede in tono cortese.

«Oh, grazie. È molto gentile! Non dico di no... Sa, ho solo una moneta da due euro, e la macchinetta non la prende.»

«Se permette, glielo offro io.»

«Grazie mille, io...»

«Si figuri, per così poco.»

Mi allontano con un bel caffè bollente. Mi risiedo e noto che il mio benefattore è a qualche tavolo di distanza. Non mi ero neanche accorta di lui finora. Quando alza lo sguardo verso di me, gli rivolgo un timido sorriso di ringraziamento. Lui ricambia con un cenno della testa, poi torna a immergersi nel suo lavoro.

E io faccio lo stesso.

Riprendo il filo della mia riflessione. TRA ME E ME: siamo d'accordo, il problema non si manifesta nell'idilliaca fase iniziale in cui l'altro appare perfetto e dotato di tutte le virtù, in cui il cuore inebriato cancella i difetti e si inventa una serie di piccoli aggiustamenti della realtà. Credo che la vera avventura cominci dopo. L'amore sincero deve farsi le ossa. Come un bambino sviluppa il suo sistema immunitario contraendo le consuete malattie infantili, così il giovane amore per rinforzarsi deve esporsi gradualmente alle cose fastidiose.

Il vero amore inizia dopo la fase della delusione.

Ci si è cercati. Ci si è piaciuti. Si è volato alto. E poi ci si è delusi... Va bene così.

In effetti, cosa può esistere di più stressante che essere costretti a mostrarsi eternamente sotto la luce migliore?

La delusione è la prova del fuoco. O la va o la spacca. Il giovane amore resisterà?

Non si avverte forse una sorta di sollievo quando finalmente si può rivelare qualche difetto inconfessabile, trovare un luogo in cui è concesso togliersi la maschera e, come guerrieri esausti, assaporare il dolce riposo dell'essere sé stessi senza alcun artificio?

Ancora intorpidita dall'emozione travolgente dei primi tempi, la mente a poco a poco si risveglia, e allora si rimane stupiti dello strano formicolio causato dai sentimenti sinceri, quelli che resistono alla dura prova della realtà. Purtroppo la realtà invecchia male. Mese dopo mese, anno dopo anno, rischia di sprofondare nella banalità; inizia a essere segnata dalla monotonia, dall'abitudine, dai rancori incancreniti e dalle insidiose frustrazioni.

È lì che si gioca la vera partita, quella che so già di non voler perdere. Perché inevitabilmente arriverà il momento del lento distacco, del subdolo allontanamento.

Devo avere un'aria afflitta, perché mi accorgo che l'uomo di prima mi lancia sguardi obliqui dall'altro lato della stanza. Gli sorrido discretamente e lui abbassa di nuovo la testa sui suoi libri. Chissà a cosa sta lavorando...

Senza farmene accorgere lo osservo meglio. Non ha ancora quarant'anni. I capelli scuri incorniciano un volto ovale dai lineamenti fini che contrastano con la barba folta. Interrompo l'ispezione non appena i suoi occhi puntano nella mia direzione.

Dov'ero rimasta? "Meredith, smettila di distrarti!"

Riprendo il pennarello nero e lo lascio correre sulla pagina. Sottolineo quattro volte l'ultima frase: «Accettare le regole del gioco».

Nonostante il bel titolo del capolavoro teatrale di Marivaux, *Il gioco dell'amore e del caso*, ho l'impressione che il successo nel gioco dell'amore dipenda da tutto fuorché dal caso. Mi sembra anzi che l'amore richieda innanzitutto l'accettazione delle regole e la volontà.

REGOLE DEL GIOCO DELL'AMORE: PRENDERE ATTO CHE L'ALTRO È UN ALTRO.

La maggior parte dei contrasti e dei naufragi delle relazioni non è forse determinata dalla facilità con cui si tende a dimenticare che l'altro non è fatto esattamente come noi, non ha sempre gli stessi bisogni, le stesse aspettative, gli stessi meccanismi mentali?

Non accettare queste differenze genera conflitto. E troppe controversie portano all'inevitabile frattura...

Qual è dunque il segreto per cavarsela?

La comunicazione, per cominciare. E la flessibilità: saper cogliere i bisogni dell'altro, permettergli di esprimersi, anche al di fuori della relazione se necessario. Lasciargli il suo spazio, la possibilità di appartenersi.

Poi si tratta di decidere. Con l'evidenziatore giallo sottolineo la parola. Ebbene sì: coltivare l'amore è frutto della decisione di lavorare senza sosta per alimentarne la fiamma. Richiede sforzi e coraggio, come andare a correre sotto un diluvio. La pioggia rappresenta tutte le grane della vita che mettono a dura prova l'amore. Il bonsai dei sentimenti ha bisogno di molte cure e attenzioni quotidiane per non morire.

Arrivata a questo stadio sono abbastanza soddisfatta. Tuttavia c'è una questione che continua a tormentarmi: come trovare un equilibrio stabile e sereno nel rapporto, evitare gli immancabili alti e bassi, approdare a una felicità più profonda e duratura? Mi alzo per andare a cercare risposte nel settore dei testi di filosofia.

Sfoglio qualche libro. Scorro con gli occhi le parole degli antichi maestri pensatori. Edonismo, eudemonismo, atarassia...

Ah, ecco! L'atarassia mi interessa. Leggo la definizione: «Tranquillità, indifferente serenità di un'anima divenuta padrona di sé stessa grazie alla saggezza acquisita mediante la moderazione nella ricerca dei piaceri (epicureismo), l'apprezzamento del valore delle cose (stoicismo) e la sospensione del giudizio (pirronismo e scetticismo)».

Cerco di fare mia la definizione e di analizzarla.

Si prova una sensazione terribile a braccare una felicità che sembra sfuggirci di continuo! L'idea geniale alla base dell'atarassia è quella di trovare una forma di benessere più costante e non cadere nel tranello di rincorrere piaceri effimeri che comportano un'alternanza di stati di euforia e di profondo abbattimento. Il giusto mezzo, nessun eccesso, aspettative ragionevoli. E magari anche la capacità di valorizzare l'altro per quello che è e che fa, invece di focalizzarsi sulle sue carenze e scivolare nel rimprovero sistematico.

«Vedo che le interessa la filosofia.»

L'uomo si è avvicinato e finge di consultare un testo. Speriamo che non sia un cascamorto.

«Sì, sto facendo qualche ricerca.»

«Sul pensiero antico?»

Gli sorrido cortese. «Non proprio, diciamo che mi interessa nella misura in cui può darmi degli spunti su questioni contemporanee. E lei che cosa cerca?»

«Questa biblioteca è la mia seconda casa. Sono professore di lettere moderne all'università di Lille.»

«Oh, capisco... Quindi qui è proprio nel suo elemento!»

«Può dirlo forte! Se mi spiega su cosa sta lavorando, forse posso darle una mano a trovare testi utili.»

Esito. Ha uno sguardo sincero e qualche suggerimento potrebbe essere prezioso. «Mi interessa il tema dell'amore e della ricerca della felicità.»

«Interessante!» esclama lui, senza nessuna ironia. «Pensi che è stato l'argomento della mia tesi di dottorato.»

«Davvero?» Sta cercando di fare buona impressione per rimorchiarmi?

«Certo. E in merito ho un'opinione piuttosto personale...»

«Ah sì?»

«Se vuole, posso condividerla con lei.»

Deve leggermi negli occhi il sospetto di ogni donna abbordata da uno sconosciuto in un luogo pubblico. Tuttavia sembra non prendersela e mi scocca un sorriso disarmante e pieno di fascino.

«Non saprei...»

«Mi scusi, sono un cafone! Non mi sono nemmeno presentato: Laurent, piacere di conoscerla.»

Tende la mano, e la guardo per un attimo prima di stringerla. Ma dopotutto cos'ho da temere? «Meredith.»

«Che bello! È un nome da musa.»

«Lei dice?»

Eccolo qui, l'affabulatore. Mi arrocco di nuovo sulla difensiva.

Lui se ne accorge e con tutta la sincerità che gli riesce aggiunge: «Ascolti, senza impegno, mi farebbe piacere condividere con lei il frutto delle mie ricerche, dato che sembra lavorare su temi molto simili ai mei. Magari davanti a un caffè?».

«Può darsi. Vedremo...»

«Ci pensi, d'accordo? Le lascio il mio biglietto da visita.»

Lo prendo e lo infilo nella tasca dei jeans. Balbetto un «arrivederci» senza troppa convinzione, certa che non lo chiamerò mai.

SCENA 38

Meredith

Conto alla rovescia: –83

Ma perché l'ho chiamato? A dire il vero non lo so. Probabilmente per la curiosità di conoscere la sua tesi sull'argomento che mi sta tanto a cuore. E un caffè non è poi questa gran cosa...

Al telefono, Laurent non ha nascosto il suo entusiasmo all'idea di avere con me un confronto che si prospettava «stimolante», come si è premurato di sottolineare. Per quanto mi riguarda, aspetto di vedere come andrà. Intravedo da lontano la facciata color grano tostato del Magnum Café. Lui è seduto a un tavolo un po' in disparte e pare immerso in profonde riflessioni, con la penna sospesa a mezz'aria sopra i suoi appunti.

Tossicchio per annunciarmi. Laurent si alza di scatto, come rianimato, per stringermi calorosamente la mano. «Meredith! Che piacere vederla. Prego, si accomodi.»

Lentamente sbottono il cappotto e me lo tolgo, quasi volessi prendere tempo prima di affrontare un colloquio imbarazzante con uno sconosciuto. Ordino un caffè lungo e lui uno macchiato con un bicchiere d'acqua.

«E così anche lei lavora sul tema dell'amore. È un argomento inesauribile. Io ci ho messo anni a mettere a punto la mia teoria.»

Sono incuriosita. «E qual è?»

«Adesso le spiego.»

Osservo i suoi occhi brillanti.
«Conosce la leggenda del cuore di vetro, Meredith?»
«No, non l'ho mai sentita.»
«È la storia di un dio quasi sconosciuto dell'Olimpo, Glyptós, che Zeus, al momento della creazione degli uomini, aveva incaricato di costruire il più solido dei cuori. Glyptós cercò il materiale più resistente e scelse il diamante. Così modellò il cuore degli uomini in quella sublime, pura e resistentissima pietra.»
Mi lascio trasportare dalla sua voce profonda. «E poi?»
«Un giorno Zeus si innamorò perdutamente di una umile mortale, Acacia, letteralmente colei che è innocente... Nonostante un corteggiamento accanito durato anni, la bella preferì rimanere pura e non volle mai cedere alle sue avance.»
Laurent si interrompe quando il cameriere ci porta i caffè, costretto a spingere di lato i numerosi fogli che ricoprono il tavolino.
Mi guarda per capire se può proseguire. Certo che sì.
«La rabbia di Zeus cominciava a montare. Quel rifiuto gli pareva uno sgarbo intollerabile. Perdendo di vista le lodevoli e caste motivazioni della giovane, finì per convincersi che quella ritrosia fosse una sorta di odiosa tortura che Acacia voleva infliggergli e arrivò al punto di considerarla un sotterfugio per ottenere da parte sua favori sempre maggiori. Con la mente ottenebrata da quei pensieri tossici, Zeus, furioso, si preparava a commettere un gesto irreparabile: prendere la ragazza con la forza. Acacia, disperata e terrorizzata, tentò di fuggire e scivolò giù dalla cima di una scogliera. Il dio sperimentò allora in prima persona ciò che gli umani provavano quando dicevano di morire di dolore. Acacia gli aveva spezzato il cuore.»
«Che storia triste che mi sta raccontando, Laurent.»
«E non è ancora finita. Per non dimenticare mai la terribile sofferenza inflittagli da quella creatura mortale e per far sì che gli uomini si ricordassero quanto un cuore può essere fragile, ordinò a Glyptós di costruire per gli uomini dei cuori di vetro.»

Scoppio a ridere. «Laurent! Ma questa leggenda se l'è inventata di sana pianta!»

Mi sorride con aria maliziosa. «Niente affatto. È la storia dell'origine della fragilità del nostro cuore, che l'amore può mandare in mille pezzi.»

Rido di nuovo. Bel racconto.

«Adesso tocca a lei: mi dica cosa l'ha spinta a esplorare il tema dell'amore, se le va.»

Non c'è dubbio, Laurent ha un sorriso molto persuasivo.

Gli parlo a grandi linee della mia ricerca, del perché mi sono trasformata in una specie di Candido dell'Amore e per approfondire la questione sono partita per un Love Tour iniziatico, allontanandomi dal calore del mio compagno. Sembra molto interessato. «Come immaginerà, sono ben lontana dal trovare le risposte che mi permettano di sentirmi finalmente pronta a vivere il grande amore ed esserne all'altezza.»

«Perdio, un'idealista!»

«Non mi prenda in giro!» Rido.

«Non è mia intenzione, mi creda! Malgrado le differenze che ci sono tra noi, anch'io posso essere definito un idealista.»

«Ah sì? E in che senso?»

Laurent tentenna.

«Coraggio! Dopo che mi ha raccontato la leggenda di Acacia, può confidarmi qualsiasi cosa», lo stuzzico.

Esita ancora qualche istante, poi la mia insistenza lo convince e risponde a mezza voce: «Mmh... Ho risolto la questione dell'amore diventando un collezionista di cotte».

«Cioè?»

Lui si schiarisce la voce, vagamente a disagio. «Promette di non giudicarmi?»

«Sì.»

«Ora le spiego. Per molti anni ho cercato di capire quale fosse l'atteggiamento più giusto da adottare rispetto all'amore, e alla fine ho deciso di limitarmi a flirt passeggeri, ma non per questo meno intensi, che per definizione non possono fare male perché sono destinati a non durare. In questo modo evito di oltrepassare la soglia dell'intimità pericolosa e della grande menzogna del mito dell'appartenenza. "Mio marito", "mia moglie": ridicole chimere! Niente ci appartiene davvero! Così mi innamoro di persone di passaggio, mi lascio trasportare dai grandi sentimenti che mi ispirano, mi riempio dell'energia straordinaria generata da rapporti che non lasceranno tracce ma neanche cicatrici. Dell'amore prendo il meglio, ovvero, come diceva il buon Malebranche "il movimento per andare più lontano". Del resto, la maggior parte delle volte si tratta di flirt platonici.»

«La maggior parte?»

Laurent ride. «Sì! Be', sono pur sempre un essere umano. Quando corpo e anima possono incontrarsi, non mi tiro certo indietro.»

«Ed è felice, così?»

«A mio avviso, più di tante altre persone, dal momento che io non cerco nulla da "possedere". Assaporo l'esaltazione fugace della bellezza che vedo in ciascuna delle donne che incontro. Non sono né triste né frustrato perché so che la fonte della bellezza fisica, intellettuale e spirituale è inesauribile e che il mondo ne è pieno. Basta non commettere l'errore di focalizzarsi su un unico oggetto del desiderio. Io bevo a ogni sorgente, senza pregiudizi, e così facendo amplio sempre più le mie prospettive.»

Sono colpita. «Interessante», mi limito a dire. Lo guardo un po' più intensamente, con una luce birichina negli occhi. «Devo forse dedurre di essere una delle sue cotte del momento?»

Lui si appoggia allo schienale della sedia, forse per prendere le distanze. «È possibile.»

Mi chiedo che cosa stia pensando mentre lo scruto spudoratamente. Lo sguardo è la finestra dell'anima. Un secondo di più, e la situazione diventerebbe imbarazzante. «Ma cosa si aspetta davvero dai suoi flirt, Laurent?»

In una sorta di versione maschile della *Gioconda*, lui sorride enigmatico.

SCENA 39

Rose

Tornata dall'ospedale, Meredith mi ha riservato un'accoglienza incredibile: il suo affetto mi riscalda il cuore dopo tre giorni passati in un ambiente freddo e anonimo. Mi ha sommersa di domande, che ho accuratamente schivato per non impressionarla con il racconto della mia esperienza dei test clinici. Ho deciso di far finta che sia andato tutto bene e sono contenta che se la sia bevuta. In fin dei conti, non sono poi male come attrice.

Dopo, con discrezione, mi sono rifugiata nella mia stanza per stendermi, cercando di ignorare le vertigini che mi prendono ogni volta che faccio un movimento troppo brusco. Cerco di convincermi che, con un po' di riposo, stasera mi sentirò bene per il nostro primo spettacolo al théâtre des Guillemets. Del resto non è che io abbia molta scelta, tanto più che sono al corrente della macchinazione segreta di Antoine per riempire la sala. Non ha resistito alla tentazione di confidarsi con me. L'ho messo in guardia sui pericoli dei suoi slanci da angelo custode: se Meredith venisse a saperlo, ne sarebbe davvero infastidita. D'altro canto, però, vedendo tutti questi gesti amorevoli, per giunta compiuti nell'ombra, non posso che invidiare la mia amica e sperare che faccia le scelte giuste riguardo al suo avvenire con lui.

Non riesco a reprimere un sospiro: è davvero difficile mantenere il segreto. Muoio dalla voglia di rivelare a Meredith tutto ciò che Antoine sta escogitando per lei, per migliorare la sua vita, per aiutarla ad acquisire maggior sicurezza, per farla sentire meglio... Ma ho promesso di non dire nulla e sarò muta come un pesce.

Antoine mi ha raccontato come in pochissimo tempo, grazie alla sua rete di contatti, sia riuscito a trovare tre aziende di Lille interessate all'evento. Ciascuna manderà a teatro quaranta impiegati grazie ai biglietti offerti da lui.

Stasera in sala ci saranno centoventi persone. Faccio fatica a deglutire, non so se per la fifa o per il mal di gola che rende il gesto doloroso.

Meredith bussa e infila la testa nella porta. «Tutto bene, cara? Ti serve qualcosa?»

Le rivolgo il sorriso più radioso di cui sono capace e un rassicurante pollice alzato che significa: "Situazione sotto controllo".

Mentre richiude la porta, lascio cadere la testa troppo pesante sul cuscino e mi chiedo sinceramente come farò ad affrontare la serata.

SCENA 40

Meredith

Conto alla rovescia: –79 giorni

Che bello che è stato rivedere Rose! Mi è mancata un sacco in questi giorni, ma soprattutto ero preoccupata da morire per lei. Fortunatamente, pare che sia andata bene, anche se mi è sembrata un po' pallida.

Quanto a me, comincio ad avvertire i sintomi pre debutto e, da brava ipocondriaca, temo che la voce presto mi abbandonerà. Con il foulard di seta dei giorni di grande strizza avvolto attorno al collo sono andata al supermercato sotto casa a comprare il kit di primo soccorso per voci fuggitive.

Prima mi ero premurata di consultare qualche centinaio di siti in cerca delle ricette più miracolose del web, malgrado le conosca a memoria da tempo. Si sa, l'ipocondriaco ha sempre bisogno di rassicurazioni.

Ho lasciato perdere il metodo dello spicchio d'aglio schiacciato da assumere con una cucchiaiata di miele, per pietà nei confronti della mia compagna di scena e amica del cuore.

Adesso, nella nostra piccola cucina, aspetto pazientemente che l'acqua bolla per preparare un gargarismo a base di succo di limone e sale grosso che in passato mi è stato utilissimo.

Questo pomeriggio devo ricordarmi di ingurgitare ogni tanto una cucchiaiata di miele con due gocce di olio essenziale di albero del tè. La buona notizia è che, se alla fine non sfonderò a teatro, potrò sempre riciclarmi come erborista fai da te. Ormai sono talmente esperta di rimedi naturali che senz'altro riscuoterei un certo successo!

Mentre l'ora X si avvicina, comincio il mio piccolo cerimoniale, costituito da una serie di rassicuranti gesti ripetuti che mi aiutano ad allentare la tensione: doccia caldissima, maschera per il corpo energizzante, make-up per migliorare l'autostima, pronto soccorso delle grandi occasioni contro tutti i piccoli mali possibili (olio essenziale antinausea, granuli antistress, pastiglie al miele, amuleto spiritoso contro le onde negative...). Sono quasi pronta.

Quando io e Rose usciamo a braccetto, sono piena di speranze; sogno che il théâtre des Guillemets sia la rampa di lancio verso una luminosa carriera artistica.

Un paio di volte vedo Rose incespicare, maledicendo i tacchi alti. Quante volte le ho consigliato di mettersi le scarpe piatte, anche considerato il fatto che non le difetta certo l'altezza?

Al nostro arrivo troviamo ad attenderci il direttore del teatro. Oggi sembra contento e mi fa un'impressione del tutto diversa rispetto alla prima volta che l'ho visto. Mi era parso un tipo severo, con i nervi a fior di pelle e l'empatia di un ramo secco nel deserto.

«Come state?» ci chiede in tono un po' ossequioso.

Rispondo anche per Rose, stranamente spenta, che siamo in splendida forma. Lui inarca un sopracciglio con aria soddisfatta e si sistema gli occhiali sul naso.

«Tanto meglio, perché stasera il teatro è al completo!»

Non nascondo l'eccitazione e do una gomitata a Rose, giusto per condividere la mia euforia. Forse il pubblico inizia finalmente a conoscerci?

«Conto su di voi: mettetecela tutta!»

Può scommetterci! Sento l'adrenalina scorrermi nelle vene. Ho la strana sensazione di avere dentro una specie di palla di fuoco che arde in un lago ghiacciato. È l'effetto della paura unita alla trepidazione.

Rose invece è come in trance: sprofondata nella sedia, chiude gli occhi quasi stesse meditando. Lascio che si concentri.

E finalmente arriva il nostro momento. Il cuore mi batte a mille mentre, da dietro le quinte, spio la sala gremita di teste e percepisco un'atmosfera calda e avvolgente che emana dal pubblico. Entrare in scena è un po' come buttarsi con l'elastico nel vuoto. Non sei mai sicuro di essere in grado di rivivere sensazioni tanto intense quando le hai già sperimentate. Faccio un profondo respiro e, un istante dopo, eccomi davanti alla platea. Al mio pubblico, la mia ragione di vita.

Sono tutta un fuoco. Eppure, fin dai primi momenti, ho la spiacevole sensazione che qualcosa non vada per il verso giusto. Rose non è in forma, la sua recitazione è spenta. Che cosa succede? Spariamo una gag dietro l'altra. Raddoppio l'energia per compensare la sua mancanza di verve e le lancio brevi sguardi carichi di apprensione. Iniziamo il terzo sketch. La battuta di Rose si fa attendere: sia io sia gli spettatori restiamo con il fiato sospeso. All'inizio il silenzio sembra voluto. Lei viene verso di me barcollando, d'un tratto crolla a terra e giace inanimata sul palco.

Un fremito di timore percorre l'uditorio. Mi precipito immediatamente verso la mia amica mentre qualcuno chiama i soccorsi. Poco dopo Rose viene portata all'ospedale. Ho una gran confusione in testa.

Il reparto in cui ha effettuato i test banalizza l'episodio: «Accade che sopravvengano degli effetti indesiderati nelle ore successive al programma. In generale, sono di lieve entità».

"Di lieve entità", mi ripeto con amara ironia. Avrei voglia di strozzarli. Intanto, la mia Rose è lì stesa nel letto.

Qualche ora più tardi vengo informata che probabilmente tutto si risolverà con nient'altro che un brutto spavento: terranno Rose in osservazione, ma non dovrebbe avere nulla di preoccupante. Il mio sollievo è di breve durata. L'indomani, a mezzogiorno, mentre esco con lei dall'ospedale dopo le sue dimissioni, mi squilla il cellulare. È il signor Bocquet, il direttore del teatro, con una voce che non preannuncia niente di buono. A malapena chiede come sta Rose.

«Non le nascondo che l'episodio di ieri è un bel problema.»

«Ah.»

«Un colpo di scena niente male, eh...» ironizza lui.

Cerco di sdrammatizzare. «Già, una bella prova di improvvisazione...»

Mi interrompe bruscamente. «Soprattutto molto sgradevole, sia per voi sia per me», dice Bocquet, gelido. Fa un'inquietante pausa di silenzio, come un medico che stia per dare una brutta notizia al suo paziente. Poi articola con amara solennità: «Ho dovuto rim-bor-sa-re centoventi persone? Sa che cosa significa?».

Rose, accanto a me, cerca di capire che cosa succede. Deve aver visto la mia espressione incupirsi sempre più nel corso della conversazione. «Allora?» mi chiede ansiosa quando metto giù.

«Siamo appena state licenziate.»

E scoppio a piangere.

SCENA 41

Antoine

È sempre particolarmente sconcertante sentir piangere la donna che si ama, anche al telefono. Non saprei spiegare perché, ma tocca qualche corda profonda della mia anima. Quel fiume di lacrime, così insolito per Meredith, mi ha sconvolto e non ho ancora smesso di tremare. Chi avrebbe mai potuto prevedere un esito così catastrofico per la sua prima al théâtre des Guillemets? Se penso a tutto quello che ho fatto per riempire la sala, a quanto è stato duro radunare centoventi persone... E non è servito a niente! Ma ciò che mi ha ferito di più è stato sentire il suo sincero dolore, come se l'incidente avesse ampliato una falla che già esisteva dentro di lei e che ora sarà difficile chiudere. Ho percepito che era a un passo dall'andare in mille pezzi, in procinto di abbandonare il teatro e lasciar perdere tutto. Mi si è ghiacciato il sangue nelle vene. Mentre ascoltavo le sue parole amareggiate, in me montava un incontrollabile sgomento, una reazione tipicamente maschile agli sfoghi dell'altro sesso: imbarazzo, senso di impotenza. So di essere in grado di prendere decisioni pragmatiche, ma nella gestione di una crisi emotiva ero come un adolescente goffo e maldestro che non sa da che parte iniziare. Avrei trovato le frasi giuste da dire? Mi sarei mostrato all'altezza della fiducia che lei mi testimoniava confidandosi con me in un momento di fragilità? La richiesta di Meredith, di solito così riservata e restia a domandare aiuto, era una sorta di regalo. Per un uomo il dolore femminile è delicato da gestire: di fronte alla donna di cui sono follemente innamorato mi sono sentito smarrito come davanti a un rompicapo cinese. Mi sono sforzato di ricordare il buon consiglio della mia migliore amica Annabelle: «Il difetto di molti uomini è che amano troppo il suono della loro voce. Credimi, chi sa offrire alla compagna un ascolto di qualità, senza interromperla per precipitarsi a darle consigli o proporre piani d'azione, guadagna un sacco di punti!». Allora, mentre Meredith si sfogava e tratteggiava per sé un futuro a tinte sempre più fosche, mi sono più volte morso la lingua per impedirmi di intervenire. Dovevo solo ascoltare, lanciando ogni tanto piccoli segnali incoraggianti per spronarla a proseguire. Quel metodo pareva efficace.

«Mi ha fatto davvero bene parlarti», ha detto lei alla fine della conversazione.

«Ne sono felice. Non mollare, Meredith. Domani è un altro giorno. Sono sicuro che le cose si sistemeranno.»

«Mi piacerebbe poterti credere.»

«Oggi vedi tutto nero. Sei il mio *black swan*!» ho scherzato.

«*Black swan*?» mi ha chiesto lei, tirando su con il naso.

«Sì, il mio cigno nero», ho risposto con tenerezza.

«È bello che tu mi veda come un cigno, anche se nero!»

L'ho sgridata un po', giusto per dirle di smettere di autocommiserarsi. È come se conoscessi le sue risorse meglio di lei; so che saprà attingervi per rialzarsi, qualunque cosa succeda. Mi piacerebbe che ne fosse convinta quanto me. «Promettimi che darai una pulita alle tue splendide piume in modo che tornino bianche.»

Meredith ha riso e alla fine mi ha dato la sua parola.

«Sai cosa? Provo a chiamarlo io, il direttore del teatro!»

«No, lascia perdere! Ti manderà al diavolo.»

«Come fai a saperlo?»

«Lo so e basta. È un bulldog, ti avviso.»

«Dammi il suo numero. Voglio fare un tentativo.»

«Perdi solo tempo.»

Nel tono della sua voce, però, ho percepito qualcosa che somigliava a un ringraziamento.

Ci siamo abbracciati virtualmente al telefono. Ho fatto

appello alla memoria sensoriale per risentire sotto le dita la sua pelle di seta. Abbiamo messo giù.

Sono rimasto per diversi minuti a fissare nel vuoto, poi ho preso a camminare su e giù per il salotto, cercando di farmi venire un'idea per tirarla fuori da quella situazione. Ho composto il numero di Bocquet.

Lui ha risposto immediatamente. Appena ha sentito i nomi di Rose e Meredith, la sua voce ha assunto una nota di risentimento. Per la seconda volta nella giornata ho applicato la teoria dell'«orecchio amico», che lo ha conquistato. Ciò malgrado, pur apprezzando i miei modi cortesi, ha ribadito che non c'era nulla da fare: le ragazze avevano avuto la loro possibilità; quel fiasco gli era costato troppo caro. Allora ho giocato la carta vincente. Anche se mi dispiace ammetterlo, i soldi, pur non facendo la felicità, a volte aiutano a tirarsi fuori dai guai. Questo va detto.

«Signor Bocquet, le propongo una soluzione che dovrebbe mettere d'accordo tutti quanti. Sono pronto a rimborsarle tutti i cen-to-ven-ti biglietti...» Ho scandito bene le sillabe perché il concetto fosse chiaro. Mi è parso immediatamente molto ricettivo.

«In cambio di cosa?»

«Che lei dia loro modo di finire le date dello spettacolo previste fin dall'inizio.»

La decisione non gli ha preso troppo tempo.

«Le chiedo comunque un piccolo favore...»

«Sì?»

«Non deve assolutamente sfuggirle che ho pagato per sistemare le cose. Anzi, per rendere tutto più credibile, dica che accetta di riprenderle e accordare loro una seconda possibilità a condizione che fissino una nuova data per lo spettacolo che ha dovuto annullare. È d'accordo?»

«Si può fare.»

«Grazie, signor Bocquet.»

Ho messo giù con il cuore più leggero.

Sono andato a sedermi al tavolino del salotto con una

calcolatrice e un blocco. Tutta questa storia comincia a costarmi cara, ma non m'importa. Non c'è nulla che non farei per riportare un bel sorriso sul volto di Meredith.

Determinato, riprendo in mano il telefono per chiamare la banca.

«Sì, buongiorno, sono Antoine Delacour. Posso parlare con Sandra Magnieri, per favore? Sì, certo, grazie... Sandra! Come sta? Avrei bisogno di spostare un po' di soldi dai fondi d'investimento al conto corrente. Grazie mille!»

Mi mette in attesa, e io rimango qui, sovrappensiero, a tracciare dei disegnini sul foglio. Volute, arabeschi, petali... Qualunque cosa io faccia per Meredith, ho l'impressione che riesca sempre a migliorare il mio umore, a addolcirmi.

SCENA 42

Meredith

Conto alla rovescia: –77 giorni

Finita la telefonata, ai miei piedi c'è un monticello di fazzoletti appallottolati. All'improvviso mi vergogno un po' del fiume di lacrime che ho riversato su Antoine. A essere sincera, non mi aspettavo che sfogarmi mi avrebbe fatto tanto bene: mi sento più leggera e provo per lui un moto di gratitudine. Ripenso alle sue parole, al *black swan*, il cigno dalle piume annerite a cui mi ha paragonata. Non deve averci messo molto a capire che ho la tendenza a scoraggiarmi in fretta, ad autocommiserarmi, a drammatizzare le situazioni. Sembra che io ci provi gusto a focalizzarmi sui miei difetti, a metterli sotto una lente di ingrandimento, e a scolpire invece le mie qualità su microscopici chicchi di riso.

Per il momento non riesco proprio a immaginare come potrei trasformarmi in un bel cigno bianco come nella fiaba di Andersen; le stimmate del brutto anatroccolo sono ancora incise troppo profondamente nella mia carne. Con un gesto automatico tiro fuori il Love Organizer e nella sezione TRA ME E L'ALTRO annoto una decisione solenne: «Fare attenzione a non scaricare su Antoine tutte le mie preoccupazioni, a non contaminarlo con la mia visione cupa!». Mi riprometto di sforzarmi di capire quale sia il giusto limite della confidenza e della condivisione dei dispiaceri e quando invece sia necessario innalzare una barriera a tenuta stagna.

Sto raccogliendo i fazzolettini per andare a buttarli quando Romeo mi si avvicina con aria afflitta.

«Sei trisssste? Sei trisssste?» ripete.

Per un istante resto interdetta. Com'è possibile che lui riesca a percepire le mie emozioni? Lo accarezzo, poi, mentre mi asciugo gli occhi ancora arrossati dal pianto, vado a trovare Rose nella sua camera.

«Ehi, come va?»

È stesa sul letto, lo sguardo fisso sul soffitto, e sta attaccando un secondo sacchetto di patatine. «Come va?»... Che domanda idiota!

«Senti», proseguo, «non è incredibile che Romeo mi abbia chiesto se sono triste?»

«Ah, lo ha fatto anche con te?»

«Sì.»

Rose assume un'aria pensierosa. «Sì, è una cosa pazzesca. Sembra che sia capace di riconoscere e dare un nome a certe emozioni.»

«È normale per un pappagallo?»

«No, non credo. È già da un po' che all'Istituto Peterson insistono perché io gli affidi Romeo qualche tempo in modo che possano studiare le sue capacità, ma non ho ancora avuto il coraggio di separarmi da lui.»

«Mmh... capisco. Rose, ho sentito Antoine al telefono.»

«E allora?»

«Proverà a parlare a Bocquet. Ma considerato il tipo, se vuoi il mio parere, è una partita persa.»

«Non lo so. Stiamo a vedere. Nel frattempo, la cosa buona è che possiamo ingozzarci di patatine!» Fa una risatina senza troppa allegria.

«No, grazie. Ho un'altra idea per impiegare il tempo. Anzi, adesso esco. Serve che ti prenda qualcosa?»

«No. Ho le mie riserve di cibo», dice Rose indicando il pacchetto di patatine.

La abbandono al suo piccolo e regressivo piacere salato e mi dirigo verso un negozio di bricolage poco lontano da casa, al reparto di articoli di cancelleria.

Compro un telaio, una tela di cotone formato A3, un tubetto di pittura acrilica nera, un pennarello indelebile nero, un sacchetto di piume decorative bianche, una spillatrice a muro, una confezione di carta da ricalco e due matite, una 2B e una HB. Poi me ne torno a casa contenta con il bottino.

Le ultime ore mi hanno talmente provata che sento l'impellente bisogno di distrarmi.

Lungo la strada l'idea si concretizza nella mia mente, così appena rientrata vado dritta al computer per cercare l'immagine che mi serve. Digito nella barra del motore di ricerca «cigno da colorare», e trovo immediatamente quello che fa al caso mio. Scelgo il disegno che mi ispira di più, lo copio e lo incollo in un documento e lo ingrandisco in modo che occupi un foglio A4, poi lo stampo. Non mi resta che tracciare i contorni del cigno sulla tela: matita 2B, più morbida, per ricalcare, matita HB per ripassare i contorni.

Butto giù a grandi linee il mio progetto sul Love Organizer: dipingerò lo sfondo di nero in modo che l'uccello bianco risalti, che stacchi. Con il pennarello tratteggerò delle aree nel corpo dell'animale; in alcune disegnerò motivi semplici in base alla mia fantasia, in altre scriverò parole simboliche che rappresentino le mie azioni e i miei impegni per diventare, finalmente, il bel cigno bianco che vorrei essere. La linea direttrice è chiara. La annoto in rosso nel Love Organizer: «Che cosa mi dà motivo di essere orgogliosa di me?».

Provo a stilare una lista di spunti nella sezione TRA ME E ME, dalle cose più piccole a quelle più impegnative.

Adesso come adesso, mi pare che fare un elenco sia la maniera più semplice per rafforzare la mia autostima.

Tra una cosa e l'altra dipingo di nero lo sfondo, che fa risaltare la forma stilizzata del cigno, e aspettando che il colore si asciughi vado a fumarmi una sigaretta sulla minuscola sporgenza che fa da balcone al nostro appartamento. Sento il fumo irritarmi un po' la gola e immediatamente il gusto acre mi fa venire sete. Mi osservo mentre inspiro da quel malsano stelo grigiastro e subito spengo la sigaretta, trovando a fatica uno spazio per schiacciarla nel posacenere strapieno di mozziconi accumulati nel corso dei giorni. Non è una gran bella visione. Un flebile *bip* mi risuona dentro: se riuscissi a smettere, non sarebbe forse una prima, ottima ragione per essere orgogliosa di me?

Quando torno al tavolo da lavoro, sono eccitata e pronta alla sfida. Mi sento impaurita, ma ho anche voglia di provare, di osare, di vedere di cosa sono capace. E soprattutto voglio smetterla di rimandare a più tardi le piccole decisioni che però richiedono grandi sforzi e un impegno indispensabile per innescare il meccanismo del cambiamento positivo. Così, con mano un po' febbrile, scrivo in bella grafia in una delle zone che ho delimitato dentro il cigno: «Smettere di fumare». Faccio due passi indietro per valutare l'effetto. È incredibile come questo esercizio sia incoraggiante! Mi diverto a disegnare in alcune aree graziosi motivi grafici: un quadrato con spesse righe bianche e nere, un altro con minuscoli cerchi, uno terzo con tanti piccoli petali. L'opera prende forma ed è molto gradevole.

Rose fa capolino ed esclama: «Wow. Sembra carino quello che stai facendo. Allora? Hai forse deciso di cambiare mestiere?». Ride. «Be', non hai tutti i torti. Pensare di vivere facendo l'attrice non è una grande idea...»

«Mmh... no, non ha niente a che fare con il lavoro. È un passatempo. Mi diverto.»

«Brava.» Rose si stiracchia. Ha il viso stanco, gli occhi segnati, la carnagione spenta. «Faccio un tè?»

«Volentieri. Grazie, cara.»

Mentre in lontananza sento il bollitore che inizia a borbottare, attacco con la spillatrice alcune piume al telaio per creare una specie di cornice. L'effetto è piuttosto bello.

«È pronto!» mi interrompe Rose.

«Arrivo!»

Scarabocchio in tutta fretta qualche altra idea sul Love Organizer.

Un'altra buona ragione per essere fiera di me sarebbe riuscire ad andare fino in fondo nel progetto dell'one-woman show. In un'area del cigno annoto: «Andare fino in fondo». Lo so io cosa vuol dire, anche se dovrò approfondire l'argomento nella sezione TRA ME E IL MONDO.

Per dare vita a quel progetto è necessario essere pragmatici: un obiettivo non si «sogna», bisogna visualizzarlo, ed è opportuno definire il più dettagliatamente possibile le tappe della sua realizzazione.

Innanzitutto, devo stabilire un piano d'azione preciso, a partire da una semplice domanda: quante ore al giorno potrò dedicargli?

Poi c'è la questione della data limite: quanto mi ci vorrà per scrivere il testo?

Infine bisogna individuare a chi sottoporre il progetto, identificando i potenziali produttori e registi. Come fare a mettersi in contatto con loro? Chi, tra i miei contatti, potrebbe aiutarmi? (Devo tracciare una mappa mentale delle mie conoscenze.)

I sottobiettivi si affollano nella mia mente, e l'entusiasmo fa scorrere la penna per delineare velocemente un piano d'attacco.

Rose mi chiama di nuovo per prendere il tè.

Ehm... tutto sommato, temo che non ne avrò il tempo!

SCENA 43

Rose

Alla fine il signor Bocquet ci ha riprese, così abbiamo rispettato tutte le date previste dal calendario. Meredith non ha idea di cosa ci sia sotto, ed è meglio che non ne venga mai a conoscenza. Io, che ho accesso alle informazioni più riservate, so che Antoine questa volta si è spinto ancora oltre, sborsando altri soldi per rimborsare i biglietti del primo spettacolo, e ha fatto in modo che a ogni replica fosse presente un pubblico adeguato. Un gesto folle. Da quando ci conosciamo non l'avevo mai visto in uno stato simile, così perso per una donna. Meredith è fortunata. Ma se ne rende conto? Antoine non vuole assolutamente che lei conosca questi incredibili retroscena; deve pensare che il successo sia una manna piovuta dal cielo. Le motivazioni di Antoine sono chiare: desidera che Meredith ritrovi la fiducia in sé stessa. Non posso dargli torto: la nostra popolarità, per quanto fittizia, le sta facendo molto bene. La vedo lavorare di buona lena a un progetto futuro di cui per il momento non vuole parlare nemmeno a me. Sembra animata da un fuoco interiore: la sua passione per il teatro è divorante. Non c'è dubbio, lei la recitazione ce l'ha nel sangue. Certe volte non sono più così sicura che lo stesso valga per me. Tutti questi anni di difficoltà, faticando a mettere assieme il pranzo con la cena, i compensi miseri, i provini andati male... Ci sono giorni in cui mi chiedo come sarebbe condurre una vita un po' più banale, regolare, senza dover correre a destra e a sinistra, sempre a caccia della minima opportunità per tenere la testa fuori dall'acqua.

Adoro sentire le assi del palcoscenico sotto i piedi, ma non ne posso più di galleggiare su una zattera in balia delle onde. Adesso ho davvero bisogno di toccare terra.

Sono immersa in queste riflessioni quando il treno entra nella stazione di Parigi. Scruto tra la folla in cerca di volti familiari e all'improvviso la vedo: mia figlia! Corriamo l'una verso l'altra, e lei mi si getta fra le braccia. La mia ranocchietta! La copro di baci, affondo il naso nei suoi capelli, la annuso come una mamma gatta che ritrova i suoi cuccioli. A quanto pare le faccio il solletico e mi delizia con la sua risatina tintinnante. Un po' in disparte, mia madre mi guarda con negli occhi la luce dei bei momenti. Mi avvicino a lei, e ci scambiamo un formale bacio sulla guancia che tuttavia non toglie nulla alla nostra gioia di rivederci. La mamma insiste per aiutarmi a portare una valigia. È nella sua natura: le piace darsi da fare, inutile opporre resistenza.

Respiro a pieni polmoni l'aria inquinata della capitale. Questa dannata città mi è mancata da morire! La mamma è venuta a prendermi con la sua macchina scassata, vecchia come il cucco. Per tutto il tragitto non posso impedirmi di girarmi a guardare mia figlia, seduta sul sedile posteriore. La contemplo. È bellissima. Percorro con gli occhi ogni dettaglio del suo adorabile musetto; il naso perfetto, la bocca ben disegnata, come un petalo di rosa, i dentini da latte bianchissimi, gli occhi, due sperduti laghetti di montagna...

«Allora, mamma, quand'è che andiamo a Disneyland?»

Sorrido; non molla l'osso, la ragazza. "Hai ragione, tesoro, la vita non aspetta", penso. Dovremmo andarci ora, immediatamente. «Tra due nanne, amore. Domenica. Okay?»

Késia sembra un po' delusa di non partire oggi stesso; poi ci riflette e deve concludere che non si tratta poi di una lunga attesa. «Strabello, mamma!»

All'improvviso la macchina fa un rumore strano. Sobbalzo, mentre mia madre si lascia scappare un'imprecazione non propriamente da nonna. Dal cofano vediamo salire del fumo.

«Dobbiamo fermarci», bofonchia lei fra i denti, irritata. Mette i lampeggianti e accosta sul ciglio per poi fiondarsi a vedere cosa succede.

Mi affanno ad abbassare il finestrino. «Mamma! Non uscire così! Ti devi mettere il giubbotto catarifrangente!»

È sempre stata impulsiva e imprudente. Sapevo che le cose non potevano andare lisce! Dentro di me mi sento ribollire: ce l'ho con lei perché ha rovinato un momento così importante per la sua negligenza. Ancora una volta non avrà fatto controllare la macchina. Lei è fatta così, ha la maledetta tendenza a trascurare le volgari faccende quotidiane per occuparsi di questioni più «elevate»: spirito, anima, corpi astrali e tutto quel che concerne da vicino e da lontano il suo mestiere di cartomante veggente. Figuriamoci, i motori sono l'ultimo dei suoi pensieri.

E così, eccoci qua, in panne. Apro il cassetto del cruscotto e tiro fuori due gilet per le emergenze. Ne indosso uno e mi giro verso Késia. «Tu non muoverti, okay, amore?»

La piccola annuisce senza fiatare e se ne sta lì buona buona. Non si direbbe che sia mia figlia.

«Mamma! Adesso ti metti questo!»

«Ma no, non serve a niente! Lasciami in pace...»

Glielo infilo a forza, senza curarmi delle sue proteste, e apro il cofano.

«E adesso cosa fai?» mi chiede, nervosa.

«Cerco il triangolo, guarda un po'. Non hai mai sentito dire che è pericoloso stazionare sulla corsia di emergenza?»

«Oh, tu drammatizzi tutto! Sembri tuo padre...»

«Non parlarmi di lui, per favore. Ma cosa stai combinando?» La vedo mettere le mani nel motore. «Smettila!»

Lei si ostina. Sono costretta a insistere.

«Mamma! Adesso basta! Chiamiamo un carro attrezzi, okay?»

«Ma no, io...»

«No, tu niente! Chiamo subito.»

Il mio tono categorico chiude la discussione. La costringo ad andare a sedersi di nuovo in macchina e contatto la compagnia di assicurazioni. Non arriveranno prima di un'ora. Il weekend è cominciato bene. E io che volevo portare Késia a Disneyland in macchina...

SCENA 44

Meredith

Conto alla rovescia: –66 giorni

Il signor Bocquet ha accettato di concederci una seconda possibilità, in cambio di una serata gratis per recuperare lo spettacolo sospeso a causa del malessere di Rose. Ma che importa! La catastrofe dell'annullamento della tournée è stata scongiurata. Tra l'altro la nostra agente non l'avrebbe presa bene, ed essere scaricate da lei avrebbe di certo peggiorato la nostra situazione professionale, già non propriamente florida.

Ho rivisto diverse volte il mio collezionista di cotte. Quando gli ho chiesto che cosa si aspettasse da me, sono rimasta molto sorpresa, quasi disorientata dalla sua risposta: «Niente».

Ma quel «niente» era molto, mi ha fatto riflettere. Finora avevo sempre incontrato persone che si aspettavano qualcosa da me: uomini che desideravano possedermi per mettere una crocetta in più sul loro quaderno di caccia, altri che volevano uscire con me per avere al fianco una bella donna, altri ancora che, approfittando della mia disponibilità, avevano sempre un piccolo favore da chiedere. Insomma, non mi era mai capitato di incontrare qualcuno sinceramente disinteressato.

Così, è stato con il cuore leggero che ho accettato di passare alcune ore con Laurent, intrigata da questo strano personaggio, originale e poetico.

Forse volevo anche cercare di carpire il segreto della sua serenità.

Come fa a mantenere una tale calma di fronte alle grandi questioni dell'amore e della vita, che mi scuotono immancabilmente come una foglia al vento?

Penso a tutto ciò in questa giornata quasi calda di fine maggio. Laurent mi ha trascinata al LaM, il museo di arte moderna a Villeneuve-d'Ascq, e stiamo passeggiando in giardino, persi in un oblio bucolico, quando incappiamo in una scultura di Alexander Calder, *Croce del Sud*, un'imponente opera ben ancorata al suolo che si dispiega nell'aria, i bracci di ferro animati scossi dalla brezza.

Questa scultura riflette esattamente ciò che provo adesso rispetto all'esistenza, la costante contraddizione fra il desiderio di stabilità e il bisogno di muovermi. La stabilità rassicura ma nel contempo irrigidisce, e i suoi aspetti anchilosanti mi fanno paura. Il movimento, invece, è sinonimo di dinamismo quando ci spinge a uscire dalla nostra *comfort zone*, incoraggia l'audacia, indispensabile per il successo, e ci sprona a superare i nostri limiti; però può essere estenuante se ci impedisce di riposare e ci mantiene in una sorta di agitazione perenne, facendoci sprecare energie.

Osservo il balletto delle forme geometriche sotto l'assalto del vento e penso che non voglio lasciarmi trasportare dalla vita, mettere il mio destino nelle mani invisibili di forze aleatorie, sperando di avere fortuna.

Ora ho ben chiaro che perché la vita mi appartenga davvero devo fare le mie scelte e non affidarmi al caso per ottenere ciò che desidero.

Guardo ancora una volta l'opera di Calder. Nelle sculture di questo grande maestro sembra essere racchiuso un messaggio segreto sull'equilibrio assoluto. L'armonia che tutti cerchiamo non è forse proprio un insieme di stabilità e movimento?

«Le dispiace se faccio un rapido schizzo?» domando a Laurent mentre tiro fuori il Love Organizer.

Naturalmente non ci sono problemi. Tratteggio le forme della scultura nella sezione TRA ME E IL MONDO e aggiungo una piccola legenda. La solida base nera rappresenta tutti gli elementi necessari per raggiungere una vera stabilità nella vita affettiva ed emotiva. Per esempio, nel mio caso, sentirmi in pace con me stessa ed equilibrata, fare della mia anima un luogo caldo e confortevole. L'idea mi piace! Sorrido, pensando al modo di abbellire giorno dopo giorno quest'oasi interiore: le piccole gioie quotidiane potrebbero essere come bei fiori freschi, i momenti preziosi in cui mi sono sentita felice e fiera di me come quadri appesi alle pareti. La arrederei con mobili raffinati ed essenziali, ciascuno dei quali rappresenta uno dei valori fondamentali che mi permettono di camminare a testa alta. Sono poi sempre gli stessi: la libertà, innanzitutto, la creatività, l'umorismo e il piacere, la generosità, l'apertura verso gli altri, il coraggio... Una volta ammobiliato come si deve il mio «interno», con cose belle e buone, allora potrò «uscire di casa». Dovrò trovare un solido attracco nel mondo – qualche persona valida su cui contare – e procurarmi mezzi di sussistenza adeguati che mi diano sicurezza. Sapere dove abito.

Tutto ciò mi assicurerà stabilità. Ma una vita basata solo su questo inevitabilmente condurrebbe alla sclerosi dell'anima, alla noia, alla frustrazione. Ecco perché è così importante la parte mobile della scultura, leggera, stravagante, in perenne movimento! Simboleggia l'imprevisto, la spontaneità, l'intuizione, l'istinto, l'irrazionale, il barlume di follia, che a volte è genialità. E anche la capacità di rivelare e sfruttare i propri talenti nascosti, in certi casi veri e propri tesori sepolti da portare alla luce. La realizzazione personale non è un'opzione sussidiaria: dev'essere il *fil rouge* della nostra esistenza.

Laurent mi guarda scrivere sul Love Organizer senza interrompere l'ispirazione. È questo che mi piace in lui: il rispetto, l'attenzione costante che gli permette di fare la cosa giusta.

Ancora una volta mi rendo conto di quanto io apprezzi il nostro vagabondare privo di complicazioni. Per quanto mi abbia confessato di avere un debole per me, non mi fa pressioni, non è insistente. Trovo toccante questa sua delicatezza.

Discutiamo di quello che potrebbe essere l'atteggiamento giusto per vivere l'amore nel modo più sereno e soddisfacente possibile. Lui continua a spiegarmi il suo punto di vista. Si ferma accanto a un'aiuola di giunchiglie appena spuntate, accarezzate dai timidi raggi del sole primaverile. Mi trattiene per un braccio e gira il viso verso il sole, con gli occhi chiusi, i lineamenti distesi, poi mi prende la mano. Il gesto sembra tanto naturale che non mi infastidisce: è un momento speciale e non voglio rompere l'incantesimo. Chiudo gli occhi anch'io. Per qualche istante rimaniamo in silenzio, completamente immobili, con i sensi in allerta. Ascoltiamo il pigolio leggero di qualche merlo nascosto. Sentiamo la brezza sfiorarci le guance, il sole riscaldarci la pelle, il tepore delle nostre mani unite, che non vogliono altro se non regalarsi un momento di tranquillità e dolcezza. Quando riapriamo gli occhi, sbattiamo rapidamente le palpebre alla luce. I nostri sguardi si incrociano e un sorriso ci si disegna sul volto.

Proseguiamo la passeggiata in silenzio. Lo osservo di sottecchi e constato che sembra felice.

«Vede, Meredith, le persone sarebbero molto più serene se imparassero ad approfittare dei momenti d'amore con la stessa semplicità con cui si godono un raggio di sole, senza porsi tante domande. A uccidere i sentimenti sono le aspettative, le pressioni: volere, possedere, stare sul chi vive, rimanere delusi. È questo che crea tensione nelle relazioni, e per cosa?»

Lo ascolto con attenzione. «Sì, per cosa?» chiedo incuriosita.

«Solo per poter possedere l'oggetto del desiderio e puntare tutto su di esso. Che peso carichiamo sulle sue spalle! Ci procuriamo inutili frustrazioni e perdiamo l'occasione di raggiungere una felicità più tranquilla e soddisfacente.»

«Cosa bisogna fare, allora?»

«Guardi me: in questi giorni assaporo la gioia del meraviglioso flirt con lei. Ma deve sapere che non è l'unico, perché non voglio esserne risucchiato. Provo amore per molte cose che mi riempiono, mi scuotono e mi fanno stare bene. Non solo esseri umani, anche argomenti, luoghi, opere d'arte... Sono innamorato dell'amore e del bello. Non sono poligamo, bensì "poliesteta". Se ci si limita a un'unica forma d'amore, le probabilità che prima o poi qualcosa si inceppi sono elevate. E la delusione, a quel punto, è inevitabile.»

D'un tratto Laurent si incupisce.

«Un tempo ho provato cosa significa e non voglio mai più rivivere un simile dolore...»

È la prima volta che si lascia andare a una confidenza così personale. Mi chiedo come fosse la donna che gli ha inflitto un simile dispiacere.

Non posso impedirmi di mettergli una mano sulla spalla in segno di consolazione. «Mi dispiace, Laurent.»

«Oh no, non si preoccupi. È una vecchia storia.»

Si gira e me lo ritrovo di fronte. Sarà la dolcezza del momento, o la promiscuità creata da quella rivelazione intima... Mi accarezza la guancia con il pollice e si china per darmi un bacio sulla bocca. Mi irrigidisco, come se aspettassi qualcosa, forse di ritrarmi. Le sue labbra calde mi sorprendono. Non hanno il diritto di essere tanto piacevoli! Detesto il fatto che *lui* sia così gradevole! Quel bacio dal soave gusto del proibito mi provoca un insondabile malessere. Devo andare via, fuggire!

Lo respingo quasi violentemente. Sorpreso dalla forza del mio gesto, Laurent vacilla all'indietro.

«Mi dispiace», gli urlo con una traccia di panico nella voce, poi scappo senza trovare il coraggio di incrociare un'altra volta il suo sguardo.

Corro a perdifiato per i sentieri del parco fino all'uscita, sconvolta. Il nome di Antoine mi martella nelle tempie, il senso di colpa mi attraversa come tante piccole scariche elettriche.

Rose

Ma lo avrà sentito, che ero a Parigi? Questo ragazzo sembra avere le antenne. In ogni caso, con un tempismo che ha dell'incredibile, ricevo una telefonata da Spuntino. Ancora lui, sempre lui. Anche se sono passati mesi dalla nostra avventura lampo a Parigi, per me senza alcun futuro, non molla, contro tutto e tutti, malgrado la tournée e il mio atteggiamento scoraggiante. Dice di aver chiamato per avere mie notizie, come se niente fosse. Non essendo nella posizione di fare tanto la snob, gli spiego la nostra misera situazione. In un baleno, da irriducibile cavalier servente, mi propone di venire a prenderci.

«Il carro attrezzi sarà qui a minuti», gli dico.

«Non importa! Per voi sarà più confortevole tornare a casa in macchina.»

Avanzo qualche debole rimostranza, ma fra la prospettiva di fare il viaggio sussultando su uno scomodissimo carro attrezzi e quella di sedermi sui soffici sedili dell'auto di Spuntino la scelta è facile.

Io, Késia e mia madre lo accogliamo come un salvatore. Ha perfino portato un thermos di caffè per noi e dei biscotti per la piccola, che ci si getta sopra come se non mangiasse da giorni. Sarà lo stress. Quando finalmente il carro attrezzi arriva, tra le scartoffie da compilare e le manovre per agganciare l'auto, passa ancora una buona mezz'ora prima che il catorcio venga portato via.

Spuntino ci accompagna a casa di mia madre e, naturalmente, lo invitiamo a fermarsi per cena. Una volta dentro, sgrana gli occhi, impressionato dall'armamentario esoterico disseminato in ogni stanza. Io ci sono talmente abituata che non me ne rendo più conto, ma capisco che la cosa possa colpire. Ci sono candele di ogni sorta, incenso, una lampada di sale, collezioni di tarocchi, una piccola palla di cristallo, un pendolo da guaritore, boccette di lozioni dalle proprietà misteriose...

Tossicchia per nascondere un leggero imbarazzo. Lo trovo carino da parte sua. Per rassicurarlo lo informo che gli offriremo un buon brodino di occhi condito con un po' di cervello. Lo vedo irrigidirsi un attimo, come in un fermo immagine, poi si lascia sfuggire una timida risatina. Poveretto! Mi rimprovero in silenzio per la mia spietatezza. Sono un mostro a prenderlo in giro in questo modo.

Késia fa la sua parte e, al settimo cielo per quell'ospite a sorpresa, lo trasforma immediatamente in cavia da gioco. Mentre preparo la cena con la mamma, guardo Spuntino prestarsi di buon grado alle tirannie della mia ranocchietta e devo ammettere che è un piacere da vedere. A fine serata è ufficiale: Késia lo adora. Seduta accanto a lui sul divano, gli parla come farebbe con il suo orsacchiotto e gli confida il suo piccolo dramma: senza l'auto della nonna e con lo sciopero dei mezzi, potrà lo stesso andare a Disneyland? È sull'orlo delle lacrime. Spuntino si precipita in suo soccorso.

«E se vi portassi io?»

Nello sguardo della mia piccola ora c'è uno scintillio pericoloso. A cinque anni non può certo capire cosa implicherebbe accettare che lui ci porti lì e nemmeno che, se lo ha proposto, non è stato solo per i suoi begli occhioni! Non mi va di essere in debito verso un pretendente che ho chiaramente respinto. Spuntino deve avvertire il mio disagio perché mi prende da parte per rassicurarmi.

«Senti, mi fa piacere, davvero. Senza impegno...»

È così gentile! E mia figlia andrebbe in estasi... Come si fa a dire di no?

SCENA 46

Meredith

Conto alla rovescia: –54 giorni

Da che è tornata dal suo weekend a Parigi, Rose è al settimo cielo. Le ho chiesto di raccontarmi com'è andata, ma sulle prime si è mostrata piuttosto evasiva. Alla fine però ha sputato l'osso. Quando ho iniziato a prenderla un po' in giro su Spuntino, si è subito inalberata. Ha negato recisamente di provare il benché minimo sentimento per quell'uomo, sebbene abbia dovuto ammettere che è stato davvero gentile e gli è molto riconoscente per aver realizzato il sogno di Késia portandole a Disneyland. Punto e basta.

«Ti dico che è solo un amico!»

È divertente: quando si innervosisce, le salta fuori l'accento creolo.

Ho preferito non insistere.

«E tu come hai passato questo weekend senza di me?»

Mi sono sentita davvero una vigliacca a tenerle nascosto quello che è successo con Laurent. Dopo l'incidente, lui avrà cercato di chiamarmi almeno una decina di volte. Mi vergogno di me stessa. Io che ho sempre detestato chi si trincera dietro un muro di silenzio e non risponde al telefono! Non mi sto prendendo la responsabilità delle mie azioni. Mentirei se dicessi che il suo bacio mi ha lasciata indifferente. Non ho il coraggio di parlargli. Comunque, tra cinque giorni ce ne andremo: Alice, la nostra agente, mi ha contattata per proporci un lavoro a Londra.

Inizio a ventilare la cosa a Rose: si tratta di una serie TV e, per una volta, avremmo ruoli con una certa visibilità. Dovremmo impersonare due manager della filiale francese di una multinazionale in trasferta. Dopo il primo entusiasmo, vedo il suo volto incupirsi.

«Stai pensando a Késia?»

«Certo... Mi scoccia lasciarla ancora da sola.»

«Però mi sembra di capire che sta bene con tua madre, giusto?»

«Sì, ma tutti questi spostamenti non sono di sicuro una cosa buona per lei.»

Cerco di scacciare le sue preoccupazioni, dicendole che la tappa di Londra segnerà la fine della nostra tournée e che poi potrà riposarsi e stare con la figlia.

«E pensa come sarà fiera Késia di vedere la mamma in TV!»

Rose sorride e comincia a rasserenarsi. «Sì, non hai tutti i torti...»

«Sei settimane con tutte le spese pagate e un buon compenso non si rifiutano!»

Lei annuisce convinta. Stappiamo una bottiglia di bollicine e brindiamo ai nostri sogni di gloria.

Gli ultimi giorni a Lille volano. Non riuscirò nemmeno a rivedere i miei, perciò mi limito a salutarli per telefono, riuscendo così a indispettire mia madre ("Tanto è tutta una posa", dico tra me e me). Ormai con lei ho sviluppato l'udito selettivo: ascolto solo quello che mi va.

La sera prima della partenza penso che non sia corretto andarsene senza informare Laurent. E se gli scrivessi un messaggio? Ma per dirgli cosa? Che mi dispiace di averlo baciato? Non sarebbe neppure vero. Che la nostra storia si interrompe qui? Secondo me lo sa già. E allora? Curiosando in una libreria antiquaria mi cade l'occhio su una deliziosa collezione di libri in miniatura, di cinque centimetri di altezza; uno è interamente dedicato alle metafore e alle immagini dell'amore. È così piccolo che quasi fatico a voltare le pagine. Accanto a ogni espressione c'è un'illustrazione miniata sul tema. «Colpo di fulmine»; «Avere le farfalle nello stomaco»; «Spasimare d'amore»; «Perdere la testa»... Mi soffermo sulla frase: «Il mio cuore vibra d'amore». Forse ho già un'idea del messaggio che potrò scrivere per accompagnare il dono.

Chiedo al libraio di farmi un pacchetto regalo e me ne vado con la mia sorpresa da lillipuziani.

Caro Laurent,

mi piace l'espressione: «Il mio cuore vibra d'amore». Trasmette l'idea della corda di uno strumento che viene pizzicata ed emette una vibrazione simile a quella che si sente quando si è innamorati. La mia «vibrazione» per te non è forse amore nel senso convenzionale del termine, ma so con certezza che ciò che esprimi trova in me una risonanza. Risuoniamo bene... Si può dire? Spero che da qualche parte, nella tua bella collezione di flirt, ci sia un posticino per me... Ti abbraccio forte,

Meredith

Non ho il suo indirizzo. Decido di lasciare il pacchetto alla bibliotecaria, che lo vede tutti i giorni.

«Potrebbe consegnarlo al signor Laurent, per favore?»

Esco dall'imponente edificio con il cuore più leggero e l'impressione di aver fatto quello che dovevo. Laurent, il mio collezionista di cotte, mi ha permesso di scrivere un bel capitolo del Love Tour. È tempo di voltare pagina. Arrivederci, Lille. Londra, sto arrivando!

Antoine

Ho passato a Meredith il contatto del mio amico Nick Gentry. Nick è un artista inglese che ha fatto parecchia strada da quando l'ho conosciuto, ormai quindici anni fa. Oggi la sua fama è internazionale. Quando facevo l'università avevo passato quasi un anno a Londra per un progetto Erasmus; stavo con altri quattro studenti in un appartamento di fortuna che all'epoca ci sembrava un palazzo, abbellito dalle emozioni inebrianti della libertà e dalla giovinezza. Eravamo tre ragazzi e due ragazze impegnati in percorsi diversi. Nick frequentava il Royal College of Art, e tra noi era scoccata una simpatia immediata e reciproca. È stato in parte grazie a lui se di quell'anno a Londra conservo un ricordo indimenticabile. Essendo l'unico che giocava in casa, Nick ci aveva mostrato tutti i luoghi imperdibili della città, gli angolini nascosti, la Londra underground, bohémienne, a volte decadente e conturbante. Quando mettono da parte la loro riservatezza, gli inglesi sanno decisamente come divertirsi.

Così appena Meredith, dopo aver sentito la sua agente, mi ha parlato delle riprese a Londra, ho pensato a lui; non mi sentivo del tutto tranquillo a saperla da sola con Rose in quella metropoli sconosciuta: già me le immaginavo avventurarsi in quartieri malfamati, fra mille pericoli...

Perciò ho chiesto al mio vecchio amico, in nome dei tempi andati, di vegliare sulla mia bella e sulla sua compagna di viaggio, e già che c'ero gli ho commissionato anche un'opera per il mio studio. In realtà non deve fare niente di particolare: mi basta che passi un po' di tempo con loro e che gli dia qualche consiglio sui posti più carini. Mi tranquillizza sapere che c'è una persona fidata a cui possono rivolgersi e che veglia su di loro. Ovviamente ho detto a Nick di agire con la massima discrezione. Se Meredith sapesse che gli ho dato questo incarico, le darebbe molto fastidio.

Nick mi è sembrato curioso di conoscere la mia fidanzata. La mia richiesta mi colloca nella categoria degli innamorati persi, e lui non si è fatto scrupolo di prendermi in giro per questo. «*You have a goddamn crush on her*», ha commentato. Ha ragione: sono pazzo di lei.

L'idea lo ha fatto morire dal ridere. È vero che quando ci eravamo conosciuti mi comportavo da sciupafemmine e spezzavo cuori in quantità, con quel mio non so che di inafferrabile che mandava su di giri le ragazze. Non lo facevo nemmeno apposta: a quei tempi mi importava poco delle relazioni. Grazie alla giovinezza e al bell'aspetto, avevo l'arroganza di credere che avrei sempre trovato un rimpiazzo. Non c'erano né pressioni né una posta in gioco da difendere, solo il divertimento e l'eccitazione della caccia. Perché di questo si trattava: una caccia, in cui la preda, una volta conquistata, perdeva presto la sua attrattiva. Il mio cuore non era altro che un muscolo, incapace di provare sentimenti. Contava soltanto il sesso. Ricordo che alcune ragazze avevano reagito male alla mia insensibilità. «Hai un cazzo al posto del cuore» rimane la critica più sferzante che mi sia mai stata rivolta. Ma come dimenticare anche il bicchiere di vino in faccia... Amavo tutte le donne e non ne amavo nessuna. Era così e basta. L'ambizione, il desiderio di costruirmi una carriera allora erano le uniche cose che mi interessavano.

Non so se essere felice o avere paura di ciò che Meredith mi sta facendo. Ci sono aspetti della mia vita, ora, che non controllo più, e questo è particolarmente destabilizzante per uno come me, abituato a proteggersi dietro cose concrete, tangibili e razionali. Con lei mi sono immerso nel mondo delle emozioni e dei sentimenti. Mi ha condotto nell'universo della sensibilità che, come ogni luogo sconosciuto, mi spaventa terribilmente. Sono un principiante dell'amore e, per la prima volta in vita mia, temo di non essere all'altezza. Ma ho forse altra scelta? Sono nelle sue mani. In trappola, ma felice di esserci caduto: una vittima consenziente...

LONDRA

SCENA 48

Meredith

Conto alla rovescia: –47 giorni

Ho appena finito di parlare al telefono con Antoine. Guardo il pezzetto di carta su cui ho annotato il numero di un certo Nick Gentry, un suo amico londinese che potrà introdurci un po' nella vita della Big City. Potrei giurare di aver avvertito una punta di preoccupazione in Antoine, e questo rigurgito paternalistico mi infastidisce: come se non fossi in grado di cavarmela da sola! Non sopporto che gli uomini ci vedano come oggettini fragili. Mi manda fuori di testa!

Ciò nonostante cerco di venire a più miti consigli. Mi dico che le sue intenzioni erano buone, e avere una conoscenza qui a Londra può rivelarsi molto utile.

«Allora, che c'è di nuovo?» mi chiede Rose, uscendo dal bagno con i capelli avvolti in un asciugamano arrotolato a mo' di turbante, come una principessa orientale.

«Oh, niente. Era Antoine. Mi ha dato il numero di telefono di un suo vecchio amico che abita qui e che potrebbe mostrarci un po' la città.»

«Un vecchio amico? Mmh... interessante! Continua.»

Alzo gli occhi al cielo. «Sei proprio incontentabile! Non so niente di questo tizio, non l'ho mai visto. E poi l'idea che uno ci faccia da baby-sitter non è molto eccitante. Sinceramente, non so nemmeno se chiamarlo...»

Rose liquida le mie riserve con un cenno e in tono categorico domanda: «Come si chiama?».

«Nick Gentry.»

«Suona bene. Vediamo un po'...» Si butta sul computer per cercare informazioni. La lascio sola con il suo delirio e vado a prepararmi una tazza di tè. Qualche secondo dopo, però, il fischio del bollitore è coperto da un urlo stridulo.

«Ehi, aspetta un attimo. Ma quanto figo è 'sto tizio?»

Rose ha gli occhi incollati allo schermo e dall'espressione vedo che il suo cervello gira a velocità supersonica in modalità «mi sto facendo un gran film».

Incuriosita, mio malgrado, dall'eccitazione con cui scorre le pagine per guardare le foto del famoso Nick, mi avvicino e lei ingrandisce un'immagine. Scopro che faccia ha. Okay, d'accordo: figaggine a tutto schermo.

Wikipedia è un'ottima alleata per i ficcanaso. Bastano pochi *clic*, e sappiano già parecchio su questo artista di fama internazionale. Nick Gentry, nato il 29 maggio 1980, trentotto anni. Rose va in visibilio davanti al suo ritratto in bianco e nero, uno scatto dagli splendidi contrasti: la luce illumina il profilo sinistro lasciando il destro in penombra. Nick è un bel moro dallo sguardo profondo come un lago d'inverno, con una magnetica espressione enigmatica, lineamenti fini e regolari, e una corta barba curata che mette in risalto l'ovale armonioso del viso.

«*Is that for real?*» esclama Rose, che non riesce a credere ai suoi occhi.

Alzo le spalle e faccio finta di non essere minimamente colpita.

«Davvero Antoine ti manda uno così a farti da guida!?»

«...Sì.»

«Allora è matto.»

Ecco, ci siamo, Rose è andata. *She's on fire.* Non riuscirò più a tenerla... La fisso negli occhi per mettere in chiaro le cose. «Io sono innamorata di Antoine, quindi non c'è nessun pericolo. Okay, è vero che sembra carino dalle foto. Ma una bella faccia non è tutto.»

«Parla per te! Bene, allora, lo chiami o no?»

Mi rendo conto che non vale la pena di discutere: Rose mi starà con il fiato sul collo fino a quando Nick Gentry non sarà ufficialmente diventato la nostra guardia del corpo. E se possibile, per quanto la riguarda, una guardia che le stia molto, molto appiccicata al corpo.

Faccio il numero e, mentre aspetto, tento di ignorare il leggero malessere che mi accorcia il respiro. Una voce risponde: «*Hello?*».

Mi lancio nella mia prima conversazione telefonica in inglese, e Rose inizia a prendermi a gomitate perché metta in vivavoce.

«*I was expecting your call!*»

Ah, bene, se aspettava la mia chiamata, siamo a cavallo... A grandi linee capisco che mi sta dicendo quanto apprezzi Antoine e che è davvero felice di potergli fare questo piccolo favore. Dal tono entusiasta, intuisco che loro due hanno condiviso momenti indimenticabili l'anno dell'Erasmus di Antoine, e all'istante provo un pizzico di gelosia. La scaccio. Nick Gentry ci dà appuntamento alla sua galleria d'arte il pomeriggio stesso.

«*So that we'll get to know each other better!*»

Sì, potremo conoscerci meglio. «*Deal!*» esclamo rassegnata davanti allo sguardo da predatrice di Rose.

Quando metto giù, lei si produce in una danza della felicità, mentre io resto di marmo. È uno strano contrasto.

«Hai sentito che voce? Rauca, profonda...»

«Ehi, datti una calmata!»

Sembra una ragazzina, non mi ascolta nemmeno più.

«E quell'accento *british*, troppo sexy! Mi fa sciogliere!»

«Ascolta, miss Groupie, invece di pensare a mister Figo perché non studiamo un po' il copione? Ti ricordo che siamo un tantino indietro...»

Finalmente i bollori si placano: Rose deve essersi ricordata del nutrito numero di battute che dobbiamo imparare a memoria, in inglese per giunta. È da brivido! Ci mettiamo tutt'e due i tappi nelle orecchie, e nella stanza inizia uno strano balletto: con i testi in mano, camminiamo avanti e indietro, mormorando le nostre parti come strani automi, mentre dallo schermo del computer Nick Gentry, con la sua presenza ipnotica, ci osserva.

Meredith

Facciamo rotta verso il quartiere di Mayfair. Rose indossa la sua tenuta *killthegame* – gonna corta e stivali sopra il ginocchio con il tacco alto – mentre io ho optato per jeans e maglione blu. In metropolitana non smette un attimo di chiacchierare: riconosco tutti i segni dell'eccitazione che precede la conquista. La cosa che mi fa più sorridere è la velocità con cui si è scordata di mio fratello, gettando quella breve avventura nel dimenticatoio delle storie sbagliate. Per quanto mi riguarda, il fatto che la loro relazione non sia durata è un sollievo: già immaginavo milioni di complicazioni, sapendo che lui non era affatto l'uomo giusto per la mia amica.

Scendiamo alla stazione di Bond Street. Come a Parigi, la metropolitana pullula di persone a ogni ora del giorno. Mentre camminiamo, vedo diversi uomini girarsi a guardare Rose. Non passa certo inosservata, alta com'è, con il lungo cappotto bordato di pelliccia, gli enormi orecchini a cerchio, gli occhi brillanti e la bocca carnosa. «Generoso» è l'aggettivo che meglio definisce tutte le sue qualità.

Arriviamo davanti all'Opera Gallery, con la sua elegante insegna: le lettere d'oro sono in un bel carattere classico, dalle grazie triangolari; forse l'Elzeviro, così apprezzato da chi lavora nel settore della stampa e delle arti grafiche.

Esito un istante prima di spingere le porte di vetro ornate da larghi bordi neri, un po' intimidita dall'atmosfera lussuosa del luogo. L'immensa tela esposta in vetrina è un ottimo biglietto da visita: l'impatto visivo del ritratto di due metri per tre è talmente impressionante che fatico a staccare lo sguardo. La donna raffigurata stranamente mi assomiglia. A parte l'estremo realismo e la precisione tecnica dell'esecuzione, l'opera denota un'originalità straordinaria nella scelta del materiale: l'utilizzo di vecchi floppy disk. E con che abilità Nick Gentry ha disposto quei dischetti in base alla sfumatura di colore, per formare un volto con le sue zone d'ombra e di luce.

Sono senza fiato.

Rose mi tira per la manica. È ansiosa di entrare. «Allora che fai? Vieni o no?»

Mi riscuoto e trattenendo il respiro spingo le porte dell'Opera Gallery.

Cammino sul pavimento di tendenza, forse in cemento resinato, e ascolto il rumore dei miei passi risuonare nel silenzio quasi religioso di quel tempio dell'arte. Le opere si stagliano sulle pareti bianche. Contemplo ammirata la scenografia sobria ed efficace.

Su un muro completamente nero noto un quadro che mi colpisce più degli altri. È il ritratto di un uomo, anch'esso realizzato con dei floppy disk. Vedo avanzare verso di noi il soggetto immortalato sulla tela. Sposto lo sguardo dall'uno all'altro. Nick Gentry mi tende la mano, che stringo calorosamente.

«*Hey, Nick. Glad to meet you!*»

"*So handsome*", leggo negli occhi di Rose. Come darle torto? Nick è davvero affascinante.

Ci fa fare un giro nella galleria, scusandosi del suo francese un po' stentato, e ci presenta la direttrice. È evidente che lui qui è di casa. Gli facciamo i complimenti per il suo lavoro.

«*Really? You like it?*»

«Certo che ci piace! Come potrebbe essere altrimenti?»

Rose resta incantata davanti a una light-box, una scatola retroilluminata al cui interno c'è un ritratto di donna integralmente costruito con negativi di pellicola. L'effetto è splendido.

Io sono affascinata soprattutto dalle opere realizzate con i floppy, che sembrano capaci di cogliere le diverse sfaccettature della personalità del soggetto, con zone d'ombra e di luce. Rifletto sulla complessità di ciascun essere umano. Siamo il risultato delle storie che ci hanno modellato. Come nei ritratti realizzati da Nick Gentry con vecchi dischetti o pezzi di pellicola fotografica, ognuno di noi è un agglomerato di ricordi incisi nella memoria. È questo vissuto che, a poco a poco, ha disegnato anche i miei contorni.

Quali segreti racchiudono quei floppy? Non lo sapremo mai. Sono sepolti per sempre nelle opere di Nick Gentry. Allo stesso modo ogni personalità conserva in sé un po' di mistero: è difficile hackerare la componente più intima di qualcuno. Fino a che punto abbiamo accesso al suo cuore, senza veli, senza maschere? Quanti strati bisogna oltrepassare prima di toccarne l'essenza?

L'alterità. L'arte di comprendere l'altro in tutte le sue sfaccettature... Sono immersa in questi pensieri quando Nick si avvicina, curioso di conoscere il mio parere sul suo lavoro.

«Mi piace moltissimo quello che fa. Trovo delle affinità con le ricerche che sto conducendo...»

«Ah sì? Su quale l'argomento?»

«Sull'amore.»

Dal lampo di perplessità che gli attraversa lo sguardo intuisco che si sta chiedendo quale sia il legame. Cerco di spiegarglielo.

«Chi dice amore dice alterità: l'altro è un altro. Come possono due personalità "abbinarsi" nel tempo? Quali sfaccettature combaceranno? Quali invece entreranno in conflitto? Il suo lavoro mi fa pensare a tutto questo...»

«*Interesting...*»

Noto la curiosità nei suoi occhi. Procedo con la mia spiegazione. «In una coppia, all'inizio, l'altro è visto sotto una luce favorevole, poiché mette in risalto gli aspetti migliori, più attraenti della sua personalità.»

«I punti forti.»

«*Exactly!* Ogni personalità è simile a un quadro. Come in pittura ci sono i colori primari, nel genere umano esistono "dominanti della personalità". Ogni individuo è unico ma può essere collocato in una categoria con caratteristiche specifiche facilmente identificabili.»

Mi osserva intensamente. «*What are yours?*»

Se crede che sia pronta a svelargliele così su due piedi, si sbaglia di grosso! Me la svigno e mi infilo sotto una sorprendente installazione: *Spire. Vintage film negatives, trailers and microfilm reels suspended from hanging fixture.* 650×120 cm. Si tratta di un immenso e bizzarro raggio fatto di pellicole di film d'epoca che scendono dal soffitto, retroilluminate da un fascio di luce. Entro nel cerchio luminoso disegnato sul pavimento e alzo gli occhi, affascinata dalla lieve oscillazione delle pellicole, che sembrano vibrare per le storie in esse contenute.

Nick mi raggiunge: a quanto pare, si aspetta che io concluda il discorso sulla teoria delle personalità. «*So what?*» mi chiede infatti.

Un po' turbata da quell'inaspettata vicinanza, prendo le distanze per riguadagnare il mio spazio vitale. «Le mie principali caratteristiche sono queste: spontanea, creativa, giocosa... un po' selvatica anche. Per esempio, detesto che mi si stia appiccicati.» Mi allontano.

Lui mi segue. «E cosa c'entra tutto questo con l'amore?»

«Be', per esempio, qualcuno che dà grande importanza alla libertà e all'indipendenza non potrebbe mai stare con chi ha una personalità troppo fusionale...»

«*Of course.*»

«Così come qualcuno molto socievole farebbe fatica a stare con un introverso che non lascia trasparire le sue emozioni, come uno specchio reso opaco dal tempo.»

Rose ci raggiunge. La direttrice della galleria non l'ha mollata un attimo e noto che la mia amica è un po' infastidita. «*Shall we go for a drink?*»

Penso che le farebbe piacere bere qualcosa con Nick e avere finalmente l'opportunità di parlargli.

Lui sembra un po' dispiaciuto all'idea di interrompere la conversazione con me, ma è abbastanza educato da accogliere la richiesta di Rose, che fra l'altro cade a proposito. Sto morendo di sete.

Nick vuole portarci in un locale che conosce bene, il Duke of York. Camminiamo per pochi isolati e ci troviamo davanti a un pub dalla classica vetrina nera e oro, con finestrelle che promettono un'atmosfera calda e ovattata. Mi piace da matti. Eccitata, do un'occhiatina alle piante verdi appese fuori, alla vecchia insegna di ferro, un pezzo d'epoca, e al ritratto *old style* di quello che intuisco essere il duca di York in persona.

Una volta entrati, prendiamo posto a uno dei tavoli di legno scuro. Mi guardo attorno e scruto gli altri avventori, alcuni dei quali sono seduti al bancone. Mi diverto a contare il numero di spillatori per la birra: più di dieci. Che varietà! Questo posto mi ha conquistata. Nick ordina una Guinness e noi delle *pints of lager*, birra bionda.

Rose inizia subito a chiacchierare con il nostro nuovo amico. Li vedo discutere fitto fitto. A dire il vero, è soprattutto lei a parlare. Nick sembra piuttosto sulle sue. Mi chiedo se l'esuberanza di Rose non lo infastidisca un po', e questo mi fa pensare alla parte quasi intatta del mio Love Organizer, TRA ME E L'ALTRO. Decido di tirare fuori il quaderno per buttare giù qualche idea.

Domando a Nick se la cosa gli dia fastidio. «*Do you mind?*»

Lui pare sorpreso ma non fa obiezioni. Mi sbircia con la coda dell'occhio mentre Rose, entusiasta, continua a riversargli addosso fiumi di parole sul suo mestiere d'attrice e sulla gioia di venire a stare per qualche tempo in questa meravigliosa città.

Annoto una riflessione sull'importanza di una comunicazione di coppia più efficace, riportando una citazione presa dal sito https://www.processcommunication.fr: «Il modo in cui diciamo le cose conta tanto quanto ciò che diciamo». Mi interessa molto questo strumento divertente e accessibile per migliorare la sagacia nelle relazioni creato dall'americano Taibi Kahler. È pieno di spunti sui vari tipi di personalità, le caratteristiche dominanti, i bisogni essenziali da soddisfare per sviluppare un'«energia positiva», ma anche sulle prevedibili cause di stress specifiche di ogni categoria e sui trucchi per riconoscerle nell'altro e in sé, al fine di prevenirle ed evitare i litigi ripetitivi, una vera e propria malattia degenerativa per la coppia... A volte sono conflitti banali, simili a piccoli incendi che divampano in mezzo a un bosco, provocati da una cattiva scelta delle parole, dal tono inopportuno, da un linguaggio non verbale mal interpretato. E se le chiavi di un amore duraturo fossero la comprensione reciproca e una migliore comunicazione? L'arte di parlarsi e di capire le reciproche differenze? In effetti, ciascuna persona è diversa, ha aspettative e bisogni differenti. È interessante che all'inizio di un rapporto si tenda a trovare nell'altro soprattutto gli elementi in comune, mentre è fondamentale individuare anche le differenze per capire se si è disposti ad accettarle. *Be able to deal with it.*

Come in un'opera pittorica, la coppia deve ricercare l'armonia imparando a «comporre»: le personalità possono scontrarsi o fondersi a meraviglia, come colori che si abbinano tra loro.

Abbozzo rapidamente uno schema su due colonne, pensando ad Antoine. Colonna di destra: quali sono i suoi bisogni? Colonna di sinistra: quali sono i miei? I nostri bisogni sono in sintonia? Come posso soddisfare alcuni dei miei senza pesare su di lui? Decido di fare anche un elenco dei motivi di frustrazione. Per esempio, ho interpretato come una mancanza di interesse il fatto che Antoine non mi abbia mai chiesto di recitargli i miei testi. Un altro esempio che può sembrare banale: non è mai voluto venire con me al mercato della domenica mattina, nonostante io adori girare tra le bancarelle, in mezzo ai profumi, ai colori, ai venditori urlanti e alla folla brulicante. È una vera e propria estasi dei sensi. E la volta in cui ha congedato un po' bruscamente quella venditrice di fiori? Eppure a me un fiore avrebbe fatto piacere... Mi rendo conto che le voci non mancano e che la lista potrebbe facilmente allungarsi.

Diventa allora chiaro un aspetto che forse mi era sfuggito: è difficile che un uomo possa indovinare i miei desideri se non li formulo apertamente. Scrivo in rosso e sottolineo: «Fare richieste esplicite». Con delicatezza, è ovvio. In questo modo ci si risparmierebbero gli inevitabili litigi che derivano dalle frustrazioni, dal fuoco che cova sotto la cenere.

Nick continua a fissarmi mentre scrivo sul Love Organizer. Mi accorgo che Rose è infastidita dal fatto che lui sembri più interessato al mio silenzio che a conversare con lei.

«Allora, hai finito di prendere appunti? Scusa se ti disturbiamo, eh?»

«Non arrabbiarti. Ora la smetto, promesso! Volevo solo annotare un'idea.»

Il mio sorriso dissolve la tensione. Penso alla leggendaria impazienza della mia amica e mi viene in mente un nuovo personaggio per il mio show: un'esperta in *contouring* della personalità, capace non solo di individuarne i contorni ma soprattutto di insegnare le tecniche per ridisegnarli e metterli in valore. Immagino una scenetta spassosa con questo personaggio petulante – interpretato dalla signorina Giulì – che arringa il pubblico per convincerlo della necessità di un buon *gommage* dei tratti meno gradevoli e descrive con enfasi i miracoli di una sapiente valorizzazione delle proprie qualità per trovare l'anima gemella. Un vero corso di estetica dell'Essere! Un delirio comico che potrebbe funzionare...

Nick Gentry mi riscuote dalle mie fantasticherie. «A cosa pensavi?»

«Oh, a niente di speciale.»

«Sembravi da tutt'altra parte!» mi dice divertito.

«Allora, Nick, quand'è che ci mostri un po' di *places to be in London*? I posti davvero imperdibili», chiede Rose, cercando di riprendere la conversazione.

Nick sembra contento di farci da guida. Io e Rose non nascondiamo il nostro entusiasmo, e quando ci salutiamo è come se fossimo vecchi amici. Un po' più tardi lui mi manda un messaggio.

È stato un piacere conoscerti. La nostra conversazione mi ha molto ispirato, come anche la tua personalità. Accetteresti di posare per un ritratto? Baci, Nick

Arrossisco leggermente, lusingata e al contempo un po' in imbarazzo.

«Hai ricevuto un messaggio?» mi chiede Rose, che ha sentito la suoneria della notifica.

«Mmh... sì, ma è solo una pubblicità.»

Non mi sembra il caso di raccontarglielo. In fondo si può essere amiche pur non dicendosi tutto, no?

SCENA 50

Meredith

Visto che le riprese inizieranno tra una settimana, abbiamo qualche giorno per goderci Londra da turiste. Nick è di parola e prende sul serio il suo ruolo di guida, facendoci scoprire alcuni posti alla moda. Rose, che sembra regredita all'infanzia dopo il weekend a Disneyland, fa i capricci perché vuole provare una *escape room.* Si tratta di un'esperienza molto gettonata di recente: i partecipanti vengono chiusi in una stanza e devono cercare di uscirne risolvendo enigmi in un lasso di tempo limitato. Rose insiste così tanto che io e Nick finiamo per cedere.

Ci dirigiamo verso Caledonian Road, al clueQuest. Incrociamo orde di adolescenti sovreccitati e qualche genitore esasperato che tenta di calmare i bollenti spiriti della truppa. Lo staff ci accoglie gentilmente e ci mette al corrente della nostra missione: niente meno che salvare il mondo! Ascolto un po' distrattamente la storia di alcune spie scomparse, di un ambiguo agente del quale dobbiamo scoprire l'identità e dell'infame piano del demoniaco professor Blacksheep, che sarà nostro compito sventare. Ci ritroviamo davanti a una porta gialla e nera – l'atmosfera da thriller è d'obbligo – che si apre per lasciarci entrare. L'istruttore ci mostra il *back to reality button,* ovvero il pulsante da schiacciare in caso ci venga una crisi di panico. La porta si chiude con un *clac* che mi fa sobbalzare. Detesto essere rinchiusa! Ma chi me l'ha fatto fare di assecondare Rose? Eccoci qui, prigionieri per i prossimi sessanta minuti! Lei si butta a capofitto nell'impresa e inizia a esaminare gli indizi. Per quanto mi riguarda, reagisco un po' meno bene al concept: mi sento sopraffatta dalla claustrofobia. Devo trovare un modo per evadere, e per ora non posso che ricorrere all'immaginazione. Spontaneamente torno a riflettere sull'argomento su cui lavoro senza sosta da settimane: l'amore. Per associazione d'idee, la stanza sigillata mi fa pensare alla morte della coppia quando questa si trasforma in un luogo chiuso e soffocante, quando nel rapporto iniziamo per l'appunto a sentire una sorta di claustrofobia. Vedo Nick prendere parte al gioco accanto a Rose, radiosa ed esaltata. Lui è indiscutibilmente un tipo affascinante. Ma come mi sentirei a rimanere incollata a un uomo ventiquattr'ore al giorno, tutti i giorni dell'anno, per decenni, anche se fosse la persona più seducente del pianeta? La situazione diventerebbe di certo insopportabile. Qual è allora il segreto di un amore duraturo? Forse suggestionata da questa stanza ermeticamente chiusa, penso: "Prevedere delle finestre. E lasciarne sempre una aperta".

L'amore che intrappola mi sembra da evitare a ogni costo. Penso all'eroina del mio spettacolo, la signorina Giulì. In uno sketch, potrei farla partecipare a una *escape room*. La scena si chiamerebbe *Independent Love*. La missione della signorina Giulì sarebbe disinnescare le trappole della dipendenza affettiva risolvendo gli enigmi di Cupido per poter ritrovare – perché no? – le sue ali scomparse. Le ali del desiderio! Non è una bella idea? Cosa sono, in fondo, le ali del desiderio se non una metafora della libertà? Quando la libertà muore, il desiderio muore con lei. Uno dei segreti per evitare che il rapporto si sclerotizzi e si ripieghi su sé stesso è non ostacolare i desideri dell'altro, non tarpargli le ali, nonostante il timore che possa volare via. Questo significa avere il coraggio di fidarsi. E soprattutto accettare che, se un giorno l'altro se ne andrà, non glielo impediremo, se è quello che vuole e che lo rende più felice.

Credere di poter imprigionare l'altro nel rapporto non solo è un'illusione, ma è anche nocivo: troppa possessività uccide l'amore e a lungo andare si rivela tossica. È un grave errore subordinare la propria felicità e il proprio benessere alla presenza di qualcun altro; la dipendenza affettiva crea una pressione eccessiva, e il peso di aspettative sproporzionate risulta intollerabile. "Il vero sacro Graal è l'autonomia", penso. Ma come raggiungerla?

«*Yes, we found a new clue!*» urla Rose, folle di gioia per aver trovato un altro indizio. «Dai, Meredith, vieni qui invece di startene per conto tuo!»

Mi avvicino e provo a fingere un po' di entusiasmo.

«Stiamo per risolvere l'enigma!»

Nick mi guarda con la coda dell'occhio. Riesce a capire quanto sono lontana, persa nell'abisso delle mie riflessioni? Gli rivolgo un sorriso enigmatico. Sembra turbato. Ricomincio a rimuginare; pazienza per il gioco, anch'io ho una sfida importante da affrontare: risolvere i misteri dell'amore duraturo, e scusate se è poco!

L'unico modo per non cadere nel tranello della dipendenza affettiva mi sembra che sia farsi personalmente carico del soddisfacimento delle proprie necessità e soprattutto moltiplicare le fonti di appagamento. Dovrò stilare una lista sul Love Organizer: quali sono quelle che dipendono solo da me?

Tuttavia non è assurdo pretendere di amare senza avere alcun bisogno dell'altro? Impossibile! Come sempre, la verità sta nel mezzo. In cosa consiste un bisogno sano, normale, necessario? E quand'è che invece si scivola nell'eccesso? Questo è il punto. Fra l'altro, è curioso osservare come sia il «vuoto» a creare il «troppo»: troppe richieste, troppa pressione, troppi rimproveri...

Fino a quando non accordiamo la dovuta attenzione alle vecchie ferite – carenze d'amore, insicurezza, mancanza di autostima – e non facciamo il necessario per colmare le falle del vuoto affettivo, quest'ultimo, come una sorta di vortice, ci risucchia inconsapevolmente o no in una spirale di tristezza e di angoscia più o meno profonde. Che peccato! Quando penso alla mia infanzia, mi riprometto di chiudere le brecce, iniziando il prima possibile un lavoro su me stessa con l'aiuto di un professionista. Costi quel che costi, ne varrà la pena.

«Sembri pensierosa. Tutto bene, Meredith?» Nick si è avvicinato e mi ha messo una mano sulla spalla. Sono colpita che si interessi al mio stato d'animo.

Mi vergogno un po' di essermi estraniata. Forse adesso dovrei proprio fare uno sforzo per sintonizzarmi con l'ambiente. In fondo la sfida è proprio aprirsi al mondo, partecipare in prima persona, essere attivi. Sembra facile, ma bisogna pensarci e applicare il principio alla realtà. D'un tratto, accantonate le questioni esistenziali, io, Rose e Nick viviamo un momento eccitante quando finalmente, insieme, arriviamo alla soluzione dell'enigma. Sentiamo un flusso di amicizia e complicità attraversarci e infonderci una gioiosa pienezza.

SCENA 51

Rose

Quanto mi piace questa città! Londra è fatta per me. Ogni angolo sembra ribollire di creatività, e ho l'impressione che le sorprese non finiscano mai. Passeggiando con Meredith nel quartiere di Waterloo, incappiamo quasi per caso nel Leake Street Graffiti Tunnel, che a volte viene ancora chiamato Banksy Tunnel in onore al celebre artista, autore di graffiti urbani. Rimango affascinata da questo tempio della street art, in cui ogni minima porzione di muro è stata ricoperta di vernice, ipnotizzata dall'incredibile intreccio di colori, forme, motivi grafici e luce.

Dopo qualche istante di contemplazione, io e Meredith riprendiamo a camminare per il quartiere, con gli occhi ancora pieni dei colori di quel tunnel trasformato in mostra permanente, e facciamo un'esperienza ancora più sorprendente: un uomo steso a terra, con una tuta macchiata di pittura, è concentrato su un oggetto microscopico che non riusciamo a identificare.

«Che cosa fa?» sussurro a Meredith.

«Non saprei.»

Non osa chiederglielo. Io invece muoio di curiosità e mi avvicino. «Buongiorno. Posso permettermi di domandarle cosa sta facendo?»

L'uomo si solleva su un gomito rimanendo sdraiato. Spero di non averlo disturbato. Con sollievo vedo che ha un'espressione serena e, anzi, sembra addirittura felice di rispondermi. Mi ricorda uno di quei mimi che si animano all'improvviso quando gli fai scivolare una moneta nel cappello. Inizia a spiegare con entusiasmo: «Mi chiamo Ben Wilson e sono un artista di strada. Ho deciso di dare una seconda vita alla spazzatura della città...».

Tendiamo il collo per sbirciare l'oggetto misterioso. Mi accorgo che si tratta di un chewing gum masticato che lui sta trasformando in una minuscola opera d'arte. È stupefacente come riesca a dipingere su una superficie così piccola!

Gli chiedo se le sue opere siano in vendita, ma mi dice che la sua arte non ha scopo di lucro, nasce dall'esigenza di attirare l'attenzione sulla cattiva gestione dei rifiuti urbani. Lo ringraziamo, riempiendolo di complimenti, e proseguiamo per la nostra strada.

Sono contenta di avere avuto l'occasione di comunicargli il nostro apprezzamento: so quanto sia importante per un artista sentirsi compreso e supportato. Anche per questo resto sempre perplessa quando sento qualcuno discutere sulla finalità dell'arte. Per me l'arte è semplicemente l'espressione di ciò che abbiamo dentro di noi. Il suo unico scopo non è forse quello di esprimersi e trascendere le emozioni, elevandosi a un piano diverso da quello razionale e produttivo? L'uomo dei chewing gum trasforma qualcosa di brutto, usato, masticato in qualcos'altro di bello, colorato e creativo. Non è favoloso?

«L'uomo dei chewing gum... è incredibile, vero?»

«Sì. Anzi, sai cosa ti dico? Mi ha fatto venire un'idea.»

Da settimane Meredith gira sempre con quel quaderno – com'è che lo chiama? Ah sì, il Love Organizer – e lo tira fuori in continuazione per annotare tutto ciò che le passa per la testa. «Non dirmi che ti rimetti a scrivere!»

«Mmh...»

Non mi ascolta più.

«Che cosa scrivi? Almeno mi potresti dire qual è questa idea?»

«Quello che abbiamo visto mi ha fatto pensare alla questione dell'usura. I rapporti d'amore fanno spesso la fine delle cicche masticate: perdono sapore. Molte storie vengono buttate via alla prima difficoltà, come si fa con un chewing gum; invece quell'uomo cerca di dimostrare che basta fare un piccolo sforzo per dare una seconda possibilità ai rifiuti. Lo stesso vale per le relazioni.»

«Dove vuoi arrivare esattamente?»

«È semplice: l'usura della coppia non è una fatalità. Capisci cosa intendo?»

Questo lato idealista di Meredith è uno degli aspetti che preferisco di lei. Le sorrido con affetto mentre continua a difendere con enfasi la sua teoria di un amore che dura nel tempo.

«Ma sì, Rose, è possibile! Chi vuole può davvero reinventare il proprio rapporto, basta che riesca a considerarlo come una sorta di opera d'arte. Nei sentimenti dovremmo impiegare le stesse energie che un artista infonde nel suo lavoro, aspirando a creare il bello, a sublimare il banale, lasciarci trasportare dalla creatività, in barba alla fatalità, al tempo che passa, all'usura, all'abitudine, alla noia...»

Eccola qui, pronta a ribaltare il mondo. Mi fa sorridere la mia Meredith, *pasionaria* dell'amore.

«Il tema ti sta a cuore, non c'è dubbio. E ne hai conosciuti molti, tu, di uomini che hanno dato una seconda chance alla loro storia? Che le hanno lasciato il tempo di morire e risorgere dalle sue ceneri come l'araba fenice?» È evidente che ho toccato un punto dolente. Lei ha così voglia di crederci, in questo amore duraturo! Si infastidisce per il mio intervento che mette in discussione la sua tesi.

«Okay, è vero, non ho mai conosciuto uomini convinti che un amore possa resistere al tempo evitando di diventare come una gomma da masticare insapore. Ma questo non significa che non esistano.»

«Non arrabbiarti, tesoro! A me piace la tua idea del chewing gum che dura...»

«Lo dici solo per farmi piacere!»

«Adesso ti sei scaldata troppo per continuare a parlarne. Ti porto in un posto fantastico che ti farà rilassare. Ci stai?»

Brontola un po', ma in realtà l'idea di una pausa non le dispiace affatto. Ci dirigiamo verso Mayfair.

«Dove stiamo andando?»

Non le rispondo e, arrivate a destinazione, mi godo la prima parte dello spettacolo: la faccia di Meredith quando ci vengono consegnati parka imbottiti e guanti. È uno spasso. Non fa che bofonchiare finché entriamo nel locale scolpito nel ghiaccio. Ammutolisce: è rimasta letteralmente senza fiato. La magia dell'Icebar ha colpito!

Mi guardo attorno e non riesco a trattenermi dal dire: «C'è un'altra soluzione se si vuole conservare l'amore per l'eternità...».

«Ah sì? Quale?»

«L'ibernazione.»

Lei ridacchia, fingendo di farlo controvoglia. Brindiamo con i nostri bicchieri di ghiaccio alla salute del grande amore e al suo agognato fuoco eterno.

SCENA 52

Meredith

Conto alla rovescia: – 40 giorni

Come al solito sono in ritardo. Londra offre infiniti posti per fare shopping e sento che potrei svenarmi. Con le braccia cariche di pacchetti – certa che Rose mi sgriderà di nuovo – esco di corsa dalla stazione di Westminster e inserisco sul navigatore dello smartphone la mia meta: Millbank Street, la strada in cui si trovano gli studi di registrazione dove si gira la serie. È il primo giorno di riprese e devo confessare che sono un po' agitata, nonostante il nostro ruolo non sia certo determinante. Ma è più forte di me, ci tengo a dare il massimo. Voglio far fare bella figura all'agente che ci ha raccomandate. L'aiutoregista ci ha convocate un'ora prima per i preparativi: trucco, parrucco e vestizione. Io adoro quei momenti: è una goduria essere nelle mani di professionisti che sembrano in grado di realizzare qualsiasi trasformazione!

Ogni volta che devo calarmi nei panni di un nuovo personaggio mi sembra di tornare bambina. È chiaro, questo non è il ruolo della nostra vita. A voler essere sinceri, si tratta di una parte secondaria in una serie di quart'ordine, di quelle che si guardano quando si è a casa il pomeriggio perché si ha l'influenza o si è in cassa integrazione. Io e Rose saremo due manager che lavorano per la filiale francese di un'importante multinazionale, venute a Londra per discutere un contratto. Da copione, il mio compito è fare colpo sul grande boss per trarne dei vantaggi, però finisco con l'innamorarmene. Una storia banale che più banale non si può, ma me ne infischio. Ho una parte, ed è la sola cosa che mi importi.

Mentre mi appresto a girare in Abingdon Street, passo davanti al Big Ben e sollevo il naso verso la meravigliosa Elizabeth Tower, la torre dell'orologio di Westminster, sede del parlamento britannico. Mi fermo affascinata: tre operai incaricati della pulizia si agitano sull'immenso quadrante dell'orologio, sospesi nel vuoto come marionette, macchioline rosse e nere in movimento che turbano il perfetto ordine dei numeri romani. Che strana scena: è quasi surreale, ipnotica.

«*Amazing, isn't it?*»

«Scusi?»

«*You seem fascinated, lady!*»

Un signore in completo scuro mi guarda sorridendo. Intuisco che è il responsabile dell'intervento sull'orologio. Comunque è vero, sono incantata. «*Sorry. I didn't want to disturb*», replico. Non volevo disturbare.

Ma l'uomo mi rassicura: «*Not at all, love!*».

Una cosa che davvero mi piace negli anglosassoni è la meravigliosa abitudine di chiamare tutti *love.*

Per di più questo signore ha un'aria benevola che mi ispira una simpatia istintiva. Ci tengo a dirgli che stanno facendo un lavoro incredibile. «*What an incredible job you've got there!*»

Lui concorda. «*Yes, amazing, indeed!*»

Dopo aver rivolto alla sua squadra uno sguardo amorevole e pieno di orgoglio non resiste alla tentazione di spiegarmi in due parole l'importanza della loro missione, l'incarico delicato di mantenere in buone condizioni un pezzo così importante del patrimonio britannico. È anche grazie al loro lavoro se il Big Ben continua a essere all'altezza del suo prestigio e della sua fama. I baffi scuri si agitano al ritmo delle sue parole e, chissà perché, guardarlo mi mette allegria. Mi sembra quasi di vedere, come in una vecchia pubblicità, la striscia di schiuma bianca che si deposita lì sopra quando la sera va a bersi una birra. Lo ringrazio per la chiacchierata e lo saluto calorosamente riprendendo a camminare. Mentre mi allontano, mi fa un cenno di saluto con la mano.

Al mio arrivo, trovo Rose che mi aspetta nell'atrio degli studi, decisamente agitata.

«Cosa diavolo hai combinato? Avevi forse appuntamento con la regina d'Inghilterra?» dice indignata vedendomi arrivare carica di borse e pacchetti. «Ti ricordo che abbiamo del lavoro da fare, non siamo in vacanza.»

A livello di backstage, diciamo che non è propriamente Hollywood. La sala trucco è microscopica e lo staff, per mancanza di spazio, ha appoggiato borse e materiali un po' dappertutto, anche per terra. Sul tavolo regna un disordine incredibile. Una lattina di soda, un ferro da stiro, rimasugli di pranzo sbocconcellati, tubetti di trucco mezzi vuoti, un mozzicone di sigaretta schiacciato in una tazzina da caffè... E pazienza se è vietato fumare!

La ragazza che deve occuparsi di noi ci saluta con uno stanco buongiorno: dalle occhiaie violacee intuisco il ritmo infernale delle sue giornate, le cattive abitudini di vita legate a quegli orari sfiancanti, la sfilata di volti da truccare senza sosta per serie che seguono in tutto e per tutto le dure leggi del mercato. È una «produzione» nel vero senso del termine.

Non dico nulla quando, pettinandomi, mi tira brutalmente i capelli né quando vedo uscire un po' di fumo dal phon, troppo vicino al mio cuoio capelluto. Mi macchia il vestito con uno schizzo di fondotinta e un nervoso *shit!* è la sua unica espressione di rammarico. Pianto le unghie nei palmi delle mani e penso che un giorno, quando diventerò un'artista di successo, sarò circondata da persone più attente e rispettose. Quando arriva il suo turno, Rose non riceve un trattamento migliore.

Tiro fuori il Love Organizer e nella sezione TRA ME E IL MONDO prendo un appunto sull'importanza di una profonda motivazione per mettere in moto il cambiamento. La realizzazione nel lavoro condiziona fortemente la mia vita sentimentale, perché per amare l'altro ho bisogno di amare me stessa e di essere orgogliosa di me. Cerco di fissare bene la scena nella mia testa per ricordarmi di cosa non voglio più trovarmi a vivere. Guardo i palmi delle mani, notando i piccoli segni rossi lasciati dalle unghie; non voglio mai dimenticare questi momenti, le piccole umiliazioni, per non perdere di vista il mio obiettivo: sfondare.

Una volta pronte, io e Rose proviamo ancora un po' le nostre battute. Diciamo che non passeranno alla storia... La vicenda è di una banalità disarmante. Ancora non posso sapere che fra pochi giorni mi attende qualcosa di ben più incredibile, degno di un film, non sul set ma nella vita vera.

Meredith

Conto alla rovescia: –30 giorni

Ormai da dieci giorni la mia vita segue sempre lo stesso copione: prendo la metropolitana, scendo alla stazione di Westminster e cammino fino agli studi, passando davanti al Big Ben. Ogni mattina incontro il signore con i baffi responsabile della squadra di operai all'opera sull'orologio. Abbiamo preso l'abitudine di salutarci e scambiare qualche parola. Ho appreso che si chiama Benjamin, come l'ingegnere Benjamin Hall il cui nome è inciso sulla campana. È come se fosse stato destinato a fare questo lavoro.

«*I was bound to do that job, wasn't I?*» ha infatti commentato una volta, facendomi l'occhiolino.

«*Indeed!*» gli ho risposto senza esitazione.

Stamattina, dato che stranamente sono in anticipo di venti minuti, possiamo chiacchierare un po' più a lungo. Benjamin mi chiede perché mi trovo a Londra. Gli racconto del piccolo ruolo nella serie TV, gli parlo del mestiere di attrice ma soprattutto del mio vero progetto attuale, il one-woman show che sto scrivendo.

Nel giro di pochi minuti conosce i miei piani meglio di mio padre e mia madre; è strana la vita. Si incuriosisce e vuole sapere qual è il tema dello spettacolo.

Rispondo che parla d'amore. «*Love... It's about love.*»

«*Oh, lovely!*» esclama lui.

Lo trova un argomento interessante, sempre attuale. Lui

è un mago del Tempo, io sono un'esploratrice dell'Amore, che tutti vorremmo fosse eterno. Guarda il maestoso orologio che ci sovrasta e che evidentemente gli ispira qualche riflessione.

«Mia giovane amica, non so se il tempo sia un alleato delle storie d'amore... C'è chi dice di no. Ma io sono sposato con la stessa donna da trentacinque anni e non l'ho mai tradita. E forse un piccolo segreto l'ho imparato.» Indica con la mano i suoi uomini sospesi nel vuoto e prosegue. «Bisogna creare dei momenti di sospensione, *my dear*. Momenti, per l'appunto, fuori dal tempo. Istanti preziosi che ci permettono di sfuggire alla banalità del quotidiano. Quello che conta non è la quantità ma la qualità del tempo passato insieme. Così, ogni tanto, mi trasformo nel mago del Tempo per la mia amata...»

«Che bello! Sa, Benjamin, noi donne ci faremmo molti meno problemi se sapessimo che voi ci amerete sempre allo stesso modo, nonostante i segni dell'età. Una grande attrice diceva: "Non copritemi le rughe! Ci ho messo tanti anni a farmele venire".»

«*You're right, dear.* È vero. Io sono convinto che tutte le donne possano mantenere la loro bellezza malgrado l'età, purché siano raggianti dentro. A far scappare gli uomini non sono le rughe, ma l'inaridimento del cuore, non crede?»

«Sì. Se si ha il cuore pieno di belle cose, traspare nel sorriso e nello sguardo.»

È incredibile che io abbia fatto una conversazione del genere con una persona che conosco appena, e in più per strada! In Benjamin c'è qualcosa che mi stimola a riflettere. Che personaggio delizioso! Gli sorrido e, mentre sto ancora pensando alle sue parole, all'improvviso qualcosa attira la mia attenzione. Faccio appena in tempo a intravedere un enorme SUV che devia e viene a tutta velocità verso di noi. Un grido strozzato mi esce dalla gola e d'impulso do un forte spintone a Benjamin per toglierlo dalla traiettoria del veicolo. Altre grida si alzano dai passanti, presto coperte da un fracasso assordante: il SUV è andato a schiantarsi contro un palo e ha il muso quasi completamente accartocciato. Non mi rendo ancora bene conto di cos'è successo. Istintivamente mi giro verso Benjamin per vedere come sta. L'ho placcato al suolo come un rugbista e credo di avergli fatto male. Chissà dove ho trovato tutta quella forza...

Gli chiedo se sia ferito. «*Are you hurt? I'm so sorry!*»

Sembra che gli faccia male il braccio. Sento le lacrime salirmi agli occhi. Forze dell'ordine e soccorsi arrivano pochi minuti dopo, mentre sul luogo iniziano ad affluire anche i curiosi. La polizia mi interroga ma, forse per colpa dello choc, al momento il mio inglese è piuttosto stentato. Benjamin viene portato via; prima però mi ringrazia, con lo sguardo un po' stralunato. Cadendo ha picchiato la testa e ha una brutta abrasione sul braccio oltre, a quanto pare, a qualche contusione. Non dovrebbe essere niente di grave, ma è comunque meglio fare una risonanza. Io sto ancora tremando.

Mi frullano per la mente diverse ipotesi. Un attentato? Il gesto di un drogato, di un ubriaco o di un depresso con tendenze suicide? Forse lo sapremo nei prossimi giorni. Nel momento in cui i paramedici caricano Benjamin sull'ambulanza gli infilo in mano il mio numero di telefono e gli chiedo di farmi sapere qualcosa. «*Give me news, please!*»

Le porte dell'ambulanza si richiudono sul suo sorriso un po' smarrito, e io mi ritrovo lì, in piedi davanti al Big Ben che mi osserva severo dall'alto, come a ricordarmi che non sono immortale. In un istante mi rendo conto acutamente dell'inesorabilità dello scorrere del tempo, dell'importanza di godersi ogni attimo. Chi di noi può sapere cosa gli succederà un momento dopo? Commossa, penso ad Antoine, a tutti i minuti che passo lontano da lui. Prendo subito il telefono e lo chiamo.

Antoine

Mentre parlavo con Meredith, hanno preso a tremarmi le mani. Quello che mi ha raccontato mi dà i brividi. Alla vita di tanto in tanto piace scuoterci e ricordarci le regole del gioco: nulla dura per sempre, tutto è effimero. Chi crede di essere padrone della sua esistenza prima o poi viene brutalmente smentito, perché la verità è che siamo precari su questa terra. La vita dà e la vita riprende. Riafferma i suoi diritti.

Meredith mi è sembrata davvero sconvolta, sono preoccupato per lei. Mi sono offerto di prendere il primo treno per raggiungerla, ma non ha voluto. In questo momento desidera lasciar riposare il nostro terreno, per prepararlo a un raccolto ancora più rigoglioso. Be', se la mette in questi termini... Però mi ha proposto un appuntamento telefonico; all'improvviso le era venuta un'idea. Sembrava sovreccitata, galvanizzata, come se l'incidente avesse risvegliato in lei una irreprimibile urgenza di vivere, come se la percezione della precarietà e della fragilità dell'esistenza, piuttosto che spaventarla, le avesse trasmesso un desiderio ancora più forte di assaporare gli inebrianti piaceri del presente. Mi ha chiesto se potevo tornare a casa e quando le ho domandato perché non mi ha voluto rispondere. Ho acconsentito comunque, promettendole che di lì a un'ora sarei stato raggiungibile.

In ufficio ho detto che dovevo occuparmi di un problema di famiglia, poi ho fatto lo slalom tra le macchine incolonnate per arrivare prima. A casa, mi sono subito fiondato in bagno per pettinarmi e cospargermi di dopobarba. Ammetto che è una cosa piuttosto scema per una conversazione telefonica, ma so che Meredith adora quel profumo, e tanto mi basta. Ho indossato la sua camicia preferita senza cravatta, come piace a lei. Nervoso, mi sono versato un bicchiere di vino, malgrado sia mattina. Finalmente il telefono squilla e vedo comparire il suo viso in videochiamata. Sento un piccolo, familiare tuffo al cuore. Non so spiegare perché, ma vederla mi fa sempre questo effetto. Perché lei e non un'altra?

Siamo entrambi commossi. Ma in fondo non è quest'emozione che ci fa sentire davvero vivi? Capisco immediatamente dove si trova e resto senza parole. Meredith e le sue piccole follie. Ha preso una stanza in albergo e comincio anche a capire in quale gioco voglia coinvolgermi. Cammina per la camera con il cellulare all'orecchio, parlandomi con voce calda e suadente. Dietro di lei intravedo pesanti tende tirate per fare buio; tuttavia un raggio di sole si insinua attraverso il tessuto illuminando il suo corpo. Il suo corpo... Sento crescere il desiderio. In breve prende il sopravvento, mi pervade.

Adesso, inginocchiata sul letto, Meredith si slega i capelli, che le ricadono scompigliati sulla camicetta mezza sbottonata. Scorgo in parte il suo seno, ma cerco di non lasciar trasparire il turbamento che mi suscita. Lei sposta ancora il cellulare, mostrandomi la pelle color panna delle gambe nude, i piedi raccolti sotto il sedere; si è messa un incantevole tanga di pizzo rosso che dovrebbe essere tolto dal commercio, uno di quegli intimi che non lasciano scampo.

Poi ricompare il suo viso. Tengo lo sguardo incollato sulle sue labbra che mormorano parole irripetibili. Vorrei tanto posare la bocca su quella di lei, che non ha rivali nell'arte del bacio. Mi chiede di condividere una nuova esperienza sensoriale. Non serve che le risponda. Senza staccare gli occhi dalle immagini che appaiono sul display, formulo una muta preghiera di ringraziamento a santa Tecnologia.

Meredith si infila con grazia sotto le lenzuola. La osservo con il cuore in gola mentre si sbottona del tutto la camicetta svelando il seno perfetto, messo in risalto da un gioco di luci e ombre. Ipnotizzato, seguo la sua mano che inizia ad accarezzare sensualmente il décolleté. Ogni tanto riappare il suo viso, e ci sfidiamo a sostenere reciprocamente lo sguardo, misurando il grado di eccitazione che i nostri occhi lasciano trapelare. Da questa lotta sensuale Meredith esce presto vittoriosa. La vedo mordersi il labbro, leggermente arrossato per la pressione dei denti, su cui la lingua lascia una deliziosa impronta scintillante.

Un incendio incontrollabile divampa dentro di me. Lei allontana il braccio dal corpo per permettermi di vedere la sua schiena inarcarsi al ritmo del piacere crescente. La curva fra le reni mi fa impazzire. Sono sul punto di esplodere. Con un ultimo gesto audace infrange definitivamente le barriere del pudore offrendomi il suo piacere, al quale prendo parte da spettatore incredulo. Il desiderio puro, la sobria semplicità del suo abbandono mi scuotono fin nei visceri.

Siamo rimasti a lungo in silenzio, così vicini malgrado la distanza, in un indescrivibile momento di complicità.

Un'ora dopo che ci siamo salutati ho ricevuto questo messaggio:

È stato il più bell'istante sospeso che io abbia mai vissuto. M.

Un po' più tardi le rispondo:

Hai mai notato che le nostre due iniziali formano la prima sillaba della parola amore? Dopo quello che è successo stamattina, non c'è dubbio che siamo anime gemelle...

Quando le scrivo, ultimamente cerco di tenere a bada le emozioni per non spaventarla. Il mio tono è leggero, spensierato, ma dentro ribollo. Oh Meredith, che sortilegio mi hai fatto? Mi torna in mente la canzone di Screamin'Jay Hawkins *I Put a Spell on You.* Anch'io vorrei gridarle, con la stessa rabbia: *I put a spell on you because you're mine*, «Ti ho fatto un incantesimo perché sei mia». Mi sembra di sentire il suono avvolgente del sassofono e la voce roca, quasi provenisse dal centro della terra, che urla: *I love you*. Manca un mese alla fine di questo maledetto esperimento. Ancora un mese! Come scorre diversamente il tempo per chi ama. Il momento in cui potremo riabbracciarci sembra non arrivare mai. È come nel famoso paradosso di Zenone: una freccia scoccata dall'arco va a una velocità di dieci metri al secondo; se il bersaglio si trova a venti metri, dopo un secondo la freccia è a dieci metri da esso; trascorso mezzo secondo, ne ha fatto altri cinque e gliene mancano cinque; ancora un quarto di secondo, e ha percorso due metri e mezzo: gliene restano altrettanti, e così via... si può continuare all'infinito.

Io la vivo così, l'assurdità dell'attesa, con la sgradevole sensazione che la conclusione di questo conto alla rovescia sia sempre più lontana a mano a mano che si approssima.

Mi cade l'occhio su una rivista di psicologia appoggiata sul tavolo; in copertina c'è uno strillo su un test: «Sei innamorato?». Ho buttato via quattro euro: non ho bisogno di pormi questa domanda.

SCENA 55

Meredith

Ricevo una telefonata da Benjamin, che si profonde in ringraziamenti. La sua sincera riconoscenza mi emoziona. Ci tiene a rassicurarmi sulle sue condizioni di salute: a parte qualche escoriazione, sta bene; più che altro è ancora un po' scioccato. Non fa che ripetermi quanto mi è grato: per sdebitarsi vuole regalarmi qualcosa di speciale, di unico. Cerco di convincerlo che non è necessario, ma non mi sta a sentire. Scopro che ha intenzione di offrirmi un'esperienza riservata a pochissimi eletti: la discesa assistita dal Big Ben. È una proposta favolosa ed eccitante che accetto subito con entusiasmo. Poi emergono le prime preoccupazioni. Sarà pericoloso? «*Are you sure it would be safe?*» gli domando.

«Non c'è alcun rischio, la mia squadra la seguirà passo passo. Naturalmente, se la fa sentire più tranquilla, può chiedere a qualcuno di accompagnarla.»

Come rinunciare a vivere un momento che si preannuncia davvero magico? In tanti fanno bungee jumping o si buttano con il paracadute, ma quanti possono dire di essersi calati dal Big Ben? Tuttavia, mi rassicurerebbe non essere da sola. Ne parlo subito a Rose, che trova l'impresa elettrizzante ma rifiuta categoricamente di parteciparvi.

«Mai e poi mai! Non ho intenzione di restare appesa come un salame a più di novanta metri d'altezza. Tu sei matta da legare, cara mia!»

Poi mormora qualcosa di incomprensibile in creolo. È un pessimo segno: non c'è speranza di farle cambiare idea.

Devo trovare qualcun altro. Non ho molte alternative qui a Londra... Nick Gentry è l'unico a cui posso rivolgermi, così lo chiamo per sapere cosa ne pensa. Rimane sorpreso. Dice di essere onorato che io glielo abbia proposto; insomma, in una parola, è *delighted*, «felicissimo». Si dà il caso che lui adori le emozioni forti. È fatta. Ecco, ora sono obbligata ad andarci.

L'appuntamento è per due giorni dopo, quando è previsto bel tempo. In effetti, il giorno X il cielo è azzurro, senza una nuvola. Arrivo in anticipo e trovo ad accogliermi Benjamin, che mi offre un caffè e mi presenta la squadra. Mi si affollano tutti attorno, trattandomi con mille riguardi: ai loro occhi sono un'eroina, nonostante io abbia solo agito d'istinto di fronte a un pericolo improvviso.

Poi arriva Nick, sorridente e rilassato tanto quanto io sono nervosa. Il livello di fifa ha raggiunto livelli di guardia; ho dolorose fitte allo stomaco ma non posso più tirarmi indietro!

Benjamin è orgoglioso di presentarci il *suo* Big Ben, di cui parla con tenerezza quasi paterna. «L'equipaggiamento ve lo metterete quando sarete in cima.»

Eccoci dunque intenti a salire le scale del campanile. È un'ottima occasione per constatare che è arrivato il momento:

1. di smettere di fumare;
2. di praticare un po' di sport;
3. di farla finita con birre e patatine.

Qual è il segreto di Nick? Non ha nemmeno il respiro affannato! Io invece, dopo i 335 scalini (ebbene sì, li ho contati uno per uno, anzi, ho tracciato mentalmente delle tacche su immaginari bastoncini di legno, come i prigionieri che contano i giorni), sembro una pentola a pressione sul punto di esplodere. Infine, eccoci arrivati in cima. Mi appoggio a un muretto per riprendere fiato, ma lo stress non aiuta.

«*Are you ok?*» si preoccupa Benjamin.

Nick mi guarda, e io mi raddrizzo bruscamente stampandomi un gran sorriso in faccia; ci tengo a fare bella figura!

«*Yes! Sure!*» mento con determinazione.

Funziona, ci credono. La squadra ci aiuta a infilare l'imbragatura e ci spiega le procedure di sicurezza, che ascolto con estrema attenzione. È tempo di inoltrarsi sul grande quadrante. Nick si accorge che sto morendo di paura e mi prende la mano per farmi coraggio. Gli rivolgo un timido sorrisino.

«Sarà bellissimo, vedrai!» mi dice nel suo francese esitante.

Rido. È così carino quando si sforza di parlare la mia lingua! Benjamin resta con noi per assistere all'impresa

«Seguite le istruzioni e andrà tutto bene.»

«Okay!»

Non c'è pericolo che faccia di testa mia...

A quest'altezza, l'aria fresca mi sferza il viso e mi toglie il respiro. Nick va per primo. Ammiro la sua disinvoltura: eccolo aggrappato alla grande lancetta dei minuti, che misura 4,3 metri di lunghezza. Tutti lo applaudono, e lui alza il pollice con un sorriso radioso. Adesso tocca a me. Bando ai ripensamenti e via: non posso certo perdere la faccia davanti a Nick! Inspiro profondamente e tento di ignorare i battiti sordi e martellanti del cuore: sembra che voglia uscirmi dal petto. L'armamentario l'avrò messo come si deve? Sarà ben agganciato? In una frazione di secondo visualizzo l'orribile immagine di me che mi lancio nel vuoto con l'imbragatura lasca. Ho la gola secca mentre tutti mi guardano aspettando che mi lasci andare.

«*Come on!*» mi incoraggia Nick.

E così mi lancio.

Penso di avere emesso un grido da bestia sgozzata che deve aver rotto i timpani ai presenti. Meno abile di Nick, non riesco ad agganciarmi subito e comincio a dondolare nel vuoto, con il corpo che ondeggia a destra e sinistra in un folle *tic tac.* Chiudo gli occhi e urlo di nuovo senza ritegno.

«Si aggrappi! Si aggrappi!» tentano di dirmi quelli dello staff.

Ma ho le orecchie tappate e continuo a oscillare come un pendolo impazzito. Wonder-Nick decide allora di prendere l'iniziativa, lanciandosi nel vuoto per soccorrermi. Con un movimento estremamente efficace, come un Tarzan londinese mi afferra e si dà lo slancio per farci approdare all'altra lancetta, quella delle ore: 2,7 metri di sollievo. Mi tiene stretta fra le sue braccia e di sicuro mi sente tremare attraverso la tuta. Siamo tutti e due senza fiato, adesso, e i nostri respiri si condensano in nuvole di vapore nell'aria fredda. D'un tratto mi rendo conto di quanto i nostri visi siano vicini. Godo di una superba panoramica dal vivo dei suoi occhi, delle emozioni che prova. Per un momento non so più se mi turbi di più il suo sguardo o la vista mozzafiato sulla città. La scarica di adrenalina mi fa girare la testa. Cerco di scacciare dalla mente ciò che mi è sembrato di vedere e percepire in quello sguardo.

Ammirare le immense cifre del Big Ben così da vicino è fantastico. Minuto dopo minuto sento che mi calmo e mi abituo alla situazione. Benjamin vuole che ci divertiamo ancora un po'; ci fa fare qualche movimento scenografico sul gigantesco quadrante, ed eccoci trasformati in marionette di un *puppet show* improvvisato.

Quando le nostre corde si incrociano, Nick mi sfiora le mani. Esegue qualche figura acrobatica per impressionarmi e strapparmi una risata. Mi secca ammettere che ci riesce. Vengo assalita da un pungente senso di colpa.

Lo scaccio con noncuranza. Avrò pur il diritto di trovarlo simpatico, no? Proprio così, è *molto* simpatico.

Dopo mezz'oretta inizio a essere stanca, e Benjamin ci fa tornare a terra, mentre la squadra rimane al suo posto per continuare il lavoro. Liberatami dall'imbragatura, vado ad abbracciarlo e a dargli un bacio sulla guancia per ringraziarlo di quell'esperienza unica.

«*My pleasure, love!*» si schermisce lui.

Ci salutiamo affettuosamente ripromettendoci di organizzare presto una cena per celebrare la vita e gli istanti sospesi.

Mi allontano con Nick e per alcuni istanti non diciamo niente. Lui, le mani affondate nelle tasche della giacca, ogni tanto mi lancia uno sguardo complice, che ricambio. Questo silenzio in altre occasioni mi avrebbe trasmesso un senso di gelo, ma adesso mi comunica calore. È pieno di connivenza, orgoglio condiviso ed entusiasmo, le emozioni che si provano quando si riesce a superare i propri limiti. Ho comunque un peso sul cuore: mi dispiace non aver vissuto questa esperienza fuori dall'ordinario con Antoine. Un velo di tristezza mi oscura il viso, e Nick se ne accorge subito.

Lo scambia per stanchezza. «*Tired?*»

«*No, no, I'm okay...*»

Non ho intenzione di rovinare tutto parlandogli del mio stato d'animo. Arrivati alla metropolitana, dove dobbiamo salutarci: non andiamo nella stessa direzione.

«Allora, poserai per me?»

Ripensando al suo sguardo, lassù sul Big Ben, esito. Dovrei rifiutare? Provo davvero molta simpatia per lui. Siamo in perfetta sintonia. Che male c'è, dopotutto? Sono abbastanza navigata per riuscire a mantenere le distanze, no? E poi non voglio rinunciare all'opportunità di fare questa esperienza.

Dunque accetto. «*Yes, sure, with pleasure!*»

Lui ne sembra felice, forse un po' troppo. Ma dev'essere solo una mia impressione. Prendo il treno per tornare a casa da Rose. Mentre le stazioni sfilano fuori dal finestrino del metrò, ascolto a tutto volume *Mad About the Boy* di Dinah Washington pensando ad Antoine e sorrido sotto i baffi.

SCENA 56

Meredith

Conto alla rovescia: –21 giorni

Con il passare dei giorni io e Rose stringiamo con Nick un legame d'amicizia sempre più saldo e diventiamo inseparabili. Lui ci porta in giro, ci mostra locali particolari come il Brilliant Corners, dove ci sono ottima musica e un'atmosfera intima, o il God's Own Junkyard, letteralmente «la discarica di Dio», con la sua incredibile collezione di neon che mi ha fatto venir voglia di rubare la grande insegna rossa con la scritta TROUBLE, perfetta per una neoribelle come me.

Siamo stati anche in un mucchio di ristoranti. Forse il migliore è Sarastro, il suo *kinky restaurant*, come lo chiama lui, nel quartiere di Covent Garden. Capiamo cosa abbia di *kinky*, di eccentrico, quando scopriamo l'incredibile arredamento, le tappezzerie, gli accessori teatrali e i lampadari colorati, in un allegro miscuglio di stili vistosi come il rococò, il gotico e l'arabeggiante. Ceniamo a un tavolino d'angolo, assaporando una gustosa cucina turca. Nick, da brava guida, ci spiega l'origine del nome: Sarastro è il mago sacerdote nell'opera di Mozart *Il flauto magico*. E il ristorante si dimostra all'altezza di portarlo: ne usciamo stregati.

«Un posto perfetto per un incontro galante», commenta Rose, sospirando.

«*Oh yeah, for a date, it's great!*»

Sono d'accordo con loro, è l'ideale per un appuntamento romantico. Non fatico a decifrare lo sguardo della mia amica: è con Nick che le piacerebbe tornarci. Com'è possibile che lui non se ne accorga? Magari però fa solo finta di niente, esercitando la tipica flemma britannica per non ferirla con un rifiuto.

Per la stessa ragione non ho detto a Rose che sto posando per Nick. Durante ogni seduta devo rimanere completamente immobile per un'ora mentre lui lavora a una gigantesca opera di due metri per tre, realizzata su supporto di floppy disk. Mi fa un sacco di domande per rappresentare al meglio la mia personalità: sono autorizzata a muovere almeno le labbra! A mano a mano che il ritratto prende forma, rimango impressionata dal suo talento. Mi sembra che abbia colto in pieno le mie contraddizioni: il miscuglio di sicurezza e scarsa autostima, di temerarietà e inibizioni, l'annichilente paura di deludere, di non essere all'altezza...

Condividere cose così intime naturalmente ci avvicina. Nick mi parla dei genitori, della famiglia, del suo passato, mi racconta di come è diventato un artista. Scopro il suo lato sensibile, la sua autenticità.

Dopo aver posato mi sento sempre turbata, pur non riuscendo a capire perché. Sono costretta ad ammettere di provare una certa attrazione per lui, che imputo alla lunga lontananza da Antoine; anche se abbiamo condiviso quel momento magico a distanza qualche giorno fa, la mancanza fisica inizia a farsi sentire. Non pensavo che ne avrei sofferto così tanto. Sono troppo passionale o si tratta solo di una sana ed esuberante pulsione vitale?

La nostra esperienza londinese volge al termine. Mancano due giorni alla partenza! Nick vuole organizzare una serata speciale per celebrare degnamente la fine del nostro soggiorno.

Grazie ai suoi contatti riesce a farci entrare in uno dei night club più in della città: il Cirque le Soir.

Ci ha avvisate di sfoderare l'artiglieria pesante: *dress code* alla moda e sexy.

Quando a un semplice cenno di Nick la guardia all'ingresso ci fa passare, ci sentiamo come due principesse. Inizio a pensare che potrei prenderci gusto.

Il locale mi lascia senza parole e sono elettrizzata dall'atmosfera effervescente che si respira. Soffitto e tende rosse, ritratti di clown in bianco e nero, pareti decorate con larghe righe verticali, anch'esse bianche e nere. Lo spirito circense pervade ogni angolo di questo posto: è una meraviglia! Per non parlare dei giochi di luce, davvero pazzeschi. In bilico sui miei tacchi dodici, d'obbligo per la serata, a ogni passo rischio di slogarmi una caviglia. Ma sono in buona compagnia: tutte le donne si muovono come funambole su un filo teso a trenta metri da terra. È il circo del glamour.

Incrocio un clown che mi scocca uno strano occhiolino e arretro, divertita e spaventata al tempo stesso. Nick ha prenotato un tavolino in prima fila per assister allo show e ballare. Ma, prima di tutto, ci consiglia un cocktail imperdibile, il Punch on the road. È una bevanda esplosiva: basta un sorso perché io senta mille sapori scoppiarmi nel palato.

Alzando la voce per farmi sentire nel frastuono della sala chiedo quali siano gli ingredienti. «*What's in there?*»

Nick ride della mia espressione sorpresa e delle pupille già dilatate. Però non mi svela nulla. «*It's a secret. No one can tell it.*»

"Certo, un segreto", penso. Poi, con discrezione, mormoro all'orecchio di Rose: «Stai all'occhio, mi sembra bello carico questo ti-punch».

Lei mi sorride con l'aria di aver capito, ma io riconosco il suo sguardo da serata *no limit*, e dal modo in cui fissa Nick sembra proprio che il pacchetto includa anche lui.

Mentre sorseggiamo il primo cocktail della serata, sento un dolce calore pervadermi e tutte le inibizioni abbandonarmi piano piano, a una a una. Nick ordina un secondo giro, e a metà bicchiere vengo presa dalla ridarella, cosa che sembra fare piacere al nostro ospite. Ma cosa mi succede? Un piccolo allarme mi risuona nel cervello, nonostante la densa nebbia dei vapori alcolici. Ignoro il segnale di pericolo: mi sto divertendo troppo. Il desiderio di sedurre ha il sopravvento e non ho intenzione di tirarmi indietro adesso; sento di avere già oltrepassato il confine. Nick si ritrova tra due fuochi, e Rose, per la prima volta da quando la conosco, mi lancia sguardi penetranti da rivale dichiarata. La vedo chinarsi per mormorare all'orecchio di Nick qualcosa che lo fa ridere. Ma che combina? Pazienza! Bevo un altro sorso di cocktail. Sono qui per divertirmi, no? Per divertirmi e basta. D'un tratto un mangiatore di fuoco fa irruzione sulla scena; mi sfugge un gridolino quando un getto di fiamme gli esce dalla bocca, con un effetto spettacolare accentuato dalla penombra. Nick, che mi ha sentita sobbalzare, ne approfitta per mettermi un braccio attorno alle spalle con fare rassicurante. Il calore delle sue mani sulla pelle nuda è gradevole. Decisamente, il Punch on the road è traditore.

Rose si alza per andare a ballare. «Venite?»

È un eccellente pretesto per tirarmi fuori da una situazione che inizia a essere imbarazzante. In un nanosecondo, eccoci tutti e tre a scatenarci sulla pista, trascinati dal ritmo della musica elettronica. Un piccolo gruppo di ballerine erotiche fa il suo ingresso e l'atmosfera diventa *hot hot hot.* Senza più dissimulare troppo, io e Rose ci contendiamo Nick, facendo a gara a chi esegue i movimenti più audaci. In qualche modo, confusamente, mi rendo conto di avere perso il controllo e provo una vaga vergogna per quello che sto facendo. Un'incantatrice di serpenti passa in mezzo alla folla con un pitone reale vivo arrotolato attorno al collo. Si ferma vicino a noi, e capisco che mi sta proponendo di prendere il serpente bianco sulle spalle per scattare una fotografia. Lancio un'occhiata terrorizzata ai miei amici, che mi guardano divertiti, ma finisco per cedere, e la donna mi passa l'animale; al contatto un fremito mi attraversa. Attorno a me si forma un piccolo capannello: per tre minuti che sembrano durare un'eternità mi metto in posa mentre i flash crepitano. Finalmente l'incantatrice di serpenti si riprende il pitone e mi porge un biglietto per ritirare la fotografia.

«*I want that one!*» mi sussurra Nick, alitandomi sul collo. Vuole la foto.

Rabbrividisco e mi rendo conto di avere la pelle d'oca. A disagio, intuisco che se n'è accorto anche lui, malgrado finga di ignorarne la causa.

«*Are you chilly?*» mi chiede con aria birichina.

Anche se non è il freddo a farmi rabbrividire, rispondo: «Sì, un po'!».

Rose, visibilmente sull'orlo di una crisi di nervi, mi tira per il braccio trascinandomi verso il bagno con la scusa di ritoccarci il trucco. «Ehi, cosa stai combinando con Nick?»

Punta sul vivo, reagisco. «Senti chi parla!»

«Ti ricordo che sei impegnata! IMPEGNATA», ripete. «Io invece sono single e, come avrai capito, lui mi piace parecchio!»

La ascolto distrattamente mentre tiro fuori il rossetto dalla mia microscopica borsetta. «E dai, mi sto solo divertendo. Non vorrai rovinarmi l'ultima serata qui, spero!»

Lei si sistema i capelli con gesti nervosi. «Quello che dovevo dirti te l'ho detto...»

Usciamo e raggiungiamo Nick che, nel frattempo, ha incontrato dei conoscenti e li ha invitati al nostro tavolo. Meglio così, questo sancirà una piccola tregua fra me e Rose.

Ci annoiamo un po', sorseggiando altri cocktail. Ormai non rispondo delle mie azioni. A un certo punto Nick torna ad accordarci la sua attenzione. L'atmosfera nel locale è diventata ancora più elettrica, una fitta folla si agita sulla pista e noi andiamo a lanciarci nella mischia, buttandoci a corpo morto come se volessimo annegarci. Si dondola parecchio. Per non cadere mi aggrappo al collo di Nick, come se fosse una boa. Deve aver frainteso il mio gesto, perché senza preavviso mi dà un bacio appassionato sulla bocca.

Mentre attorno a noi le persone si agitano e saltano al suono della musica, ci stringiamo come se fossimo soli al mondo.

È troppo per Rose. Ho a malapena il tempo di intravedere il suo sguardo indignato prima che lei esca precipitosamente dal locale. Ma in quel momento non mi interessa. Non penso ad altro che a baciare Nick per tutta la notte, le sue labbra calde come il più dolce dei peccati.

SCENA 57

Rose

Quando finalmente sento il rumore della chiave nella serratura, stringo le dita attorno alla maniglia della valigia, già pronta davanti a me. Non ho chiuso occhio, ma nonostante sia sfinita me ne sto qui dritta come un fuso, seduta su questo tristissimo divano di cui sento le molle sotto il sedere. Ho passato ore interminabili in attesa che Meredith tornasse a casa, per vedere fino a che punto si sarebbe spinto il suo delirio. Fino a dove sarebbe arrivata.

Non appena mi vede, si pietrifica e il suo viso diventa paonazzo. I cerchi violacei che ha intorno agli occhi non fanno che accrescere la mia rabbia. Si richiude piano la porta alle spalle e avanza senza osare incrociare il mio sguardo. Sono le sette del mattino, e questo non lascia dubbi sullo sviluppo della sua serata con Nick. Butta la borsa in un angolo, tira verso di sé una sedia e ci si lascia cadere sopra. Cala un profondo silenzio, come un'enorme barriera tra noi. Si sentono solo gli schiamazzi di Romeo, che imprigionato nella sua gabbia da viaggio sbatte le ali contro le barre. Sono ore che aspetto questo momento, eppure non so da dove cominciare per esprimere tutta la mia delusione e il mio sgomento.

La vedo guardare la valigia. Ha capito. È l'irrevocabile punto di rottura. Per un attimo mi rallegro all'idea che la cosa la faccia stare male. «Allora, ti è piaciuto? Ti sei divertita?»

Il mio cinismo non la fa sorridere, anzi, la vedo stringere

i denti; la tensione le imbruttisce il viso. «Mi dispiace, Rose, lascia che ti spieghi...»

Adesso comincerà a giustificarsi, e non potrei proprio sopportarlo. «Stai zitta, per favore», le dico bruscamente.

È così poco abituata a sentirmi usare questo tono che la vedo trasalire.

«Stai zitta, stai zitta!» ripete Romeo, in un'insopportabile eco.

Le donne delle mie parti sono così: abbiamo il cuore dolce come il rum, ma il tradimento lo indurisce, e allora la nostra collera è temibile come una tempesta. Salto su dal divano e comincio a camminare su e giù per la stanza per raccogliere le idee, per ritrovare un minimo di lucidità e riuscire a dirle le cose più importanti. Quando mi sembra di essere pronta, mi giro verso di lei e la costringo a guardarmi negli occhi.

«Perché l'hai fatto? Perché?»

Sto quasi urlando; vedo le sue pupille dilatarsi per la tensione, ma non si muove di un millimetro. Incassa.

Questo soprassalto di dignità mi irrita. Avrei preferito che perdesse il controllo: sarebbe stato più facile. Proseguo: «Nick... lo sapevi da settimane quanto mi piaceva! Mi ha colpito fin dall'inizio. A te, invece, non importa nulla di lui, non provi nulla: l'hai sedotto solo per capriccio».

«Rose, ti prego...»

«No, non dire niente! È facile per te! Hai sempre avuto gli uomini ai tuoi piedi, il povero Antoine in prima fila... Non ti basta lui? Li vuoi proprio tutti?»

Non cerco nemmeno di dissimulare l'astio. Vedo le lacrime sgorgarle dagli occhi; lentamente cominciano a rigarle le guance. Me ne frego, ormai è troppo tardi. La diga si è rotta e un torrente di fango mi esce dalla bocca.

«È più forte di te, vero? Questo non potevi lasciarmelo? Devi sempre giocare a fare la principessa, attirare tutta l'attenzione, tutti gli sguardi.»

Cerca di parlarmi, di calmarmi, ma non glielo permetto. Sono fuori di me. La rivedo mentre bacia Nick sulla bocca. La immagino tra le sue braccia, e la cosa mi rende furiosa.

Sento crescere dentro di me un sentimento oscuro, la voglia di ferire, per controbilanciare la mia sofferenza. Intravedo Romeo, quasi irriconoscibile, con le piume gonfie, tutte arruffate, gli occhi mezzi chiusi, prostrato nella sua gabbia, ma non riesco a distogliermi dalla mia ossessione: rinfacciare a Meredith tutti i suoi errori.

«Hai idea di come si sentirà Antoine quando verrà a saperlo?»

Lei si raddrizza di colpo, e un velo d'angoscia le oscura il viso. «Smettila con questo giochetto perverso, Rose. Non faresti mai una cosa simile.»

Mi si torcono i visceri: questa discussione mi dà la nausea, ma ho bisogno di buttare fuori tutto, di rivelarle quello che le sto nascondendo ormai da mesi.

«Certo che glielo dirò! Dopo quello che ha fatto per te, ha il diritto di sapere a che genere di donna sta donando il suo amore, prima di impegnarsi per la vita...»

Meredith freme, è bianchissima.

«Smeeettila! Smeeeettila!» grida Romeo con una voce irriconoscibile.

Né io né Meredith gli prestiamo attenzione, troppo prese dal nostro regolamento di conti.

«Rose, tu straparli, mi fai paura. Forse è per la privazione di sonno. Dovresti andare a riposare, poi avrai le idee più chiare...»

«Non le ho mai avute così chiare in vita mia! E vedrò di chiarirle anche a te, dicendoti esattamente cosa ha fatto lui per te...»

La guardo con disprezzo mentre mi fissa in silenzio, per una volta.

«Povera Meredith! Sei talmente concentrata su te stessa che non ti accorgi di quello che ti succede attorno. Non hai notato niente di strano dall'inizio della tournée? Pensi di averli *vinti per caso* tutti quei soldi al gratta e vinci? Sei convinta che sia stato per il tuo *immenso talento* che a Lille a teatro abbiamo fatto il tutto esaurito? Credi che dopo il mio svenimento il direttore ci abbia accordato un'altra possibilità per semplice *buon cuore*? Sei così ingenua...»

«Ma di cosa parli, Rose?»

La vedo preoccupata e sono consapevole che quella che sto per sganciare è una vera e propria bomba. Romeo respira a fatica, con il becco spalancato.

«Apri gli occhi, ragazza mia! È stato solo merito di Antoine.»

«Cosa? Antoine?»

È come se non capisse il senso delle mie parole. Mi premuro di dissipare ogni dubbio.

«Il tuo angelo custode ha provveduto a tutto, facendo in modo che tu non rimanessi mai senza soldi, che acquistassi maggiore fiducia in te stessa e nella tua carriera, che non ti demoralizzassi... Perché ti ama, *lui*! Povero scemo!»

Meredith trema dalla testa ai piedi. All'improvviso ho paura che mi prenda a schiaffi. Faccio un passo indietro, consapevole di essermi spinta un po' troppo in là.

«Stai mentendo.»

«Ah davvero?»

Osservo la sua faccia mentre prende atto delle mie rivelazioni e ricompone il puzzle. Tutto quello che non avrebbe mai voluto, che le faceva orrore – l'idea di essere considerata un'incapace, di venire trattata per sempre come una bambina – è diventato reale.

Mi ha girato le spalle e dice con voce roca: «Vai via!».

«Non preoccuparti, era già in programma», ribatto con un tono freddo e tagliente come la lama di un coltello. Anch'io sono a pezzi. Frugo dentro di me in cerca di un briciolo di indulgenza, ma non lo trovo; ci sono solo collera e delusione. «Torno a Parigi, Meredith, e provvederò a informare di tutto Antoine. È un vecchio amico a cui tengo molto. Voglio che sappia esattamente con chi ha a che fare.»

Faccio per prendere la valigia e la gabbia del cacatua, ma un rumore sordo mi paralizza: Romeo è appena caduto dal suo trespolo e giace rigido come se fosse morto stecchito.

«Romeooo!»

Un grido straziante mi esce dalla gola mentre ci precipitiamo tutt'e due verso di lui.

SCENA 58

Rose

Io e Meredith aspettiamo da un'ora in questo pronto soccorso veterinario del centro di Londra. Ci saremo dette sì e no tre parole da quando siamo arrivate, trincerate dietro un silenzio ostile. Quando, spaventatissima, ho aperto la gabbia per soccorrere il mio amato pappagallo, Meredith ha messo temporaneamente da parte la nostra controversia per aiutarmi. Romeo non era morto, il suo cuore batteva ancora: sembrava più che altro in preda a un forte choc. Al nostro arrivo in clinica è stato preso in carico da una dottoressa a cui ho spiegato quanto sia speciale il cacatua, che a Parigi viene seguito dal professor Boileau dell'Istituto Peterson.

Dopo un'attesa che mi pare interminabile, la veterinaria finalmente ricompare. Ha un'aria molto seria, anche se le notizie sembrano incoraggianti. «Le sue funzioni vitali sono buone, ha ripreso conoscenza, se possiamo dire così...»

«In che senso?»

«C'è motivo di credere che non l'abbia mai persa davvero.»

«Non capisco.»

«Ho contattato il professor Boileau, che vuole parlare con lei il prima possibile per darle qualche spiegazione.»

«Oh...»

«Mi segua.»

La dottoressa fa strada verso il suo ufficio. In tono secco dico a Meredith che voglio andare sola. Dal suo sguardo intuisco quanto il mio atteggiamento la faccia soffrire, ma per adesso non riesco a comportarmi diversamente.

La veterinaria mi indica il telefono. Compongo il numero del professor Boileau, che risponde quasi subito. Ha una voce agitata, quasi come se gli mancasse un po' il respiro; mi chiedo cosa stia per dirmi.

«Buongiorno. Anzitutto vorrei che lei mi spiegasse esattamente quello che è successo e che mi descrivesse le reazioni di Romeo.»

Racconto tutto un'altra volta nel dettaglio e d'un tratto mi sento in colpa per non aver notato i segni premonitori durante il litigio.

«Signora, ho tutte le ragioni di pensare che Romeo non abbia perso conoscenza.»

«Cosa?»

«Ritengo che abbia *fatto finta* di essere morto!»

«Fatto finta?» Sono sbalordita.

«Rose, il suo pappagallo, come ben sa, ha comportamenti fuori dal comune e tutto porta a credere che percepisca molto acutamente le emozioni delle persone che lo circondano. È anzi probabile che ne risenta. Stiamo parlando di empatia! E c'è qualcosa di ancora più incredibile...»

Ho la bocca secca. Cos'altro sta per dirmi?

«Non mi sorprenderebbe che Romeo l'abbia fatto per una ragione precisa: attirare l'attenzione su di sé per porre fine al litigio, diventando l'artefice della vostra riconciliazione!»

Per fortuna che sono seduta. A malapena recepisco il resto del discorso. Capisco solo che, considerate le straordinarie caratteristiche di Romeo, è necessario che l'Istituto Peterson possa studiarlo. Boileau mi supplica di affidarlo a loro per qualche mese.

«Lo faccia per la scienza!»

Cosa rispondere? Frastornata come se avessi preso una botta in testa, saluto la dottoressa.

Quando mi vede arrivare, Meredith si alza.

«Ecco, è fatta. Tornerò a Parigi con Romeo e me lo porteranno via.»

Lei cerca di consolarmi, ma la respingo. Stamattina ho

perso sia il mio adorato pappagallo sia la mia migliore amica. "La vita fa schifo", penso mentre percorro i corridoi della clinica veterinaria, diretta all'uscita.

Meredith

Quando Rose se ne va e rimango sola in quella dannata clinica, vengo presa dallo sconforto: la diga che finora ha contenuto le lacrime cede, e inizio a singhiozzare in silenzio. Mi riaffiorano alla mente immagini della mia folle notte con Nick, ancora confuse dai vapori dell'alcol, dallo sfinimento e dalla tristezza. Non mi sono resa conto di quello che stavo facendo, lasciandomi trasportare dai sensi, da una pulsione incontrollabile. Sì, lo riconosco: volevo sedurre Nick. Anzi, peggio, mi divertiva da matti farlo. Ma non avrei mai dovuto cedere alla tentazione. Che genere di donna sono se non riesco nemmeno a frenare i miei impulsi? La realtà mi raggela come una secchiata d'acqua fredda; la mia non è stata una notte di follia, bensì una stupida sbandata che rischio di pagare carissima. E Nick? Non ho forse giocato con lui, usandolo inconsapevolmente per soddisfare i miei desideri? Non se lo merita, e lo perderò, questo è certo. Ma sulla mia testa pende una spada di Damocle dalla lama ben più affilata: il pericolo di perdere Antoine. Se Rose, come ha detto sull'onda della rabbia, gli rivelasse tutto, sarebbe la fine della nostra storia. Questo pensiero mi colpisce con una tale violenza da togliermi il respiro. Mi sento soffocare. Gli ultimi sprazzi di ebbrezza che mi hanno offuscato la mente svaniscono, e non appena la luce inizia a squarciare le tenebre d'un tratto mi sento del tutto lucida. Amo Antoine, ne sono certa. Esco dalla clinica con passo malfermo. Ormai ho compreso che stanotte non è ad Antoine che sono stata infedele, bensì a me stessa.

Antoine

Rose è seduta al tavolo, nel mio appartamento, esattamente dove stava Meredith pochi minuti prima di dirmi che aveva intenzione di lasciarmi per iniziare il suo Love Tour. Rannicchiata sulla sedia, Rose ha pianto molto e il mascara le è colato sul viso. Si stringe le ginocchia al petto, con i piedi uniti sul cuscino. Non dice una parola, ma tende l'orecchio per non perdere neanche una sillaba della mia conversazione con Meredith, all'altro capo del telefono. Nella sua voce strozzata e un po' tremante ho subito colto la preoccupazione e una traccia di rimorso. Mi ha detto che le manco terribilmente, che ha voglia di tornare a Parigi e di dimenticare tutta questa faccenda. Esita un po' prima di chiedermi se ho visto Rose.

«Sì, ieri abbiamo cenato insieme», rispondo.

Meredith fa una pausa di silenzio carica di dubbi. Rose ha parlato o no? «E poi?»

«E poi niente! Abbiamo passato una bella serata. Mi dispiace molto che sia dovuta tornare a Parigi di corsa per Késia. Fortunatamente pare che adesso sua figlia stia meglio. È un gran sollievo, vero?»

«Sì, davvero...»

Capisco subito che il suo sollievo, in realtà, ha a che fare con ben altro.

Accanto a me, Rose è incredula. Non riesce a capacitarsi di quello che sente. Ma a mano a mano che scorrono i minuti si rende conto che i suoi sospetti sono fondati: non dirò niente a Meredith. Non le parlerò mai di quella dannata notte.

«Antoine?»

«Sì?»

«Ti amo.»

Meredith mette giù dopo aver sganciato questa bomba. Perché mi dice queste parole proprio ora?

Adesso dovrò cercare di giustificarmi con Rose, sempre più attonita.

Aggrotta le sopracciglia, visibilmente contrariata. «Quando la smetterai di proteggerla, di giustificarla qualsiasi cosa faccia?»

«Io non la sto proteggendo, Rose, chiudo solo un occhio su un errore che ha commesso.»

«Sei troppo indulgente con lei, Antoine. Finirà per fregarti, e quel giorno sarà davvero dura per te.»

«Sono pronto a correre il rischio.»

«La ami così tanto? Non sono sicura che si renda conto di quanto è fortunata...»

«Magari no, ma che cosa importa? Ascolta, Rose, devo chiederti un favore.» Mi avvicino a lei, la prendo per le spalle e la guardo dritta negli occhi. «Se ho lasciato credere a Meredith che tu non mi abbia detto nulla, l'ho fatto soprattutto perché ci tengo tantissimo che voi due restiate amiche.»

Lei scuote la testa, è ancora troppo arrabbiata.

«So quanto ti vuole bene, tu sei la sorella che avrebbe sempre voluto avere. Non potete rovinare un rapporto così bello.»

Rose mi fissa, tra il perplesso e l'ammirato. «Ma come ci riesci?»

«A fare cosa?»

«A non avercela con lei. A rimanere calmo. A essere così buono!»

Mi prendo un momento prima di risponderle. Respiro profondamente. «Hai capito male se pensi che io non soffra per quello che è successo a Londra. E so bene cosa provi. La ferita c'è, e se non amassi così tanto Meredith, la odierei. Ma credere che un rapporto d'amore o d'amicizia non attraversi mai un momento di crisi è solo un'illusione. Il peggio però non è commettere degli errori ma perdersi quando invece si dovrebbe restare uniti. La vostra amicizia è troppo preziosa perché la mandiate all'aria alla prima sciocchezza, non credi?»

Rose annuisce lentamente.

«Te lo chiedo come ultimo favore, in nome del nostro rapporto: perdonala! Ti prego, fallo per me. Ha bisogno di te, e tu hai bisogno di lei.»

Rose si è rimessa a piangere. La stringo tra le braccia e restiamo così per diversi minuti. Quando si stacca, il suo sguardo mi rassicura. «Okay, Antoine. Lo farò per te. Ma non subito. Devo ancora digerire questa storia.» Fa una pausa. «Antoine?»

«Sì?»

«Se alla fine non ti vuole, quasi quasi ti sposo io!»

Scoppiamo a ridere.

Le dico che sono d'accordo. «*Deal!*»

SCENA 60

Meredith

Conto alla rovescia: –19 giorni

Ho passato qualche ora a riordinare prima di riconsegnare le chiavi dell'appartamento. *Bye bye, London.* Dopo essermi guardata attorno un'ultima volta mi chiudo la porta alle spalle. Gli ultimi giorni qui sono stati strani, senza Rose. Non ho avuto il coraggio di rispondere alle chiamate insistenti di Nick. Gli ho spedito una lettera al suo studio. Lui mi ha riempito la segreteria di messaggi: si sente in colpa, verso di me, verso Antoine; si è lasciato trascinare dall'attrazione nei miei confronti, che lo aveva preso in contropiede. Ho avuto tanto tempo per riflettere su tutta la vicenda, sulle diverse forme di desiderio. Quello che mi ha spinta, per una notte, tra le braccia di Nick è come lo strato più superficiale dell'epidermide. Non ha nulla a che vedere con ciò che sento per Antoine. Lui ce l'ho sottopelle.

Non torno subito a Parigi. Non me la sento di affrontare né Rose né Antoine: ho ancora troppa confusione in testa. Mi faccio ospitare da un'amica a Lille per qualche giorno. Mia sorella mi invita a cena, nella sua bella casa in periferia, e ne approfitto per vedere i miei nipoti. Valentine è adorabile con l'innocenza dei suoi sei anni. Stasera tocca a me l'onore di raccontarle la storia della buonanotte, che naturalmente parla di principesse e principi azzurri. Ci accomodiamo tra i morbidi cuscini e lei viene a rannicchiarsi contro di me.

«Zia, mi dici una cosa?»

«Certo, tesoro.»

«Saranno felici *per sempre?*» La piccola sottolinea con enfasi l'espressione.

Le sorrido teneramente, senza sapere bene come rispondere. È giusto lasciare che i bambini credano all'amore eterno, mettere nelle loro testoline illusioni che, quando saranno adulti, si scontreranno con la realtà, causando loro inevitabili sofferenze? «Non so, può darsi. A te piacerebbe?»

«Sì, vorrei che si amassero per tuuutta la vita!»

La sua gioia sincera e i suoi occhietti luccicanti mi commuovono.

L'amore che dura per sempre è solo una bella fiaba che fa brillare gli occhi dei bambini? Senz'altro sono in molti a pensare che dovrebbero crederci il più a lungo possibile. È un dolce inganno, come quello di Babbo Natale. Abbraccio la mia nipotina e spengo la luce per lasciarla dormire.

Scendo da mia sorella e mi offro di aiutarla a sparecchiare, ma lei non vuole: insiste che sono un'ospite e che devo riposare. Così tiro fuori il Love Organizer e mi sistemo in un angolino. Apro la sezione TRA ME E L'ALTRO e traccio un grosso punto di domanda accanto alle parole «amore duraturo». Devo chiarirmi le idee su questa questione fondamentale. Ripenso al bacio che mi ha rubato Laurent, il collezionista di cotte, e alla mia attrazione per Nick Gentry. È successo tutto in pochissimo tempo. Che confusione ho in testa! Mi sono lasciata tentare; anzi, a dire il vero, ho anche dato un morso alla mela. Eppure il mio amore per Antoine non ne è rimasto scalfito, al contrario pare essersi addirittura rafforzato. È quasi come se queste sbandate facessero parte del percorso iniziatico che conduce verso il sentiero del vero amore. Ma la vera questione è di natura morale. Non è forse proprio la tendenza a impedirsi di provare desiderio per altri, a condannare le pulsioni, a reprimerle la causa di tanti disastri coniugali?

Non bisognerebbe riconoscere e accettare a priori che ci si sentirà attratti da altre persone, che questo sia addirittura inevitabile, sano, normale? Certo, la monogamia è necessaria per mantenere l'ordine morale e sociale, ma funziona davvero? La fedeltà è solo una bella mano di vernice? In cosa consiste davvero l'infedeltà? Pensare a un altro, provare dei sentimenti per lui non è già un tradimento, magari anche più grave che avere un breve rapporto fisico?

Si può studiare la faccenda da ogni lato, ma la prima eresia è credere che una persona ci appartenga. La seconda consiste nel volerle impedire di vivere come vuole.

Sulle magagne della monogamia, del resto, le cifre parlano chiaro: le promesse nuziali meriterebbero il nomignolo di Giuramento di Ipocrita.

Pochi giorni fa ho letto su una rivista che più di un uomo su due e una donna su tre ammettono di essere stati infedeli, e il numero non fa che aumentare. Per non parlare del boom dei siti d'incontri... L'amore soffoca sotto il peso delle sue stesse costrizioni. E tutto per che cosa? Sempre per il Giuramento di Ipocrita. La fedeltà sempiterna non è forse il retaggio di un'epoca in cui di certo non si viveva quasi fino a cent'anni?

Credo proprio che si dovrebbero rivedere i vecchi cliché, convincersi che ognuno abbia il diritto di inventarsi la propria versione della coppia, senza per forza piegarsi ai dettami del «socialmente corretto». D'altronde com'è possibile che la medesima ricetta della felicità funzioni per tutti? A ciascuno la sua, per quanto di nicchia possa essere.

Mia sorella viene a portarmi una tisana con un biscottino.

«Arrivo fra un attimo», mi dice, tornando in cucina per finire di sistemare.

Metto giù la tazza dopo una prima sorsata bollente e, mentre affondo i denti nel biscotto, penso alla mia idea di rendere più flessibili le abitudini lavorando sulla tolleranza e l'apertura mentale. “Come potrebbe essere uno stretching per menti troppo rigide?” mi chiedo sorridendo.

Esercizio principale: allenare la capacità di accettazione. Accogliere eventuali desideri del partner per «altri», smitizzare i tabù, essere aperti alla comunicazione e al dialogo. Una malvagia vocina interiore mi pungola: “Sii sincera: se Antoine ti dicesse di essere attratto da un'altra donna, come reagiresti?”. In effetti non stavo facendo i conti con il nemico numero uno, la gelosia. Sotto questo sentimento si cela la volontà di onnipotenza: l'altro deve appartenermi. Ma amare non significa possedere. Il vero amore non deve mai essere una gabbia, piuttosto una stanza con la finestra aperta.

Annoto freneticamente le idee sul Love Organizer e mi invento un test della verità.

«Se venissi a sapere che Antoine mi ha tradita, quanto me la prenderei? (0: per niente; 10: a morte.)»

Sincera, sincera? Un bel sette.

Diciamo che su questa teoria del Giuramento di Ipocrita devo lavorare ancora un po'...

«Sarei pronta a perdonarlo? (0: per niente; 10: assolutamente sì.)»

Qui, forse un cinque.

I miei punteggi non sono granché: devo ancora impegnarmi parecchio su questa faccenda del giuramento, che dovrebbe essere non tanto di fedeltà, quanto di sincerità. La cosa più importante, in effetti, non è se si mente ma se si mente a sé stessi.

In realtà, a ben pensarci, le scappatelle non mi sembrano un problema grave; una coppia solida può attraversarle come inevitabili zone di leggera turbolenza. Invece, è fondamentale avere il coraggio di stimare la fragilità del proprio rapporto. Si tratta di un amore forte come la roccia o di uno già eroso, friabile? Il cuore lo sa. Il vero adulterio, quello che deriva dall'usura, dall'amarezza, dalla stanchezza e dalla passività, non è altro che la conseguenza della strategia dello struzzo, dell'incapacità di guardare in faccia la verità quando l'altro non ci piace più, non ci va più bene.

La relazione ci svuota, ci spegne, ci allontana dall'autentica gioia di vivere. Ci costringiamo a rimanere insieme, ma in nome di cosa? Dei figli? Delle convenzioni? Della paura del cambiamento e di mettere a repentaglio abitudini acquisite? O, ancora peggio, dei soldi?

Mentirsi equivale a una lenta asfissia, a una morte lenta. Se si sta male in coppia, non bisogna tradirsi bensì lasciarsi.

Resto con il pennarello sospeso nell'aria mentre mia sorella viene a sedersi accanto a me. Ci sorridiamo al di sopra delle tazze e mi azzardo a porre la domanda che mi sta a cuore.

«Come va con Guillaume? Tutto bene?»

Mi guarda con un'espressione un po' stupita, come se le avessi chiesto qualcosa di bizzarro. «Certo che sì. Perché non dovrebbe?»

Non insisto, malgrado a cena abbia notato il comportamento di mio cognato, come spesso manchi di attenzione nei confronti della moglie e sembri indifferente a tutto ciò che la riguarda. A me i suoi modi farebbero uscire dai gangheri; lei al contrario non fa una piega, rassegnata alla sua sorte di donna trasparente e ad avere un rapporto insipido. E lui perché mai dovrebbe mettersi in discussione? Non ha paura di perderla, sa che lei sarà sempre lì, al suo posto, che le manca il coraggio di andarsene. La sicurezza che prova è sconcertante.

Cosa farebbe la signorina Giulì in una situazione del genere?

Lei non cercherebbe di cambiare Guillaume; piuttosto inizierebbe a modificare il proprio atteggiamento, accentuando la sensualità, il lato più sexy di sé. Metterebbe sale e spezie nei gesti e negli sguardi. È risaputo che l'attrazione è innanzitutto una questione di attitudine interiore di cui i movimenti del corpo sono solo il prolungamento.

Un donna non deve mai rinunciare alla propria femminilità, al proprio potere seduttivo, alla propria autonomia.

L'uomo conserva sempre dentro di sé l'istinto del cacciatore e, anche se apprezza il calore e la tranquillità domestici, è bene ricordargli che il territorio non gli appartiene di diritto. Nella preistoria si combatteva per il fuoco, oggi per un fuoco diverso: nessuno vorrebbe vedere il suo grande amore spegnersi, tuttavia molti dimenticano quanti sforzi, cure, sollecitudine e creatività richieda questa preziosa fiamma.

Una delle domande più comuni che la gente fa a una coppia è: «Da quanto tempo state insieme?» come se la solidità di un rapporto si misurasse in termini di anni. Ma l'unica cosa da contare, nei sentimenti, sono le stelle che accendiamo negli occhi dell'altro.

Provo a introdurre l'argomento, ma mia sorella scuote la testa e mi guarda come se fossi un po' suonata. «Mireille, sei davvero un'idealista!»

«Meredith, per favore», la correggo.

«Non mi abituerò mai.»

In fondo, se lei è felice così... La saluto ringraziandola per la deliziosa cena e torno a casa dell'amica che mi ospita. Mi dico che è arrivato il tempo delle grandi decisioni: il conto alla rovescia è finito. Quali sono i miei sentimenti per Antoine? Mi sento pronta al grande salto? La mia *amorability* è sufficientemente consolidata? Faccio un sospiro profondo. Ho la sensazione che non dormirò granché stanotte...

PARIGI

SCENA 61

Antoine

Giorno X: fine del conto alla rovescia

Oggi è il 28 luglio, il primo giorno del resto della mia vita con Meredith, o l'ultimo della nostra storia. Ho deciso di avere fiducia nel suo amore: non ho notizie da cinque giorni a questa parte, da quando ho ricevuto la famosa lettera recapitata personalmente da lei nella mia cassetta della posta.

Ormai conosco a memoria ogni frase. Non si può dire che Meredith difetti in teatralità: mi ha dato appuntamento per oggi, alle due precise, al gazebo della musica in Parc des Buttes-Chaumont.

Le sue parole mi danzano sotto gli occhi.

Davanti allo specchio del bagno, tento di cancellare dal viso i segni di una notte agitata. Mi rado con cura, mi metto il dopobarba che lei ama tanto, il cui profumo mi riporta alla mente il suo volto vicino al mio e il suo nasino incollato alla guancia per annusarmi, in modo quasi animalesco.

Tiro fuori dall'armadio il completo che le piace di più, chic ma sportivo. Slaccio il primo bottone della sua camicia preferita e immagino le mani di lei sul mio petto, che a volte accarezza come se fosse un albero, quasi volesse assorbirne la forza. Adoro quel gesto che stabilisce un contatto fra noi. Meredith non sa che in realtà sono io ad attingere forza da lei quando sento il calore delle sue mani attraverso il tessuto.

Mi osservo un'ultima volta allo specchio con sguardo critico. Sono accettabile, nonostante le occhiaie. Come un qualunque innamorato che vive la sua storia come se fosse straordinaria, lungo la strada mi fermo da un fiorista. Non voglio presentarmi a mani vuote. Scelgo dei fiori che le somigliano: semplici, profumati e di mille colori.

È una giornata stupenda. Voglio considerare il bel tempo un segno del destino. Ho arrotolato le maniche della camicia e mi asciugo meccanicamente le mani sui pantaloni. L'amore ci riduce in certi stati, a volte...

Quando intravedo il parco da lontano, non riesco più a tenere a bada l'agitazione; la paura mi invade come un ospite indesiderato che non si lascia sfrattare. Ho infilato in tasca la lettera di Meredith e ora la accarezzo con la punta delle dita, quasi fosse un talismano, per farmi coraggio: è tempo di chiarire le cose e finirla con questa storia. Credo che non sarei potuto resistere un giorno in più.

Mentre attraverso il parco, mi perdo; poi, finalmente, alla svolta di un sentiero, immerso nel suo scrigno vegetale scorgo l'antico gazebo, muto complice e testimone della mia sorte. Pare un'improbabile scenografia per la pièce teatrale che sta per iniziare.

Sono in anticipo di una decina di minuti. Cosa sono dieci minuti, dopo sei mesi di attesa, direte voi... Eppure, mi sembrano infiniti! A ogni rumore di passi, a ogni silhouette che vedo muoversi sussulto. Sarà lei? Mi sento un po' ridicolo con il mio mazzo di fiori in mano. Un trentenne radical-chic passando di lì mi lancia un'occhiata di scherno. È davvero irritante! Nascondo il bouquet dietro la schiena e mi sposto dietro un pilone per passare inosservato. I minuti scorrono. Fa caldo.

Un uomo cammina verso di me sul sentiero principale. Ah, si direbbe che abbia un appuntamento pure lui perché tiene una rosa in mano. Divertente! Ci scrutiamo con la coda dell'occhio e finiamo per rivolgerci un sorrisino di circostanza. Anche lui sembra nervoso e, per quanto sia da stupidi, mi conforta un po' sapere di non essere l'unico nell'universo a sentirsi così. Ha i capelli piuttosto lunghi e una barba da hipster; a giudicare dai suoi colori, di sicuro non è svedese.

Guardo di continuo l'orologio: mancano ancora tre minuti. Vedo un terzo uomo venire verso di noi. Ci osserva, controlla anche lui l'orologio e si mette a camminare in tondo per il gazebo. Questo tizio però non ha fiori. È incredibile quanta gente si dia appuntamento qui! Non avendo altro da fare, lo studio: biondissimo, ha lineamenti delicati, poco mascolini. Solo le 14.02. Meredith è in ritardo. "Ma solo di due minuti", tento di rassicurarmi. In una manciata di secondi arrivano altri tre uomini. Cominciamo a scrutarci l'un l'altro con espressione meravigliata, e la situazione si fa un po' surreale. Come ci avrebbe dipinti Magritte? Sagome maschili piene di nuvole, come il cielo delle loro speranze? Va' a sapere...

Dire che sono nervoso, adesso, sarebbe un eufemismo.

D'un tratto sopraggiunge qualcun altro. Non appena si avvicina e posso scorgerne chiaramente il viso, mi rendo conto che è... Nick Gentry! Sgrano gli occhi, incredulo, con un tuffo al cuore. Anche lui, a quanto pare, ha la stessa reazione. Ma che diavolo ci fa qui?

«*What the hell are you doing here?*» esclamo infatti, a voce più alta di quanto volessi.

Anche lui sembra perplesso. Mi fissa e si guarda attorno con aria delusa. Gli altri uomini si avvicinano, percependo che ciò che accade in qualche modo li riguarda. Nick, visibilmente a disagio, balbetta che ha un appuntamento con Meredith. Gli chiedo di ripetere, convinto di avere sentito male.

«*I've got a date with Meredith*», ripete lui.

«*A what?*»

«*A date.*»

Mi sembra di soffocare. Sento il sangue battere contro le tempie. «Non è possibile! Sono *io* ad avere un appuntamento con lei, Nick. Io e nessun altro!»

Dimentico tutte le buone intenzioni che mi avevano permesso di chiudere gli occhi sulla sbandata londinese di Meredith e perdo il mio sangue freddo. Tutto questo è troppo.

«Sei uno stronzo! E io che ti credevo un amico! Ti avevo chiesto di prendertene cura, e tu cos'hai fatto? Ci sei andato a letto! *Bastard!*»

Lo agguanto con una mano e con l'altra lo colpisco sulla spalla con il bouquet. Continuo a percuoterlo mentre i fiori si spezzano e svolazzano attorno a noi; gli altri uomini intervengono per separarci. Ne nasce una zuffa, come quelle tra gli animali in calore che si vedono nei documentari.

Nick cerca di dire qualcosa, di chiedermi scusa. «*I'm so sorry, Antoine!*»

D'un tratto sentiamo dei suoni di fischietto che preannunciano l'arrivo del guardiano del parco.

Scende il silenzio proprio nel momento in cui Nick esclama: «*I'm in love with her!*».

È innamorato di lei. Un imbarazzo pesante come una cappa di piombo si abbatte su tutti noi.

Nick aggiunge: «*It's beyond my control*».

Non me ne frega niente se è fuori dal suo controllo: ho voglia di torcergli il collo. Mi chiedo cosa ci facciano qui gli altri.

In preda a un terribile sospetto tremo all'idea di ciò che potrei scoprire. «Non ditemi che avete tutti appuntamento con Meredith.»

Il loro silenzio è una risposta eloquente. Mi giro verso il custode.

«E lei?»

«Ehm, a dire il vero anch'io.»

Mi gira la testa. Cos'è questa storia assurda?

Nel bel mezzo di tutto questo una donna avanza verso di noi. Sembra una hostess, con un abitino arancione attillato e un piccolo foulard annodato al collo. Si avvicina con l'aria di una guida che raggiunge il suo gruppo.

«Siete qui per l'appuntamento con Meredith?»

Lo chiede con voce limpida e cristallina, come se ci proponesse di seguirla per una gita. Annuiamo tutti come idioti, troppo scioccati per reagire diversamente.

«Seguitemi, prego», dice lei.

Camminiamo dietro di lei, lasciandoci alle spalle i miei fiori distrutti e calpestati. Con un gesto rabbioso do una gomitata a Nick per togliermelo di torno. Lui continua a balbettare *sorry*, ma io non lo ascolto nemmeno più.

Arrivati davanti a un caffè, la hostess ci fa segno di salire al piano di sopra, dove c'è un megaschermo. La sala è piacevole, con una grande doppia finestra aperta da cui entra la brezza fresca. Potrebbe quasi essere un bel momento, se le circostanze fossero diverse. La hostess ci offre da bere e accettiamo tutti. Con il bicchiere in mano ascoltiamo quello che ha da dirci.

«Meredith ha un messaggio per voi.»

Con mano ferma – fortunata lei che non è coinvolta nel nostro piccolo dramma! – fa partire la registrazione. E il viso di Meredith riempie lo schermo.

SCENA 62

Meredith

Cinque giorni prima

Sono tornata a Parigi ieri e ho ripreso possesso del mio appartamento nel XIX arrondissement. Negli ultimi giorni ho avuto modo di riflettere a fondo; ho passato molte ore a fare il punto su quello che negli ultimi mesi ho appreso su di me, sui miei progetti, sulle mie aspirazioni, sulla strada che mi resta da percorrere e, soprattutto, sul destino della storia con Antoine. Ore passate da sola a camminare o al tavolino di un bar che mi hanno permesso di ripensare agli amori e agli incontri del passato, facendo germogliare un'idea nella mia mente. E più riflettevo più mi appariva chiaro quale fosse l'approccio da adottare con Antoine. Una mossa balzana ma assolutamente sincera, proprio come me.

Così ho messo in atto il mio piano, contattando tutte le persone che ho incrociato nella vita e che, in un modo o nell'altro, mi hanno aiutata a progredire nel percorso di ricerca del vero amore. Sarebbero state al gioco? Avrebbero accettato di darmi una mano? In poche ore ho ricevuto diverse risposte positive e soltanto due rifiuti. Il dado era tratto. Allora ho scritto a lungo, selezionando con infinita cura ogni parola per essere il più credibile possibile. Poi, da brava attrice, ho imparato il testo a memoria. Mi sono messa i miei vestiti più belli, mi sono pettinata e truccata, senza esagerare, per essere al massimo della forma, e ho scelto una bella ambientazione: sullo sfondo, una pianta verde e un lembo di tessuto colorato che spezzano la linea dritta del divano nero. Come in un Matisse, i dettagli sono fondamentali. Ed eccomi, sono pronta. Con un dito un po' tremante schiaccio il pulsante che avvia la registrazione; la lucina rossa mi indica che l'apparecchio è in funzione. Inizio.

A tutti voi, grazie dal più profondo del cuore per essere venuti, rispondendo a un appello che sicuramente vi avrà colti di sorpresa. Vi chiedo scusa fin d'ora per questa messinscena che deve avervi scioccati e magari fatti arrabbiare. Perdonatemi. Tra qualche istante vi sarà tutto più chiaro, spero.

Antoine, se sei qui, ti prego, non saltare a conclusioni affrettate sul motivo per cui ho convocato queste persone proprio in una giornata che doveva essere solo nostra...

Quando guarderete questo video, saranno passati sei mesi e un giorno da quando ho proposto ad Antoine uno strano esperimento: prenderci una pausa, smettere di frequentarci in modo che io potessi avere un po' di spazio e aprire meglio gli occhi sui miei orizzonti: chi sono, dove vado, come fare per essere all'altezza di questa bella storia d'amore, per esserne degna e, in un certo senso, prepararmici. Ho trovato una parola per definire tutto questo: *amorability.* Volevo capire se fosse possibile migliorare la mia capacità di amare.

Ogni persona che ho incrociato nella vita ha avuto un ruolo importante. Tutti voi mi avete dato qualcosa di unico.

Antoine, se oggi faccio questo discorso davanti a te, è perché tu comprenda da dove vengo, come ogni storia abbia contribuito a formare la donna che sono diventata, e per condividere con te ciò che ho capito dell'amore attraverso tali esperienze.

Faccio una pausa e prendo un lungo respiro per raccogliere il coraggio necessario ad arrivare fino in fondo, poi riprendo.

Julien, a te che sei stato l'amore dei miei vent'anni, grazie. Sono stata follemente innamorata di te. All'epoca volevo appartenerti totalmente, darti tutto, troppo, presa com'ero nel vortice ingannevole dell'amore fusionale che finisce sempre per trascinarti via. Mi hai insegnato la prima regola in amore: l'armonia è nel sottile equilibrio tra l'arte di dare e quella di ricevere.

Zach e Nicolas, i gemelli del mio cuore! Che ricordi di fuoco, tre estati di seguito... Non saprei dire quale dei due sia stato il mio preferito. Mi avete insegnato la seconda regola dell'amore: per alimentare la fiamma non bisogna mai scordare di mettere nel rapporto una punta di leggerezza, freschezza, gioco, allegria. Voi avevate tutto questo. Spontaneità, creatività, l'energia di un esploratore intento a scoprire ogni angolo del piacere, che assapora la vita come un frutto profumato appena colto dall'albero in un giorno d'estate.

Cyril, tu avevi tutto: la bellezza, l'intelligenza, lo spessore, ma alla fine la gelosia ha rovinato ogni cosa. Mi soffocavi con la tua pretesa di avermi solo per te. Avremmo potuto essere felici se tu fossi riuscito a tenerla a bada. Mi hai insegnato la terza regola dell'amore: nessuno possiede nessuno. Quando l'amore diventa una gabbia, anche se dorata, l'uccello muore, lentamente, di asfissia. La libertà è nella fiducia. Ciascuno deve conquistare la propria autonomia affettiva, l'unica in grado di far spiccare il volo ai sentimenti.

Laurent. La nostra non è stata propriamente un'avventura. Tu, un collezionista di cotte, ti sei infatuato di me e io ho ricambiato, in un certo senso. Ma ad affascinarmi veramente era la tua filosofia dell'amore. Tu non ti concentri su un unico oggetto del desiderio: espandi la nozione di amore! Più passa il tempo e più mi convinco anch'io che il dolore nasca dall'ossessione, dal focalizzarsi su un'unica persona. Succede quando qualcuno occupa tutti i tuoi pensieri ogni secondo, quando soffri se l'altro non c'è e si diverte con gli amici, dedicandosi alle attività che gli piacciono... Sei stato tu, Laurent, a insegnarmi la quarta regola in amore: diversificare gli oggetti dell'interesse, della soddisfazione. L'amore può avere tante forme. Bisogna dirigere i propri sentimenti verso tutto ciò che è bello, interessante, arricchente, tenersi alla larga dall'amore che rinchiude, che monopolizza e può diventare tristemente tossico.

Nick, sono felice di averti incontrato. Sei una bella persona, anche se non ti nascondo che conoscerti ha turbato non poco il mio Love Tour. Senza volerlo, mi hai costretta a pormi una questione fondamentale, che ogni coppia prima o poi si trova ad affrontare: si possono desiderare più persone al tempo stesso? La risposta è sì, certo. Si possono amare più persone contemporaneamente? Questo è già più difficile, ma probabilmente la risposta è di nuovo sì, dato che l'amore può assumere forme molto diverse: passione, ragione, amicizia, focolare, fiamma, pilastro... Una cosa va detta, però: gli incontri non avvengono mai per caso. Se si è impegnati con qualcuno e si incappa in qualche tentazione, bisogna interpretare il messaggio implicito. L'incontro è un invito all'introspezione: che cosa mi dice su di me? Perché quella particolare persona suscita il mio interesse? Caro Nick, sei stato tu a ispirarmi la quinta regola dell'amore: ogni persona nuova da cui mi sento attratta mi tende uno specchio nel quale posso vedere i miei desideri, i miei bisogni, le mie mancanze.

Jean-Claude, a te che sei il Guardiano delle Speranze, grazie per la tua bontà e generosità. Ti impegni a portare conforto agli amanti infelici che incroci per strada, offri un messaggio di speranza, una mano tesa. La via dell'amore non è piana; assomiglia piuttosto alle montagne russe! Ci sono alti e bassi, scossoni, brusche virate... L'amore ci scombussola, a volte ci sconquassa. Ma il peggio è quando muore a poco a poco, lentamente. Jean-Claude, mi hai suggerito la sesta regola: l'amore per l'altro non deve mai farci perdere di vista quello per noi stessi. Nessuno dovrebbe avere il potere di determinare se stiamo bene o male. Abbiamo un dovere nei confronti di noi stessi: trattarci con dolcezza, tenerezza e benevolenza, prenderci cura di noi stessi come della cosa più preziosa al mondo. L'amore comincia a logorarsi quando lasciamo questa responsabilità a qualcun altro.

Antoine, è tempo che mi rivolga a te.

Devo avere gli occhi rossi. Sento la gola secca e non so nemmeno se riuscirò a continuare. Cerco di inumidirmi le labbra per poter proseguire.

Amore mio, non oso nemmeno immaginare in che difficoltà ti metta tutta questa situazione. Sappi però che il mio obiettivo è solo quello di farti una dichiarazione d'amore. Sei l'uomo più meraviglioso che io abbia mai incontrato. Quello che provo per te non può essere paragonato a nulla di quanto ho provato prima. Dopo questi sei mesi, lunghi, difficili, faticosi, ho una certezza: io ti amo come non ho mai amato nessuno.

Ma...

Abbasso lo sguardo e mi interrompo, lasciando la frase in sospeso. Immagino Antoine nel caffè che ho scelto, seduto in mezzo agli altri uomini, ai suoi rivali, con tutti quegli sguardi puntati su di sé, le emozioni contrastanti che devono agitarsi in lui, e sento il cuore e il respiro accelerare.

...Perdonami, amore mio, perdonami. Non sono pronta, non posso ancora tornare da te.

Ecco, il colpo è stato inferto. Sento male per lui.

E non ho più il diritto di farti aspettare. Mi trovo di fronte a un dilemma insolubile. Sono costretta a correre un ultimo rischio, a lanciare la moneta per questo terribile testa o croce: perderti per sempre o ritrovarti per la vita. Devo portare a termine la mia ricerca da sola, andare fino in fondo alla strada che ho iniziato a percorrere. Non posso sapere quanto tempo mi occorrerà: come potrei essere tanto egoista da chiederti di pazientare ancora? Là dove vado, lontano, molto lontano, sappi che ti porterò con me, vicinissimo, dentro il mio cuore. Ma tornerò solo quando sarò riuscita nel mio intento. Ho bisogno di essere qualcuno e non solo «la moglie di». A modo tuo mi hai insegnato la settima regola dell'amore: ognuno ha il dovere di realizzarsi. La miglior garanzia di longevità della coppia è che ciascuno si adoperi per essere orgoglioso di sé stesso e dare anche all'altro ragioni per esserlo. L'amarezza non fa forse capolino quando non sopportiamo più ciò che siamo diventati? Soltanto noi possiamo sapere cosa ci fa stare bene, cercare di concretizzare il progetto di vita che meglio metta in luce il nostro talento. In fondo, cosa può conferire un senso alla vita se non il tentativo di dare il meglio di sé stessi?

A questo punto del discorso sono sull'orlo del pianto. Guardo dritto la telecamera, mentre le lacrime iniziano a rigarmi le guance e il naso. Non cerco nemmeno di asciugarle. Tendo un braccio e allungo il dito per fermare la registrazione, non prima di aver mormorato un'ultima parola ad Antoine.

Ti amo, Antoine.

Off.

SCENA 63

Antoine

Vi lascio immaginare lo tsunami emotivo che mi ha investito mentre ascoltavo il messaggio di Meredith. Stranamente, dopo che lei ha pronunciato l'ultima parola, sull'uditorio è calato un silenzio di piombo di cui mi ricorderò per tutta la vita, seguito a ruota da un baccano infernale quando si sono messi tutti a parlare contemporaneamente. Mi sembra di essere in un bar dopo una partita di calcio. Io, in questo momento, ho l'impressione di aver perso la mia. Stralunato è l'aggettivo che descrive al meglio il mio stato d'animo. Ho preso una gran botta. Aspettavo questo giorno come una liberazione, invece mi è piovuta addosso un'altra sentenza: condannato ad aspettare. Mi sembra di essere un imputato nel tribunale dell'amore, il cui unico delitto sia essersi innamorato di una persona fuori dal comune. Mi ritrovo in isolamento! La cosa peggiore è che il mio cuore è un recluso volontario, che non cerca nemmeno di evadere. E stavolta non ho neanche la possibilità di contare i giorni che mi separano dalla fine della condanna.

Nick mi si avvicin. Anche lui ha l'aria abbattuta. Meredith si rende conto di quello che semina dietro di sé?

«*I'm so sorry! All that is crazy*», mormora.

È vero, è una pazzia. E le sue scuse sembrano sincere. Non so se dargli un pugno in faccia o dimenticare la faccenda. A ogni modo, che senso avrebbe prendersela con lui adesso? La mia guerra ormai si combatte su un altro fronte. Non ho molta scelta: o imparo a vivere senza Meredith, opzione che in questo momento mi sembra peggiore di un'attesa senza fine, oppure devo mettermi nell'ottica di pazientare per un tempo indeterminato.

Guardo Nick allontanarsi con le spalle leggermente curve, come schiacciato dalla notizia di avere perso Meredith. Ordino un'altra birra e continuo a pensare a lei: la più presente delle assenti. A mano a mano gli altri se ne vanno. Incredibile: sono venuti a stringermi la mano, come si fa a un funerale con il marito della defunta. In questo caso ho avuto la spiacevole sensazione che la defunta fosse la mia storia d'amore.

In seguito a uno choc del genere, credo che il cervello in qualche modo si protegga, come ha fatto il mio nei giorni successivi. Ho eretto una barriera, trincerandomi dietro la negazione e foderando la sofferenza con uno strato ovattato di incredulità; ho quasi l'impressione che tutto questo sia solo un brutto scherzo e che da un momento all'altro Meredith sbucherà fuori per saltarmi al collo, ridendo a gola spiegata, come piace a me. Io le terrò un po' il muso, le dirò che non è stato divertente e poi la stringerò tra le braccia a lungo, dimenticandomi di questo incubo. Purtroppo quando apro gli occhi, la mattina, un doloroso nodo allo stomaco mi ricorda che è tutto vero: Meredith è scomparsa. Si è, per così dire, volatilizzata.

Stavolta non c'è nemmeno un sottile filo a tenerci uniti: niente messaggi, niente telefonate, niente di niente; solo una vaga promessa che tornerà e che mi ama. È troppo poco per aggrapparcisi.

Con il passare dei giorni i meccanismi di difesa si attenuano e, come quando svaniscono gli effetti di un'anestesia, inizio ad avere davvero male. Mi sto trasformando nell'ombra di me stesso, tanto che perfino i colleghi dell'ufficio iniziano a preoccuparsi e mi consigliano di prendere qualche giorno di ferie. Come se andare in vacanza servisse a dimenticare un grande amore! Quando si provano sentimenti tanto profondi, in un certo senso, è come essere su un'isola deserta, disillusi, soli con sé stessi, con i rimorsi e la propria amarezza.

Il dolore mi ha svuotato, ha prosciugato ogni mia energia vitale. Sono così stanco che perfino i gesti più banali della vita quotidiana mi costano un terribile sforzo. Non vivo, sopravvivo. È come se un proiettile mi avesse trapassato la pancia, lasciando un grande buco che risucchia tutto. Naturalmente, nei miei momenti di lucidità so di dover ricucire questa breccia emotiva: concedermi piccoli piaceri, un po' di riposo e di pace, la dolce compagnia di qualche amico. Ma per ora la sofferenza trova sempre uno spiraglio da cui uscire.

Rose mi è di grande aiuto. Per quanto ce l'abbia con Meredith dopo l'episodio di Londra, sono certo che lei le manchi molto.

Anche con Nick alla fine ho sotterrato l'ascia di guerra. In fondo siamo sulla stessa barca: due innamorati tristi e abbandonati. Per una mostra ha trascorso qualche giorno a Parigi e abbiamo cenato insieme. Ci siamo sforzati di non parlare di Meredith, ma lei si insinuava dappertutto. Facevamo davvero pena: così presi a far finta di aver voltato pagina, anche se non la davamo a bere a nessuno.

La mia speranza di rivederla si fa sempre più flebile con il passare delle settimane. Su consiglio delle persone che ho attorno cerco di tirarmi fuori dal mio torpore. Per compiacerle mi sforzo di uscire. La mia ex, Angélique, non si è fatta scrupolo di cercare di prendere il posto di Meredith. Io ho recitato: sorridevo quando lei sorrideva, ridevo quando rideva, la baciavo quando mi baciava. Ma mi è sembrato di essere il personaggio di una sinistra commedia. Mi sentivo un guscio vuoto. Dentro di me, non smettevo di piangere, e la mia tristezza era un macigno che mi trascinava lentamente verso il basso...

SCENA 64

Rose

Credete a me, essere piantati in asso dalla propria migliore amica *i pwak*, come si dice in creolo, «fa male». A volte mi piacerebbe averla davanti per poterle dire ciò che penso. In altri momenti, invece, riesco a vedere le cose con maggiore distacco e capisco quello che ha cercato di fare. Lo stesso giorno in cui i suoi uomini hanno assistito al grande show, io ho ricevuto una lettera. La conosco a memoria ormai. Penso di averla riletta un migliaio di volte.

Mia cara Rose,
quando leggerai queste righe, sarò già lontana. Parto, amica mia, per completare il viaggio che ho iniziato, e so che l'ultimo pezzo di strada devo farlo da sola. Non puoi neanche immaginare quanto sentirò la tua mancanza. Ebbene sì, mia adorata, pazza amica, mi mancherai tantissimo. Non sarà certo un litigio per un uomo che cambierà le cose. Per il mio comportamento con Nick ti chiedo sinceramente scusa. Non hai detto nulla ad Antoine e questa è la più grande testimonianza di amicizia. Grazie.

Tu sai quanto tengo alla tua felicità. Giuro solennemente che costruirò un altarino portatile per pregare tutti i giorni il dio Cupido di inviarti la bella persona che meriti. Funzionerà... In caso non basti, sono anche disposta a rivolgermi a qualche fattucchiera per farmi fare un filtro magico infallibile.

Non so quanto tempo starò via, ma ti chiedo tre cose.

La prima è di tenermi un posticino caldo nel tuo grande cuore creolo. Non penserai mica di esserti sbarazzata di me definitivamente, vero?

La seconda è di vegliare su Antoine e accertarti che non stia troppo male. Se puoi, sii per lui l'amica che sei stata per me. Saprò ricambiarti.

La terza è di prenderti cura come si deve di te e ranocchietta. Mi raccomando: verdure due volte al giorno, niente scorpacciate di patatine e ovetti Kinder (solo una volta la settimana) e occhio ai ragazzi. Evita tutti quelli che non ti trattano come una principessa. Perché lo sei.

Capito?

Adesso ti devo salutare.

Dovunque tu ti trovi, guardati sempre alle spalle, perché un giorno mi troverai lì.

Ti voglio bene.

Poi Meredith è scomparsa, sparita nel nulla. Ha anche chiuso tutti i suoi profili sui social.

In qualche modo la vita è ricominciata e ha ripreso il suo ritmo; siamo andati avanti senza di lei. Io sono stata scritturata da una piccola compagnia per degli spettacoli in un café-théâtre parigino. E, soprattutto, grazie ai suoi contatti Antoine mi ha trovato un lavoro fisso che consiste nel registrare delle pièce teatrali alla radio. Per una precaria dello spettacolo è una vera e propria manna. Finalmente sono riuscita a dare una certa stabilità a Késia: basta tournée lontano da mia figlia! La piccola ora frequenta la scuola materna e ha perso il primo dente da latte. Le è rimasta una deliziosa finestrella davanti e ha ricevuto un soldino dalla fatina dei denti! Abbiamo messo il dente in una scatolina per poi riporla sotto il cuscino. La mattina, al suo posto, c'erano due euro e un pacchetto di figurine da incollare in un album. Gli occhi brillanti della mia ranocchietta valgono tutto l'oro del mondo.

Abbiamo dovuto abituarci a una vita senza Romeo. In seguito all'episodio di Londra, sotto insistenza del professor Boileau ho dovuto rassegnarmi ad affidargli il pappagallo per uno studio dalla durata indefinita. Lui e la sua équipe sembrano considerarlo un esemplare di rara intelligenza e vogliono carpirne i segreti in nome del progresso scientifico. Sono stata costretta a cedere. Quando ho constatato che Romeo è stato accolto come un principe, circondato di attenzioni, con uno spazio enorme a disposizione, pasti a base di frutta esotica e deliziose pappagalline per fargli compagnia, il mio dispiacere si è un po' attenuato. Penso di non averlo mai visto così felice. Così me ne sono fatta una ragione. Inoltre possiamo fargli visita quando vogliamo.

Sul versante dell'amore, ormai stanca di avere relazioni occasionali, ho deciso di chiudere tutti i profili sui siti di incontri e lasciar fare alla vita. Volevo darle fiducia, per una volta. Mi ha fatto incredibilmente bene sospendere quella ricerca che ormai era diventata un'ossessione. Dare la caccia alla persona giusta era una fonte di stress! La pressione sociale attorno a questo argomento è un vero inferno. «Allora, hai incontrato qualcuno di interessante?» È come se non trovare l'amore fosse una specie di infamia.

Meredith, dovunque si trovi, deve aver tenuto fede alla sua promessa, perché l'amore ha finito per arrivare proprio quando non me l'aspettavo.

Ho iniziato a frequentare Spuntino. Sì, proprio lui, che avevo derubricato a snack da sgranocchiare in mancanza d'altro nei periodi di vuoto sentimentale, un *sex-friend* per i momenti di solitudine. Non mi fa onore, me ne rendo conto, ma è la dura legge della vita del single.

Be', ormai ho smesso di chiamarlo così. Il suo nome è Henock. Dopo la giornata a Dinseyland, Késia non faceva che parlare di lui: era riuscito a far breccia nel suo cuore, e questo per una madre non è cosa da poco. Ciò nonostante avevo messo le cose in chiaro: potevamo essere solo amici. Lui è stato al gioco e io ho abbassato la guardia. Così, senza che me ne rendessi conto, a poco a poco è entrato nella mia vita. Quando mi sentivo giù di morale, lui era lì. Quando avevo qualche preoccupazione per Késia o per uno spettacolo, Henock c'era. Ogni volta che lo guardavo pensavo: "Non è bello, non è alto e muscoloso quanto dovrebbe".

Ma in compenso possiede una qualità rara: è generoso. E questo vale immensamente di più.

Tutto è cambiato quando ha iniziato a uscire con una ragazza, Béatrice. Naturalmente, aveva meno tempo per me ed è diventato più sicuro di sé stesso, concedendosi la libertà di prendermi un po' in giro, a volte anche di mandarmi a quel paese. Il suo carattere si è fatto un po' più tagliente. Ho assistito turbata a questa trasformazione e ben presto mi sono trovata costretta ad ammettere, non senza una punta di divertimento, che anche il mio modo di vederlo stava cambiando.

A San Valentino ricordo perfettamente il regalo che aveva scelto per Béatrice e che si era premurato di mostrarmi: un bellissimo braccialetto di perline davanti al quale mi ero profusa in esclamazioni estasiate per nascondere una sorda gelosia.

Qualche ora dopo avevo sentito suonare alla porta. È tipico dei miei amici correre da me quando hanno il morale sotto i tacchi. Béatrice non aveva retto: non provava gli stessi sentimenti per lui, temeva che la storia diventasse troppo seria e preferiva rompere.

Quella notte ho consolato Henock, che per una volta aveva bisogno di me. Stesi l'una accanto all'altro, sussurrando per non svegliare Késia, abbiamo parlato a lungo, e io l'ho ascoltato. A un certo punto è calato il silenzio: non un silenzio vuoto, ma pieno, carico di significato. Ci siamo guardati, sfiorati con la punta delle dita. È stata la magia di quel contatto a farmi innamorare di lui.

Un'era felice si è finalmente aperta nella mia vita. Le difficoltà hanno iniziato a stemperarsi, si è creato un certo equilibrio. Adesso posso dire di essere felice. Salvo per il fatto che continuo a pensare a Meredith e, pur non volendo, mi preoccupo per lei. Si troverà in un posto sicuro? Starà portando avanti i suoi folli progetti? Non si perderà, tutta sola, chissà dove, per inseguire le sue chimere?

Per due anni mi sono posta queste domande. Fino a quando, mentre camminavo di buon passo per andare a un casting nel IX arrondissement, il mio sguardo si è posato su un enorme manifesto, dalla grafica molto originale, incollato sulla porta del Casino de Paris, la mitica sala da spettacolo.

Ho tirato fuori il cellulare e ho fatto una foto, poi, con le mani tremanti, ho scritto un messaggio ad Antoine, chiedendogli di richiamarmi appena possibile.

Antoine

Siamo nel bel mezzo della registrazione di una trasmissione con una personalità importante quando ricevo il messaggio di Rose. Guardo le due immagini allegate e non capisco subito, sono troppo piccole. Sembra urgente, però. Clicco sulla prima foto, che si ingrandisce, e mi appare il Casino de Paris. Cosa vuole dirmi Rose? Che è riuscita a farsi scritturare per uno spettacolo lì? Sarebbe una notizia davvero straordinaria. Sorrido e apro la seconda. È un manifesto, ma non si vede nel dettaglio; zumo un po' per ingrandirlo e il cuore mi fa un triplo carpiato nel petto. Nel momento in cui decodifico l'informazione, il cervello si blocca per qualche secondo. Mi si annebbia la vista. Le lettere ballano sotto i miei occhi. Dev'essere una polka, a giudicare da come gira tutto.

MISSIONE CUPIDO
Scritto e interpretato da Meredith Rose

Devo sedermi. È tornata. Meredith è tornata. Sono così scioccato che non capisco bene cosa provo. Quello che so per certo è che in un istante risale tutto in superficie: la sofferenza, l'attesa infinita, la solitudine, la crudeltà dell'assenza, il dispiacere, la speranza che muore giorno dopo giorno...

Ho caldo e freddo al tempo stesso: sono scosso dai brividi e dentro di me ribolle un magma incandescente che mi fa divampare in modo incontrollabile. Meredith è viva e a quanto pare ha sfondato nel mondo dello spettacolo, proprio come voleva, è andata fino in fondo per la sua strada.

Sento qualcuno picchiettare contro il vetro: è il mio presentatore di punta, che vuole sapere se la registrazione va bene, se l'intervista è buona. Maledizione! Non ho seguito, non ho ascoltato nulla. Due minuti dopo la personalità intervistata viene a stringermi la mano e mi chiede cosa ne pensi delle sue risposte. È una situazione molto imbarazzante. La mia assistente deve aver percepito qualcosa perché corre in mio soccorso e la faccenda si conclude con grandi complimenti e sorrisi. L'ho scampata bella.

«Tutto bene, Antoine?» mi chiede lei quando rimaniamo da soli, visibilmente preoccupata per il mio strano stato.

Tento di rassicurarla come posso, ma ho una sola idea in testa: chiamare Rose. Mi isolo per avere un po' di tranquillità.

Anche lei è isterica come me. Mi domanda che cosa ho intenzione di fare.

«Niente.»

«Come, niente?»

«Niente», ripeto. «Rose, sono passati due anni da quando se n'è andata! Due anni, capisci? E poi... io ormai ho voltato pagina.»

«Antoine!»

«Sì?»

«Questo raccontalo a qualcun altro!»

Insisto che è così. Mi giustifico: ho sofferto troppo. Sono contento per lei se ha ottenuto quello che voleva, ma è fuori discussione che io cerchi di rivederla. Per Meredith la mia porta è chiusa definitivamente.

«E se fosse lei a contattarti?»

Cosa si fa se il diavolo suona il campanello?

Meredith

Nonostante io sia tornata a Parigi da qualche settimana non ho ancora chiamato nessuno. Aspetto il momento giusto, quando tutto sarà pronto. La prima di *Missione Cupido* è fra tre giorni e sono in programma sette date di repliche. È un traguardo incredibile per una sala importante come il Casino de Paris! Lo show ha già riscosso un certo successo negli Stati Uniti e in Canada. Tutto è iniziato a New York, dove mi sono trasferita, ospite della zia Lily, la quale ha accettato di mantenere il segreto con la mia famiglia. Dopo quello che era successo mi sentivo sottosopra, non riuscivo a capire se avessi fatto la scelta giusta. Lei mi ha dato fiducia e la forza di proseguire sulla strada che mi ero prefissata. Ho lavorato senza sosta per ultimare e poi limare lo spettacolo e poterlo presentare a dei produttori. Naturalmente, ho ricevuto un buon numero di rifiuti. E poi, un giorno, è accaduto il miracolo! Qualcuno ha voluto credere in me e mi ha dato una possibilità, condividendo il mio desiderio di far divertire la gente con spettacoli di qualità. Questo meraviglioso colpo di fortuna mi ha cambiato la vita. Nel corso dei mesi mi sono trasformata. Il successo ti cambia, elimina il disagio. Il riconoscimento è un toccasana per l'autostima.

E ora eccomi qui, con uno spettacolo ben rodato, pronta a conquistare la Francia, l'ultima tappa del mio tour. In tutti questi mesi ho continuato a chiarirmi le idee riguardo a quello che desidero dalla vita e soprattutto dall'amore. Ora so che è lui che voglio, Antoine, e che sono pronta. Un uomo che è il tuo migliore amico, con cui condividi passioni, pensieri, gioie, dolori, e che in più desideri tantissimo, non è forse semplicemente l'incarnazione del grande amore?

Dovrei essere al settimo cielo al pensiero di essere così vicina al mio obiettivo, ma in realtà ho la tremarella. È stata una pazzia andarmene senza dare mie notizie. Antoine avrà capito che l'ho fatto per permettergli di vivere, di andare avanti? Che non mi sentivo in diritto di chiedergli di aspettarmi per un tempo indeterminato? Ho corso il pericolo di perdere il mio grande amore. Ne sono consapevole fino in fondo ora che è arrivato il momento della verità... "Andrà come deve andare", mi dico con fatalismo.

Ho preparato un bell'invito per la prima di *Missione Cupido*.

Antoine,

è passato tanto tempo... Eppure ho la folle presunzione di credere che Cupido non ci abbia dimenticati, che abbia tenuto d'occhio la nostra storia, nonostante la lunga pausa. Non ho mai smesso di pensare a te. Nemmeno per un istante. Se credi che il nostro Cupido possa ancora spiegare le sue ali, allora ti prego, vieni.

Meredith

Ci ho tenuto a recapitargli io stessa la lettera, infilandola nella sua cassetta della posta. Mentre la lasciavo cadere nella fessura, ho rivolto una preghiera muta all'universo. Che assurda quest'impressione di giocarsi la vita con un pezzo di carta!

La sera della prima è arrivata assieme a tutto il codazzo di sintomi dell'artista ipocondriaca: il lieve mal di gola, la voce che diventa un rantolo, lo stomaco annodato, le mani che tremano...

Mi sto preparando nel lussuoso camerino quando sento bussare alla porta: è il mio impresario che accompagna un visitatore. Ho un tuffo al cuore. È Rose! Ci buttiamo una nelle braccia dell'altra. Piango. Pazienza, mi rifarò il trucco. Parliamo tutt'e due contemporaneamente.

«Sei venuta?»

«Ehi, non avrai mica pensato che mi sarei persa una cosa del genere, cara mia!»

«Mi sei mancata così tanto!»

«A me per niente.»

Mi allontano per guardarla. Nei suoi occhi nocciola brilla una punta di ironia.

«Certo che ce ne hai messo di tempo! Avevo quasi deciso di dimenticarti!»

«*Bitch!*»

«Non più di te!»

Il suo sorriso mi rassicura: la nostra amicizia è ancora salda.

Parliamo fitto fitto per qualche minuto finché oso rivolgerle la domanda che mi preme di più. «E Antoine? Pensi che verrà?»

«Non lo so. Non ha voluto dirmelo.»

«Rose, ti prego, sii sincera.»

«Non ne ho davvero idea. Lo spero per te, con tutto il cuore.»

Mi lascia ai miei preparativi, inviandomi delle onde positive, ma non appena la porta si chiude alle sue spalle sento una cappa di angoscia piombarmi di nuovo addosso. Manca poco al grande momento. Da dietro le quinte scruto le quattro file di poltrone riservate agli ospiti speciali e ai familiari; vedo Rose e a qualche posto di distanza mio padre e mia madre. Che siano venuti fin qui per assistere al mio spettacolo potrebbe sembrare *normale* a chiunque altro, ma per me vuol dire molto. Più commossa di quanto voglia ammettere, percepisco la portata simbolica di questo gesto. Finisco di percorrere con gli occhi le poltrone e devo ingoiare la delusione: Antoine non c'è, almeno non ancora...

Sento una mano calda sulla spalla. È la regista, Fanny, che mi parla in tono gentile mentre controlla che il microfono sia installato bene. «Tutto okay, Meredith? Sei pronta? Ti ho messo una bottiglia d'acqua ai piedi dello sgabello sul palco, come sempre.»

La ringrazio, e lei si allontana con una strizzatina d'occhio di incoraggiamento.

Cinque, quattro, tre, due, uno... Tocca a me.

Entro in scena tremando. Per fortuna, gli applausi mi mettono le ali: la strizza si trasforma in energia, un'incredibile voglia di divertire il mio pubblico e farlo stare bene. Sono galvanizzata. Un'ora e mezzo dopo il sipario cala e io mi porto via la gioia di quella condivisione. È un tripudio: i volti felici degli spettatori sono un tesoro inestimabile.

Mentre rientro in camerino, però, sento di nuovo lo stomaco annodarsi, e stavolta non è per la paura dello spettacolo. Antoine sarà venuto, alla fine? Mi cambio in fretta e mi strucco, sapendo di essere attesa: il mio impresario ha fatto le cose per bene e in un salottino privato del teatro è stato organizzato un cocktail per alcuni spettatori selezionati e per amici e parenti. Quando arrivo, vengo sommersa da lodi e complimenti di ogni genere. Ma è l'emozione muta che vedo negli occhi orgogliosi dei miei genitori la soddisfazione più grande. Mi abbracciano, e quella stretta è una sorta di balsamo caldo e dolce che lenisce le vecchie ferite del mio amor proprio. Sono stati gli unici a cui ho dato mie notizie ogni tanto, durante i due anni di esilio, per rassicurarli, e credo che il coraggio e la determinazione nel portare avanti il mio progetto artistico mi abbia permesso di guadagnare il loro rispetto. È come se fossimo arrivati a un punto di svolta, e ho sentito, da entrambe le parti, un autentico desiderio di ricostruire un legame. Ritrovare un posticino caldo nel cuore dei propri genitori sistema molte questioni in sospeso.

Passo da un gruppetto all'altro per salutare le persone, che mi monopolizzano con gentilezza e commentano entusiasticamente lo spettacolo. Ho un gran sorriso stampato sulla faccia e cerco di godermi la gioia che dovrebbe pervadermi dopo un successo simile. Ma non accade. Perché *lui* non c'è.

Rose mi osserva, e non posso ingannarla. Le basta uno sguardo per scansionare i miei stati d'animo e sa di cosa ho bisogno: di andarmene da lì. Mi trascina via, trovando le parole giuste per giustificare la nostra fuga, e finalmente eccoci da sole, a braccetto, per le strade di Parigi. Andiamo a bere qualcosa. L'atmosfera è dolceamara: il piacere di avere ritrovato la mia amica non riesce a farmi dimenticare del tutto l'assenza di Antoine. Quando mi saluta, Rose mi lancia uno sguardo dispiaciuto. Ho l'impressione che sappia qualcosa e non voglia dirmelo. Antoine le ha parlato? Ci promettiamo di vederci presto. Torno a casa con il cuore a pezzi.

L'indomani vado a infilare un altro invito nella cassetta della posta di Antoine e la sera sul palco mi spendo al cento per cento, do tutta me stessa per il pubblico e, segretamente, per lui. Ma all'uscita non c'è nessuno ad aspettarmi.

Giorno dopo giorno, sera dopo sera, ripeto la stessa sequenza.

Ma niente, Antoine non viene.

E ora eccomi qui, alla vigilia dell'ultima replica. Mi è rimasto un unico tentativo. Capisco che un biglietto non basterà: ci vuole qualcosa di più. Rifletto e decido di giocarmi il tutto per tutto. Salgo su uno sgabello e prendo una scatola che ho riposto sull'ultimo ripiano della libreria. Trovo subito quello che sto cercando, lo incarto con estrema cura e vado a recapitare il pacchetto di persona. Meccanicamente, prima di farlo scivolare nella fessura, depongo un bacio sulla carta, lasciando una traccia quasi impercettibile di rossetto.

Antoine

Ho sparpagliato sul tavolo davanti a me i sei inviti di Meredith, che formano una specie di strano gioco di carte. “Sarà una mano fortunata?” mi viene da chiedermi. Un tempo avrei risposto di sì senza alcuna esitazione. Con una stretta al cuore osservo la grafia sottile, le belle lettere in corsivo vergate elegantemente con l’inchiostro nero, così rappresentative della personalità di Meredith. La immagino con il volto serio inclinato, intenta a scrivere. Leggo la speranza tra le righe. Ma la mia, di speranza, è morta tempo fa.

Ce l’ho con lei. Perché è tornata per torturarmi così? Non mi ha già fatto abbastanza male? Pensa forse che le basti schioccare le dita perché io le perdoni tutto? In Meredith c’è sempre stato un pizzico di follia, ma in questo caso più che di un pizzico si tratta di una badilata!

Con un gesto rabbioso prendo i biglietti e li strappo, facendo volteggiare attorno a me una nuvola di frammenti di carta, che ricadono come tristi coriandoli. Dentro di me sento montare una rabbia sorda, avrei voglia di rompere qualsiasi cosa mi capiti a tiro. Do un pugno alla sedia, che cade all’indietro.

Ho bisogno di prendere un po’ d’aria. Mi sembra di soffocare. Afferro le chiavi, infilo il portafoglio nella tasca interna della giacca ed esco, scendendo i gradini a due a due. Nella cassetta della posta intravedo un pacchetto che sporge fuori dalla fessura. Maledico quel maldestro del postino e tiro fuori le chiavi per estrarlo.

Quando leggo il mio nome sulla busta, le mani si bloccano; ho riconosciuto la scrittura di Meredith. Cosa mi avrà inviato stavolta? Sono arrabbiato, ma anche scosso. Molto lentamente torno sui miei passi e rientro in casa, senza mai staccare gli occhi dal pacchetto. Lo stringo fra le dita. Mi siedo al tavolo e accarezzo la carta su cui sono pronto a scommettere che lei abbia deposto un bacio.

Poi apro il pacchetto.

SCENA 68

Meredith

È la grande sera, l'ultima. Francamente, non so come io sia riuscita a sopravvivere a questa giornata; mi è sembrato di trovarmi in un universo parallelo. Ho riposato meno di quattro ore, in preda a un sonno agitato. Il mio cervello non risponde ai comandi: per quanto gli abbia ordinato di non pensare ad Antoine, dapprima con gentilezza, poi in modo perentorio, continua a ignorarmi. Antoine ha spadroneggiato ogni istante, stanotte. E la mia mente, come uno spiritello malefico, si è divertita a farmi rivivere i nostri momenti più felici. Impotente, annichilita dal desiderio insopprimibile di averlo accanto, ho guardato sfilare le immagini dettagliate dei tempi in cui stavamo insieme, comprese quelle riservate a un pubblico di soli adulti. Ho fantasticato sulla sua bocca, sul suo petto nudo, sulle sue mani che mi sfioravano la pelle... È stato un supplizio.

"Antoine, cosa mi hai fatto?"

Cupido deve spassarsela, là sopra! Per avere un aspetto presentabile, mi sono fatta una maschera a base di zucchero e semi di kiwi. Dato che ero in un universo parallelo, somigliare a un marziano non mi sembrava poi così assurdo!

Ho tentato di mandare giù qualcosa prima di andare in teatro, ma lo stomaco non collaborava. Mi sono sforzata di mangiare almeno uno yogurt con un po' di marmellata di fragole, per non restare completamente digiuna ed evitare di svenire sul palco a metà della serata. Ho infilato in borsa qualche confezione di composta di frutta, il cibo per le giornate di grande fifa. Ce la farò.

Finisco di prepararmi con la testa fra le nuvole. Ormai si è fatto tardi, devo uscire per andare in teatro. Il mio impresario mi chiama per sentire come sto. Metto gli auricolari per avere le mani libere, mi infilo la giacca, chiudo la porta e vado spedita verso la fermata del metrò. Cento metri dopo mi accorgo di aver lasciato a casa la borsa. No, non ci credo... Dentro ci sono le chiavi. Torno indietro di corsa: la mia unica speranza è il custode. Sono le cinque in punto. Quando arrivo davanti alla guardiola, mi accorgo che è chiusa. Non mi resta che ciondolare qui davanti per mezz'ora, fino all'arrivo del portinaio.

Potrei sedermi sulle scale ma diventerei pazza. Allora esco e passeggio avanti e indietro per strada. Incrocio una ragazza che fuma e per un attimo combatto contro l'impulso di scroccarle una sigaretta; alla fine lo stress ha la meglio e, dopo due anni di astinenza, cedo. Le chiedo anche da accendere. Lei mi tende l'accendino, poi si allontana veloce. Aspiro il fumo come se fosse ossigeno, ma in realtà sento che mi sto soffocando. I miei polmoni hanno dimenticato l'effetto che fa. Continuo a camminare, sperando che il fumo mi calmi i nervi messi a dura prova, ma la sigaretta finisce in fretta e mi lascia insoddisfatta, con un gusto acre in bocca. Assetata, ho la sensazione di avere un posacenere in gola.

Finalmente il portinaio arriva. È gentile, Abdellah, sempre servizievole. Ridacchia quando gli racconto cosa mi è successo, e io faccio lo stesso per salvare la faccia. Prendo con foga le chiavi di riserva e corro a recuperare la borsa in casa. Adesso è davvero tardi.

Arrivo in teatro trafelata.

L'impresario mi accoglie calorosamente e si accorge subito del mio stato d'animo. Inizia a conoscermi piuttosto bene. «Hai bisogno di un ricostituente. Sei pallida come un cencio!» Poi mi fissa con un'aria strana, tentando di dissimulare un sorrisino divertito. «Meredith, forse dovresti darti un'occhiata allo specchio.»

Cos'altro c'è che non va? Mi chino verso lo specchio del camerino e scoppio a ridere. Avevo la testa altrove, quando mi sono preparata, e mi sono messa un orecchino diverso dall'altro: un vistoso pendente con ciondoli rossi e dorati e uno a forma di fiore in oro bianco e giallo.

«Molto originale», commenta lui.

Faccio una smorfia costernata, ma in realtà sono divertita; per fortuna, non ho perso il senso dell'umorismo.

L'impresario mi informa che la serata verrà registrata e trasmessa in televisione.

«E lo sappiamo solo ora?» quasi grido.

La fifa adesso è alle stelle.

Tento di calarmi nei panni della signorina Giulì. Chissà, magari lei riuscirà a raccogliere la sfida.

Sì, ce l'ha fatta, per fortuna, e davanti alla telecamera si è spesa come non mai. Alla fine il pubblico, in visibilio, le ha tributato una standing ovation. Tutta la pressione finalmente si allenta e lascia il posto a un'immensa felicità... Ho le lacrime agli occhi.

«Parigini, vi amo!»

Urlo nel microfono un arrivederci e sparisco dietro le quinte. Ecco fatto. È finita.

So che il momento più duro della serata, però, deve ancora arrivare. L'ora della verità. Sarà venuto?

Mi cambio e mi strucco, con il cuore che batte forte, poi vado nel settore VIP dove è stato fatto accomodare qualche ospite privilegiato, soprattutto giornalisti. Rivolgo sorrisi a tutti, sto al gioco, recito la mia parte, pur avendo la testa altrove. Il mio impresario mi mormora che resteremo solo cinque minuti: ha prenotato un tavolo in un bel ristorante per chiudere la tournée in bellezza con tutta la squadra. Poco dopo infatti si scusa con i presenti e mi guida lungo il corridoio che porta all'uscita. Un giornalista mi segue sul marciapiede per rivolgermi le ultime domande. Tento di darmi un tono, ma i miei occhi schizzano a destra e a sinistra in cerca del volto che tanto desidero vedere. Mi rendo conto allora che abbiamo preso l'uscita di emergenza. E se Antoine mi aspettasse davanti all'ingresso principale? Il cuore mi martella contro il petto. Con un cenno della testa l'impresario mi invita a rispondere alla domanda, mentre una macchina si ferma davanti a noi. L'autista apre la portiera.

Ho già un piede dentro quando mi blocco. «Un attimo!»

L'impresario mi guarda senza capire. «Che cosa succede, Meredith?»

«Puoi aspettarmi qualche istante, per favore? Penso di aver dimenticato una cosa... Arrivo subito, okay?»

Come una pazza corro verso l'uscita di emergenza, che è chiusa ermeticamente. Di volata faccio il giro dell'edificio e, nella foga, inciampo. Sento un dolore lancinante alla caviglia, ma lo scaccio. Devo sapere. Continuo a correre e arrivo davanti all'ingresso del teatro senza fiato.

Sul marciapiede la gente chiacchiera amabilmente in piccoli gruppi. Qualcuno fuma, qualcuno ride: c'è una bella atmosfera. Mi dirigo verso un capannello un po' più folto. Niente, nessun volto noto. Ho il respiro corto, zoppico e, ciliegina sulla torta, mi viene da piangere. Quel che è troppo è troppo. Tutte le emozioni della giornata risalgono in superficie e mi travolgono. Basta, è finita: ho perso la partita. Ho mandato all'aria la mia vita...

Adesso sto singhiozzando. Gli spettatori iniziano a lanciarmi sguardi dispiaciuti e uno di loro mi si avvicina.

«Non si preoccupi, è tutto a posto...» mento per liberarmene.

Lo allontano gentilmente e gli rivolgo un pallido sorriso per convincerlo a lasciarmi in pace. L'unica cosa che desidero adesso è stendermi e concedermi un lungo sonno. Sì, voglio sprofondare nel buio...

Tormentata da pensieri cupi, alzo gli occhi verso il marciapiede opposto. Fermo immagine. Mi immobilizzo. La mente mi sta giocando un brutto scherzo. Si dice che a volte gli choc emotivi possano provocare delle visioni. Devo darmi un pizzicotto. È vero? Non ci credo. Sì? No? Bisogna che mi avvicini.

Attraverso la strada senza distogliere lo sguardo da lui e, a mano a mano che avanzo, i miei dubbi svaniscono. È proprio vero. Antoine è qui, un po' in disparte, nella penombra, all'angolo della strada. I suoi occhi non si staccano dai miei. Tra le mani regge il quaderno che gli ho spedito. È il diario che ho tenuto durante la nostra separazione, sul quale ogni giorno gli ho scritto una lunga lettera, per parlargli dell'amore che provo per lui, raccontargli tutto della mia vita durante quella dolorosa parentesi, dai dettagli insignificanti ai fatti salienti, come se Antoine fosse lì accanto a me. Del resto lo è sempre stato. Ogni cosa, durante quel folle Love Tour alla ricerca di me stessa, per ritrovarmi e diventare qualcuno, l'ho fatta per lui, per amore.

Con le ginocchia tremanti mi avvicino, piano, continuando a fissarlo. Il suo sguardo è velato come il mio. Finalmente gli arrivo davanti. Lui spalanca le braccia e ci stringiamo forte. Quando alzo la testa, mi accarezza con delicatezza i capelli e mi guarda con infinita tenerezza.

«È stata una lunga giornata, vero?»

«Sì», mormoro, «una lunghissima giornata.»

Una giornata di due anni, quattro mesi e sei giorni.

IL LOVE ORGANIZER

ISTRUZIONI PER L'USO

Miei cari lettori,

vi propongo di rivivere in prima persona l'esperienza di Meredith creando il vostro Love Organizer! Si tratta di un quaderno diviso in cinque sezioni che vi permetterà di progredire metodicamente nella vostra *amorability*. *Amorability* è un termine che ho inventato per definire la capacità di amare. La grande notizia è questa: la capacità di amare si può allenare! È possibile vivere l'Amore con la A maiuscola e, grazie a esso, concedersi l'opportunità di essere felici e realizzati, come legittimamente desideriamo.

Per poter davvero conoscere l'altro innanzitutto è fondamentale conoscere sé stessi, imparare ad amarsi, essere in pace con il proprio passato. Questa esplorazione verrà affrontata nella sezione 1, TRA ME E ME.

Dopo aver rivolto lo sguardo dentro di voi, dovrete occuparvi di un altro aspetto dell'*amorability*, la relazione con l'altro, di cui si parla nella sezione 2, TRA ME E L'ALTRO. Non può esistere un amore felice se non ci si interroga seriamente su cosa sia l'alterità, se non si impara a considerare e accogliere le differenze di personalità e di bisogni, se non ci si preoccupa di comunicare con efficacia, di trasmettere i messaggi in modo che vengano compresi, se non si impara a gestire crisi e tensioni. Tutto questo permette di creare un legame autentico e duraturo.

Il terzo grande argomento di riflessione è l'oggetto della sezione 3, TRA ME E IL MONDO. È difficile stare bene in coppia se non ci si sente in sintonia con il mondo e non si è trovata la strada per realizzarsi; in altri termini, la propria missione nella vita. Naturalmente, non bisogna dimenticare che il concetto di successo è del tutto relativo e non ha nulla a che vedere con la ricchezza o con lo status sociale. La vera sfida è essere «lì dove dobbiamo essere», cioè dove le nostre qualità e i nostri talenti potranno esprimersi al meglio, trovare l'attività e l'ambiente capaci di valorizzarci e consentirci di dare il massimo.

Le prime tre sezioni del Love Organizer riguardano dunque la fase esplorativa.

Le sezioni 4 e 5 sono invece dedicate alla pratica.

Sezione 4: I MIEI IMPEGNI.

Sezione 5: I MIEI TRAGUARDI.

Entreremo nella parte operativa del percorso, stilando una lista di obiettivi. Ogni volta che ne avrete raggiunto uno, non dimenticate di annotarlo. È grazie a questi successi che troverete la forza e l'energia di progredire sul cammino della trasformazione.

Fate in modo che scrivere sul Love Organizer diventi un piacere, che questo oggetto esprima concretamente il vostro desiderio, la vostra determinazione, la vostra decisione di vivere un legame d'amore bello e autentico. Un legame capace di trasformare le ali di Cupido in ali d'oro.

Buon cammino e tanta felicità a voi tutti.

Con affetto,

Raphaëlle

IL LOVE ORGANIZER

IN PRATICA

Comprate
un quaderno
organizer suddiviso
in cinque sezioni

La capacità di essere felici

Richiede allenamento! Ricordatevi le parole di nonna Natina: «Siamo felici nella misura in cui lo vogliamo».
La felicità è anche questione di volontà. *Siete pronti a fare lo sforzo di essere felici?*

TO-DO

× Allenatevi
Ogni giorno trovate almeno tre occasioni per vivere piccoli momenti di benessere, godetevi l'esperienza prendendo piena consapevolezza delle vostre sensazioni di piacere e lasciatevi invadere da esse. Prolungatene gli effetti «ancorando» nel vostro animo quelle esperienze positive. Queste microazioni, giorno dopo giorno, riusciranno a restituire tutta la sua elasticità alla vostra capacità di essere felici.

× Meditate sul concetto di vera felicità
Incollate su un foglio di carta questa formula:

Capacità di essere felici =

Capacità di approfittare delle cose belle dell'esistenza ÷ Capacità di sopportare i rischi e le frustrazioni della stessa esistenza

L'amore di sé

Molto spesso manchiamo crudelmente di indulgenza nei confronti di noi stessi. Ci critichiamo, ci concentriamo sui nostri difetti e su quello che non siamo in grado di fare e dimentichiamo di essere orgogliosi delle nostre qualità e capacità. Invece per poter amare l'altro è indispensabile amarsi davvero.

TO-DO

× **Imparate ad amarvi**
Avete un dovere verso voi stessi: concedervi dolcezza, benevolenza e tenerezza quotidianamente. Prendetevi cura di voi come della cosa più preziosa al mondo. Il vostro benessere fisico e psichico determinerà la felicità nel vostro rapporto d'amore, che sarà armonioso, giusto ed equilibrato.

Il contatore dei bisogni

Fate in modo che la lancetta del contatore dei vostri bisogni sia sul verde; i bisogni soddisfatti sono ciò che vi permette di avere a disposizione una buona carica di energia positiva. Natura, attività, compagnie... dovete identificare ciò che vi nutre e che vi fa stare bene. Prendetevi cura, prioritariamente, del vostro fisico e della vostra mente. Non è egoismo, al contrario: meglio state voi, meglio potrete a vostra volta dare al mondo.

TO-DO

× **Stilate la lista dei vostri bisogni**
Identificarli è bene, soddisfarli è meglio. Fate in modo di prendervi questi momenti tutti per voi.

La fame affettiva

Per raggiungere l'autonomia affettiva è utile fare un piccolo check-up della vostra fame d'amore: riuscite facilmente a «sfamarvi» con quello che l'altro vi dà o avete l'impressione di essere un pozzo senza fondo e di non averne mai abbastanza? Se la risposta è la seconda, un piccolo ritorno alle origini – all'infanzia –, se possibile con l'aiuto di un professionista, può aiutarvi a capire la radice di eventuali malfunzionamenti. Una situazione familiare complicata, per esempio genitori assenti o troppo severi, può creare uno squilibrio dei bisogni affettivi. Il risultato è che da adulti sentirete di avere disperatamente bisogno dell'altro, sviluppandone una dipendenza. Vi aspetterete che vi «nutra» e finirete per avere aspettative sproporzionate che potranno risultare asfissianti.

TO-DO

- **Stilate la lista dei vostri vuoti affettivi**
  Di cosa potreste aver sentito la mancanza in passato? Di affetto? Attenzione? Premura? Fiducia? Valorizzazione? Stima?

- **Descrivete l'impatto dei vuoti affettivi nella vostra vita attuale**
  Aspettative sproporzionate? Rabbia repressa? Autosabotaggio o autodenigrazione? Altro?

- **Immaginate tutte le soluzioni creative che potrebbero saziare e tranquillizzare questa parte di voi tanto esigente**

Il Trattato di pace con sé stessi

Siamo spesso i nostri peggiori nemici: è arrivato il momento di diventare i nostri migliori alleati! Inevitabilmente, essere in pace con sé stessi ci consente di aprire il cuore e sentirsi in armonia con l'altro.

TO-DO

× Redigete la lettera del vostro Trattato di pace

Caro amico/a, [inserite il vostro nome]
in questo giorno dell'anno [data] mi impegno solennemente a:
– perdonarmi per le mie imperfezioni fisiche e psicologiche;
– amare i miei difetti e le ferite del passato;
– accogliere la mia vulnerabilità e i momenti di fragilità.
Giuro sul mio onore di tener fede ai miei impegni e dunque rispettarmi in ogni circostanza, prendermi cura di me, dare un taglio agli istinti di autopersecuzione, ricercando sistematicamente quello che è meglio per la mia persona.
[firma]

× Create la bandiera della vostra libertà interiore

Disegnate un rettangolo. Nel primo terzo a sinistra, inventatevi un piccolo personaggio stilizzato, tipo quelli di Keith Haring, per incarnare il vostro «nuovo voi» in pace con sé stesso. Negli altri due terzi disegnate tre righe orizzontali e attribuite a ciascuna un colore simbolico che rifletta i vostri bisogni profondi. Potete trarre ispirazione da una tavola dei colori simbolici.
Per esempio:
– una riga azzurra, se avete bisogno di calma, serenità e introspezione;
– una riga gialla, se avete bisogno di energia, ottimismo, incontri solari e stimoli creativi;
– una riga nera se avete bisogno di affermare le vostre ambizioni di potere, successo ecc.;
– una riga rossa, se avete bisogno di eccitazione, sfide, audacia.

Il cimitero dei ricordi dolorosi

È un luogo immaginario che dovete creare dentro di voi per seppellirvi simbolicamente i dolori del passato. È anche un luogo di raccoglimento, dove curare le ferite e concedervi il conforto e la benevolenza che non avete avuto.

TO-DO

× Fate visita ai vostri ricordi dolorosi
Per far sì che non tornino a infestare anarchicamente il presente, meglio dedicare loro brevi parentesi per riuscire a placarli.
Concretamente queste «visite» vi permetteranno di godere di un momento di calma e tranquillità, in solitudine, come una sorta di meditazione riparatrice.

× Portate conforto a voi stessi
Durante questi momenti di introspezione pensate alla persona ferita che siete stati e dedicatele una *sincera e autentica considerazione.* Trovate le parole che un tempo sono mancate per consolarla e rassicurarla.

Le tre finte Grazie

Conoscerete senz'altro le tre Grazie, belle donne spesso rappresentate nella storia dell'arte. Io ho immaginato tre signore, molto meno graziose, che incarnino simbolicamente le vostre paure, i vostri limiti e i vostri complessi: le tre finte Grazie.

Madama Paura

Per regolare i conti in sospeso con Madama Paura dovrete, con molta dolcezza e indulgenza, trovare il coraggio di guardare in faccia i vostri timori.

Esempi di paure ricorrenti:
paura di non essere all'altezza, di deludere, di fallire o, al contrario, di riuscire (pressione del successo), dell'abbandono, della solitudine, dell'impegno...

TO-DO

× **Stilate la lista di tutte le paure che vi impediscono di progredire**

× **Prefissatevi la regola: niente paraocchi**
Guardate in faccia le vostre paure, avvicinatele, esponetevi gradualmente. Prendete coscienza dei vostri limiti senza giudicarvi. Accoglietevi pienamente, fragilità e vulnerabilità comprese. La buona notizia è che non siete soli nell'universo perché chiunque ha la sua lista di paure, solo diversa dalla vostra.

× **Procedete a piccoli passi**
Fissatevi degli obiettivi raggiungibili per allargare, a poco a poco, la vostra comfort zone e guadagnare terreno sulle vostre paure. Non aspettate di non avere più timore per andare avanti, perché la paura non vi lascerà mai durante il vostro percorso di trasformazione. Ricordate sempre che è più facile affrontare le proprie paure che convivere con la paura di avere paura.

Madama Credenza

È colei che incide nel marmo del cervello idee preconcette, «brutti film» che rinforzano le vostre erronee certezze: per esempio che non meritate fino in fondo di essere amati, che nessuno accetterà i vostri difetti inconfessabili, che non siete abbastanza dotati e talentuosi, che la felicità per voi non può essere che di breve durata.

TO-DO

× **Tirate il collo alle credenze limitanti**
Mandate al diavolo Madama Credenza e rimpiazzate le reprimende che vi rivolgete con pensieri positivi e valorizzanti. Concentratevi su quello che sapete fare e che vi riesce bene, visualizzate queste belle cose il più spesso possibile e congratulatevi con voi stessi.

Madama Insicurezza

Madama Insicurezza è contraddistinta da un accessorio caratteristico: una lente di ingrandimento. È per colpa sua se tendete a dare troppa importanza ai vostri difetti, fisici o morali. Quel che conta moltissimo per voi, tuttavia, conta molto meno di quanto possiate pensare per gli altri (i quali a loro volta sono spesso troppo concentrati sui loro complessi per curarsi davvero dei vostri).

TO-DO

× **Mettete a punto il vostro «programma fascino»**
Zoom puntato sulle qualità e sui tratti migliori della vostra personalità! Descrivete ciò che vi piace di più di voi e adoperatevi per mettere in valore queste parti che amate.

× **Bandite la «sindrome di Calimero»**
L'abitudine di calarsi nei panni del famoso pulcino nero perseguitato dalla sfortuna sabota i vostri progetti. È un atteggiamento controproducente che gioca a vostro sfavore. Troverete soddisfazione nel realizzarvi e assumervi la responsabilità della vostra felicità e del vostro benessere.

La home sweet home *interiore*

TO-DO

× Create una *home sweet home* interiore
La vostra oasi di pace dovete crearla innanzitutto dentro di voi! Qualsivoglia siano le turbolenze che dovrete attraversare nel mondo esterno, potete ricavare uno spazio interno in cui rifugiarvi per trovare calma e serenità. È possibile individuare in ogni momento la strada verso questo luogo grazie a una forma di meditazione: a occhi chiusi, concentratevi sul respiro (inspirate dal naso, espirate molto lentamente dalla bocca), rallentate il vostro battito cardiaco e riconnettetevi con voi stessi. Potete visualizzare il vostro luogo di pace come una casa favolosa o un posto incantato. Aggiungete alla visualizzazione elementi visivi, sonori e olfattivi. Giorno dopo giorno fate vostro questo posto per potervi accedere facilmente appena ne sentite il bisogno.

Il quaderno Win.book

E se cominciaste a collezionare immagini delle vostre piccole vittorie e dei vostri grandi successi? È utile per rinforzare giorno dopo giorno la fiducia in sé stessi.

TO-DO

× Microsfide, maxieffetti
Mettetevi alla prova più spesso che potete con piccole sfide. Annotate i vostri successi sul Win.book e rileggete spesso per ancorarli in voi e trasformare in meglio l'immagine che avete di voi stessi.

SEZIONE 2

TRA ME E L'ALTRO

Il doppio io

L'altro è un altro. Nei rapporti d'amore la chiave di volta è comprendere meglio l'alterità. Ognuno ha una personalità unica, con modalità di funzionamento, di percezione, di comunicazione differenti: i litigi e le incrinature in un rapporto sono spesso causati da queste differenze. Capire meglio l'altro, le sue specificità e i suoi bisogni, migliora moltissimo le cose.

TO-DO

✖ Fate un *contouring* della personalità!
Sapreste disegnare con precisione i contorni della vostra personalità e di quella dell'altro?
Avvicinandovi a strumenti come quelli offerti dalla Process Communication o dal MBTI (Myers Briggs Type Indicator), avrete la possibilità di conoscervi meglio ma anche di comprendere la personalità del vostro/della vostra partner.
Sono strumenti preziosi per accogliere le differenze – nelle modalità di reazione personale, nella percezione dei bisogni e delle leve motivazionali – senza giudicare.
La Process Communication permette inoltre di conoscere e prevedere le reazioni dettate dallo stress per gestire meglio tensioni e crisi relazionali.

× **Parlate all'altro utilizzando il canale giusto**
Il modo in cui dite le cose conta tanto quanto ciò che dite. Per essere ascoltati e perché i vostri messaggi trovino buona ricezione, dovete adottare la forma (intonazione) e la formulazione (parole scelte) migliori. Ogni tipo di personalità ha un canale di comunicazione privilegiato. Che cosa funziona con quella particolare persona? Essere chiari, diretti e concisi? Oppure vivaci e appassionati? Spumeggianti o, al contrario, calmi e pacati, senza eccessive effusioni?
Gli strumenti della Process Communication possono guidarvi nell'arte di costruire rapporti armoniosi.

La camera stagna emotiva

Abbiamo tutti la nostra dose quotidiana di seccature e preoccupazioni. Nella coppia bisogna saper trovare il giusto confine tra condividere i propri stati d'animo con l'altro e contaminarlo. Da questo deriva il concetto di camera stagna emotiva.

TO-DO

× **Trovatevi uno spazio di decompressione**
È un luogo esterno in cui parlare o un'attività fisica che permette di scaricare le emozioni in eccesso, per non intossicare la relazione.

× **Condividere non significa sfogarsi**
Potersi confidare con il proprio compagno/la propria compagna con moderazione è essenziale. Cercate di individuare la soglia dello «scarico emotivo» per evitare di contaminare l'altro, che non è deputato a farsene carico (ci sono professionisti per questo).

× **Siate proattivi**
Nonostante le difficoltà, è bene mostrare un atteggiamento aperto e positivo di fronte alle proposte di soluzioni che emergono. L'altro apprezzerà molto la vostra determinazione a non rimanere invischiati nei problemi e lo sforzo di fare in modo che le cose vadano meglio.

*L'*Independent Love

Il vero sacro Graal è trovare la strada dell'autonomia affettiva. Bandite dal regno del grande amore le parole «possedere» e «appartenere»: l'altro non deve mai essere considerato come una proprietà. Allo stesso modo, non è lì per colmare i vostri vuoti; altrimenti, è possibile che nel rapporto si generino pressioni ed equilibri disfunzionali. Ritenere l'altro responsabile della nostra felicità produce solo sofferenza! Il carico è troppo pesante. Per concludere in modo positivo il vostro percorso di autonomia individuale rivedete tutti i punti della sezione 1.

TO-DO

× **Amate alla giusta distanza**
Valutate la vostra autonomia, stilate una lista di tutte le attività a cui vi dedicate da soli e identificate quelle che non riuscireste a fare senza l'altro.

× **Cominciate un training *Independent Love***
Ponetevi piccoli obiettivi per proseguire nel vostro percorso di autonomia. Sentitevi orgogliosi di riuscire a prendere in mano la situazione.

× **Lasciate spazio all'altro**
Concedete al/alla partner spazio, libertà e tempo. Giocate la carta della fiducia.

Il gap dei bisogni

In una coppia, bisogni troppo diversi possono scavare una specie di fossato, a meno che non si accetti di fare sempre tutto insieme o di volersi assomigliare sotto ogni punto di vista.

TO-DO

× Confrontate i rispettivi bisogni
Disegnate una tabella a due colonne. A sinistra elencate le cose (attività, piccoli piaceri, interessi) che vi nutrono, vi danno energia positiva, vi procurano gioia. A destra stilate un'analoga lista per il vostro partner.
Individuate i punti comuni, dove i vostri bisogni coincidono, e quelli in cui invece divergono.
Parlate di queste divergenze e trovate dei compromessi in modo che ciascuno possa soddisfare i suoi bisogni specifici per conto proprio.

× Coltivate l'*Open Mind*
Essere accoglienti, avere la mente aperta, non giudicare: non è necessario somigliarsi in tutto per amarsi, anzi, è vero il contrario. Le differenze portano ricchezza e complementarità nella coppia. Rinunciate a voler «convertire» a ogni costo l'altro ai vostri gusti e alle vostre preferenze.

Il veleno delle aspettative

Finché non ci assumeremo la piena responsabilità della soddisfazione dei nostri bisogni avremo la tendenza ad aspettarci che sia l'altro a occuparsene, cosa che spesso non è in grado di fare. È logico, visto che non è suo compito. Un simile atteggiamento conduce inesorabilmente alla frustrazione e ad accumulare rimproveri nei confronti del proprio compagno di strada, che diventa responsabile di non riuscire a soddisfarvi.

TO-DO

× **Districate la matassa separando le aspettative legittime da quelle sproporzionate**
Scrivetele nero su bianco.

× **Comunicate in modo intelligente**
Fermate la «mitragliatrice dei rimproveri». Per quanto concerne le richieste legittime, formulatele in modo diretto, esprimendo con chiarezza quello che ritenete bene per voi (farete senz'altro un favore all'altro non pretendendo che diventi un indovino). Per esempio: «Mi farebbe piacere passare un po' di tempo da soli, senza i bambini, nel weekend. Cosa ne dici di cenare fuori sabato sera?» (legittimo, preciso, benevolo). «Non fai mai niente per me!» (negativo, vago, improduttivo).

La tensione del desiderio

Il desiderio è come una corda: troppo lenta quando prevale la noncuranza, troppo tesa quando non si ama alla giusta distanza (dipendenza affettiva, amore ossessivo, amarezza, frustrazione...). Per ottenere la corretta tensione del desiderio bisogna innanzitutto essere in due a tenere la corda. Inoltre entrambi i partner devono tirare in modo appropriato per creare un equilibrio armonioso. Se uno tira troppo, l'altro molla. Se uno non tira abbastanza, l'altro soffre o si annoia.

TO-DO

× Fate il punto
Cominciate valutando su una scala da 1 a 10 quanto vi ritenete desiderabili per il vostro partner. Annotate in seguito tutte le ragioni per le quali pensate che il desiderio possa spegnersi.

× Ricreate il desiderio
Accrescete il vostro fascino conservando un po' di mistero, mostrandovi talvolta inaccessibili, come un giardino segreto. Fate sottilmente capire all'altro che non deve darvi per scontati/e!
Abbiate cura di voi e impegnatevi per la vostra realizzazione personale; questo vi farà apparire radiosi/e a chi vi sta attorno.
Coltivate passioni e interessi per non focalizzarvi su un unico oggetto del desiderio e non proiettate tutte le vostre attese su un'unica persona.

Il vero ascolto

È il più bel regalo che possiate fare all'altro. Sono rare le persone capaci di ascoltare, di essere davvero presenti.

TO-DO

× Allenatevi alla piena presenza
È importante ascoltare l'altro senza interromperlo, evitando di esprimere subito il proprio punto di vista e dare consigli intempestivi, mettersi empaticamente in sintonia con le sue emozioni e i suoi stati d'animo, accordargli un'attenzione speciale perché si senta compreso e speciale!

I momenti sospesi

Per tenere viva la fiamma l'importante è la qualità e non la quantità di tempo passato insieme.

TO-DO

× Identificate quelli che potrebbero essere i vostri «momenti sospesi»
Fate la lista dei momenti condivisi in cui vi sentite «fuori dal tempo». Con il vostro partner trovate il modo di creare uno spazio in cui conservarli.

Il Cupido nero

I Cupido neri sono i veleni della coppia, ciò che mette in pericolo il suo equilibrio, fino a un possibile punto di rottura: gelosia, possessività, logoramento psicologico ecc.
Ogni Cupido nero nasconde una parte di voi che in passato è stata ferita, che chiede di essere considerata, rispettata e confortata.

TO-DO

× Descrivete i vostri Cupido neri
Con indulgenza e autoironia cercate di smascherarli, di esprimere a parole ciò che vi fa del male.

× Inventate le vostre pozioni guaritrici
Esprimete ciò che occorre per medicare queste ferite. Dialogate il più possibile con l'altro e coinvolgetelo nel vostro impegno ad allontanare il Cupido nero. Concedetevi reciprocamente attenzione, benevolenza e rassicurazione affettiva.

Il Giuramento di Ipocrita

Il giuramento di fedeltà rappresenta una magnifica ma pia intenzione. Nella realtà, è infatti una bella promessa difficile da mantenere! (Le cifre parlano.) L'ipocrisia è pretendere che non proveremo mai attrazione, desiderio per nessun altro. Sappiamo che, nel lungo periodo, un'affermazione del genere è un'aberrazione. Chi non ha bisogno di conferme della sua capacità di seduzione? Chi non ha bisogno della freschezza, del vento di novità rappresentati dal vivere nuove esperienze? In più, il proibito è una tentazione irresistibile.
L'idea, certo, non è facilitare simili impulsi, bensì accettare questo postulato come facente parte delle regole del gioco dell'amore e, magari, trovare il modo di affrontare l'argomento all'interno della coppia: saper ascoltare l'altro, percepire l'evoluzione del suo desiderio, parlare di eventuali motivi di frustrazione.
Apertura mentale e creatività possono permettere di disinnescare le trappole del Giuramento di Ipocrita.

TO-DO

- **Non ignorate la vostra libido!**
Qual è il suo stato di salute all'interno della coppia? Se c'è una flessione, a cosa potrebbe essere legata?

- **Aprite la caccia al tesoro ai vostri stimoli erogeni**
Pensate di aver smarrito la strada del desiderio? È solo un'impressione! Investigate, aprite nuove porte, esplorate altre fonti d'eccitazione, identificate i vostri sensi più reattivi. L'udito? Il tatto? Il gusto? L'olfatto? La vista? Che cosa vi stimola?

× Osate parlarne
Forse non avete il coraggio di esprimere apertamente i vostri desideri più profondi per pudore o per paura del giudizio. Probabilmente, per il vostro compagno/la vostra compagna è lo stesso e magari soffre per questa opacità erotica. Creare uno spazio di dialogo intimo su questi argomenti, in un clima di apertura e fiducia, può portare grande sollievo e rinsaldare la motivazione amorosa. Ma basta per evitare l'adulterio? La via della sincerità e dell'autenticità, più che la dissimulazione, testimonia in ogni caso maggiore considerazione e rispetto per il rapporto.

L'amore poliestestico

In ambito sentimentale quello che spesso genera sofferenza è l'attaccamento a una sola forma d'amore. Focalizzarsi su una sola persona è rischioso e può avere conseguenze nefaste: paura di perderla, un attaccamento morboso, la dipendenza, la gelosia, le frustrazioni. L'idea di *amore poliestetico* rimanda invece all'attitudine a esplorare e sperimentare l'amore sotto varie forme, cioè *amare nel senso ampio del termine.* Amare la vita, gli esseri viventi, il bello, il bene, l'amore stesso...

TO-DO

× Individuate tutte le altre fonti d'emozione nella vostra vita a parte l'amore
Persone? Arte? Attività? Circostanze?
Cosa innesca in voi la meraviglia, cosa nutre la vostra sensibilità e vi procura sensazioni forti?

La bilancia dell'amore

L'armonia nel rapporto consiste nel sottile equilibrio tra l'arte di dare e quella di ricevere.

TO-DO

× **Disegnate sul vostro quaderno una bilancia stilizzata**
Nel vostro rapporto qual è il piatto che pende? Avete più l'impressione di dare o di ricevere?

× **Fatevi delle domande**
Com'è la vostra capacità di ricevere? E quella di dare?

La giovinezza della coppia

Chi non desidera che il suo rapporto conservi l'allegria e la freschezza degli inizi? Mantenere quel clima sentimentale gioioso è possibile, basta metterci l'energia necessaria. Come l'acqua fa girare la ruota di un mulino, così le vostre piccole azioni quotidiane nutriranno la relazione e manterranno la fiamma viva e vigorosa. Meno fate, meno avrete voglia di fare. Viceversa, più vi impegnate, più rafforzate i sentimenti vostri e dell'altro.

TO-DO

× **Verificate se nel vostro rapporto saltellate ancora tra le nuvole**
Ci sono momenti di leggerezza e divertimento, spontaneità e creatività?

× **Sciogliete le briglie della creatività amorosa**
Si impone un brainstorming! Segnate senza censurarle tutte le idee che vi vengono in mente, siate propositivi con il vostro/la vostra partner, divertitevi a passare all'azione.

Lo specchio delle relazioni

Nessun incontro avviene per caso. Ogni nuova persona che incontrate vi tende, inconsapevolmente, uno specchio simbolico il quale, senza che voi ve ne accorgiate, vi induce a farvi domande sui vostri desideri, i vostri bisogni, le vostre carenze. L'altro agisce a tratti come rivelatore, a tratti come innesco, per farvi prendere consapevolezza di quello che accade dentro di voi. Se fate attenzione, naturalmente.

TO-DO

× **Accettate la sfida del viaggio interiore**
In che misura ciò che vi tocca nell'altro corrisponde alle vostre carenze? (Desideri, lacune, ferite...)

Il confit *dei conflitti*

Mancanza di dialogo, frustrazione e dolore immersi in una gelatina di noia coniugale: i conflitti covano sotto uno strato di cattivo grasso relazionale. Se si accumulano delusioni, la crisi è prossima, ma si può evitare accettando di cambiare alcune abitudini e modi di essere. Coltivare l'arte del compromesso, essere più flessibili, tolleranti e ricettivi, prendersi cura del rapporto quotidianamente e non spazzare la polvere sotto il tappeto: tutto questo è importante.

TO-DO

× Esprimete ciò che provate a mano a mano
Comunicate con tatto e dolcezza le piccole cose che vi disturbano senza aspettare, evitando di arrivare al punto di esplodere o farvi venire una crisi di nervi!

× Rispettate lo spazio dell'altro
Vivere insieme in armonia significa anche rispettare gli spazi di ciascuno. Consentite al vostro/la vostra partner di avere il suo angolino dove riporre le sue cose o per starsene un po' in pace.

× Litigate a regola d'arte
Il segreto è bandire la violenza, parlare a turno, assumere un atteggiamento di ascolto empatico, sincero e ricettivo, per cogliere e comprendere gli argomenti e il punto di vista dell'altro (la sensazione autentica di essere ascoltati basta da sola a smorzare la rabbia).

SEZIONE 3

TRA ME E IL MONDO

La missione di vita

L'idea è inventarsi il percorso che più vi assomiglia, il più vicino a quello che siete, in modo da trovarvi nel posto in cui dovete essere, dove i vostri talenti e le vostre qualità potranno esprimersi al meglio. Quando le scelte sono coerenti, si dà il meglio di sé al mondo. In questo risiede la realizzazione personale.

TO-DO

× **Stilate una lista:**
dei vostri talenti naturali; dei vostri successi; degli ambienti in cui vi trovate meglio (descriverli nel dettaglio); delle persone che per voi rappresentano una risorsa, e dei legami tossici (fate una scrematura nei vostri rapporti).

× **Disegnate una mappa delle vostre passioni**
Si tratta di una mappa mentale (Tutorial Mind-map disponibile sul web) delle attività e degli interessi che vi rendono più felici.

× **Liberatevi dei freni inibitori**
Stilate un elenco dei blocchi e delle resistenze. Riflettete su ciascuno di essi o fatevi aiutare a superarli da un professionista. La presa di coscienza permette già di prenderne le distanze. Adottate la strategia dei piccoli passi, fissandovi obiettivi raggiungibili e appaganti. Studiate un piano d'azione preciso per concretizzare i vostri progetti.

L'antiprofezia del fallimento

Qualunque sia stato il vostro percorso finora, la fatalità non esiste: in ogni istante potete decidere di iniziare una nuova vita. Non è mai troppo tardi, non date retta a chi cercherà di convincervi del contrario. Bandite le parole «mai» e «sempre» dal vostro vocabolario: rinforzano false credenze, vi inducono a credere in schemi negativi destinati a ripetersi all'infinito. Chi ha il potere di cambiare il corso della vostra vita? Voi e solo voi! Abbiate fiducia, metteteci l'impegno necessario e perseverate.

TO-DO

× Cambiate atteggiamento!
Informatevi sulle tecniche di riprogrammazione mentale, sulle neuroscienze (vedi per esempio *Felice come un Buddha: la scienza della mente per vivere più sereni e rilassati* di Rick Hanson), la PNL, le terapie della Gestalt o comportamentali e cognitive. Possono essere di grande utilità se decidete di essere i protagonisti del vostro successo! Abbiate coraggio, volontà, perseveranza e vedrete che ben presto i vostri sforzi daranno i loro frutti!

Le ragioni d'orgoglio

Per realizzare il vostro percorso è essenziale che agiate innanzitutto sulla vostra mente. Nelle neuroscienze è noto l'impatto della valorizzazione positiva sul cervello. È molto motivante trovare delle ragioni per essere fieri di sé stessi, ma spesso non ci prendiamo il tempo per ricordarci o mettere in luce i nostri motivi per essere soddisfatti di noi. Scriverli e averli sotto gli occhi permette di «ancorarli» in profondità dentro di noi e trarne così il massimo impatto positivo. Trovate anche nuove idee da mettere in pratica che possano trasformarsi in motivi di orgoglio!

TO-DO

× Create il cigno dei vostri grandi successi
Si tratta di un lavoretto creativo: trovate su internet il disegno di un cigno stilizzato. Ricalcatelo su carta telata e dipingete lo sfondo in modo che la figura risalti bene. All'interno del cigno ricavate delle aree delimitate da tratti neri.
In alcune scrivete in bella grafia i vostri motivi di orgoglio; in altre disegnate motivi grafici (righe, punti, curve, spirali, spighe, fiori ecc.).

La ruota del cambiamento

Abbiate fiduca nel processo di cambiamento: non appena lo avrete avviato grazie a una prima azione forte, il resto piano piano verrà di conseguenza. Un cambiamento ne innesca un altro! È il primo passo quello che costa più fatica.

TO-DO

× Visualizzate il processo di cambiamento
Disegnate o stampate l'immagine di un meccanismo dotato di molte piccole ruote. Sotto ciascuna di esse scrivete una decisione che volete prendere, seguita dalle reazioni positive che ne deriveranno. Fatto questo per tutte le rotelle dell'ingranaggio, avrete sotto gli occhi una serie di decisioni e le rispettive conseguenze.

L'equilibrio «stabile»

Stabilità e mobilità si mescolano nelle celebri sculture dell'artista Calder. Nella vita è importante raggiungere un punto di equilibrio tra stabilità (il basamento, nelle sculture di Calder, solidamente ancorato al suolo) e mobilità (la parte leggera, libera e in movimento). Una stabilità eccessiva può essere causa di noia, frustrazione, sclerosi dell'anima. Una mobilità eccessiva può avere come conseguenza lo sradicamento, la dispersione, l'incapacità di impegnarsi. L'armonia è nel giusto dosaggio.

TO-DO

× Disegnate la vostra scultura nel Love Organizer ispirandovi alle opere di Calder

× Riflettete:
1. Il basamento. Cosa potete fare per rinforzare la vostra stabilità materiale, affettiva ed emotiva? Quali sono i pilastri della vostra esistenza? Quali rituali quotidiani vi ancorano in una realtà positiva?
2. La parte mobile. Quali attività, progetti e ambizioni portano un rinnovamento nella vostra esistenza, generando entusiasmo e creatività? Quali piccole sfide potete lanciare a voi stessi per uscire dalla vostra comfort zone? Quanta soddisfazione provate quando permettete alla vostra audacia di esprimersi?

× Annotate le parole chiave essenziali attorno al vostro disegno

SEZIONE 4

I MIEI IMPEGNI

In questa sezione scriverete i vostri impegni e una lista delle cose da fare (*to-do list*). Non dimenticate di darvi dei tempi, delle scadenze. Chi? Cosa? Perché? Entro quando? Individuare con precisione gli obiettivi accresce la possibilità di raggiungerli.

SEZIONE 5

I MIEI TRAGUARDI

È molto importante annotare a mano a mano progressi, successi, buoni risultati conseguiti e congratularsi con sé stessi. Potreste incollare un adesivo accanto a ogni obiettivo raggiunto, oppure apporre un timbro. Mettere nero su bianco i successi – piccoli o grandi che siano – vi procurerà una grande soddisfazione. È il carburante che può darvi la spinta giusta per proseguire nel percorso di trasformazione!

Innanzitutto voglio ringraziare le mie case editrici, Plon ed Eyrolles, per aver accompagnato la vita di questo terzo romanzo.

A Pierre: incontrarti è stata una vera e propria fortuna. Grazie di aver saputo dare le ali al mio Cupido e di avermi offerto un posto a bordo di Editis, circondata dal suo bell'equipaggio. Citerò qui solo i nomi, ma ognuno di loro sa quanta riconoscenza e affetto provo nei suoi confronti: Caroline, Thierry, Carine, Marie-Christine, Fabrice, Sofia... e tanti altri! Grazie a May per il suo incredibile lavoro sui diritti all'estero. Grazie a tutta la mia famiglia elettiva.

Un ringraziamento altrettanto sentito per il sostegno incrollabile alla mia famiglia di sangue, che ogni volta supporta la mia ispirazione e mi aiuta ad arrivare in fondo all'incredibile sforzo di scrivere un romanzo.

Alla mia sorella gemella, tenera versione fraterna del grande amore.

A mia madre, Claudine – ebbene sì, l'abitudinologo Claude e la nonna Natina sono omaggi a lei –, con la quale ho una connessione speciale e unica, un rapporto sacro.

Agli uomini della mia famiglia: a Régis e al nostro bel legame, a mio padre François, a mio fratello Christophe, a mio cognato Philippe. Sapere che sono orgogliosi di me mi onora e mi incoraggia a proseguire.

A Paule e a Didier, per il loro indefettibile affetto.

Ai bambini, fonte di gioia: mio figlio Vadim, Joë, Nina ed Émile; mi fa tanto piacere vedere i loro nomi su questa pagina dal momento che tutti scrivono bellissime pagine della mia vita...

A Nick Gentry, per aver accettato che il reale entrasse nella finzione, prestando il suo nome e la sua arte al romanzo.

Ma il ringraziamento più grande va a voi, cari lettori, perché mi fate l'onore di seguirmi e mi date tanto con i vostri magnifici messaggi che ogni giorno sostengono e incoraggiano la mia vena di scrittrice.

Raphaëlle Giordano

LA TUA VITA COMINCIA QUANDO CAPISCI DI AVERNE UNA SOLA

Ci sono giornate in cui tutto va storto. È così per Camille, che sotto un incredibile diluvio si trova con l'auto in panne e senza la possibilità di chiamare nessuno. Eppure, quel giorno cambierà il suo destino per sempre. L'uomo che le offre il suo aiuto si chiama Claude e si presenta come un ambasciatore della felicità, capace di dare una svolta alla vita delle persone. Camille è scettica ma, nella speranza di ritrovare la sintonia con il marito e di andare d'accordo con il figlio ribelle, prova a seguire le sue indicazioni. Si tratta di semplici esercizi da compiere ogni giorno: per esempio ripercorrere le sensazioni di un momento felice, guardarsi allo specchio la mattina e farsi dei complimenti, contare tutte le volte che ci si lamenta durante la giornata. Intorno e dentro a Camille, a poco a poco, qualcosa inizia a cambiare per davvero…

Un romanzo che ha scalato le classifiche ricordandoci come per essere felici, a volte, basti cambiare prospettiva e ricordare la magia delle piccole cose, di un sorriso, delle parole che scaldano il cuore.

Raphaëlle Giordano

LA FELICITÀ ARRIVA QUANDO SCEGLI DI CAMBIARE VITA

Per il manager Maximilien Vogue la giornata è iniziata con il piede sbagliato. Sta litigando con la bella Julie che, stanca delle continue discussioni, gli porge un volantino con la presentazione di un corso quanto mai insolito. Un corso tenuto da una donna altrettanto stravagante. Si chiama Romane e di professione combatte l'arroganza. È convinta che il mondo sarebbe un posto migliore se tutti praticassimo la gentilezza. Lei sa come insegnarla e offre un biglietto di sola andata per la felicità a chi sceglie di mettersi in gioco. Maximilien non crede a una sola parola, ma poi, un po' per gioco un po' per curiosità, decide di iscriversi al corso. Dapprima i consigli di Romane gli sembrano semplici e banali. Eppure, a poco a poco, si accorge che dentro di lui qualcosa sta cambiando. Scopre che basta un piccolo gesto, ogni giorno, per ritrovare il piacere della condivisione e la bellezza della quotidianità: annotare quanti «grazie» riusciamo a dire prima di andare a letto; imparare a riconoscere e accettare gli errori commessi durante la giornata; riprendere la vecchia abitudine di stringersi la mano. Perché è solo mostrando il nostro lato più sensibile e attento alle esigenze degli altri che possiamo cambiare la nostra vita e raggiungere la felicità. Quella vera che, una volta trovata, non si può più dimenticare.

Finito di stampare nel mese di giugno 2020
da Grafica Veneta s.p.a., Trebaseleghe (PD)